Walther Rohdich
Meine Wildtiere und ich

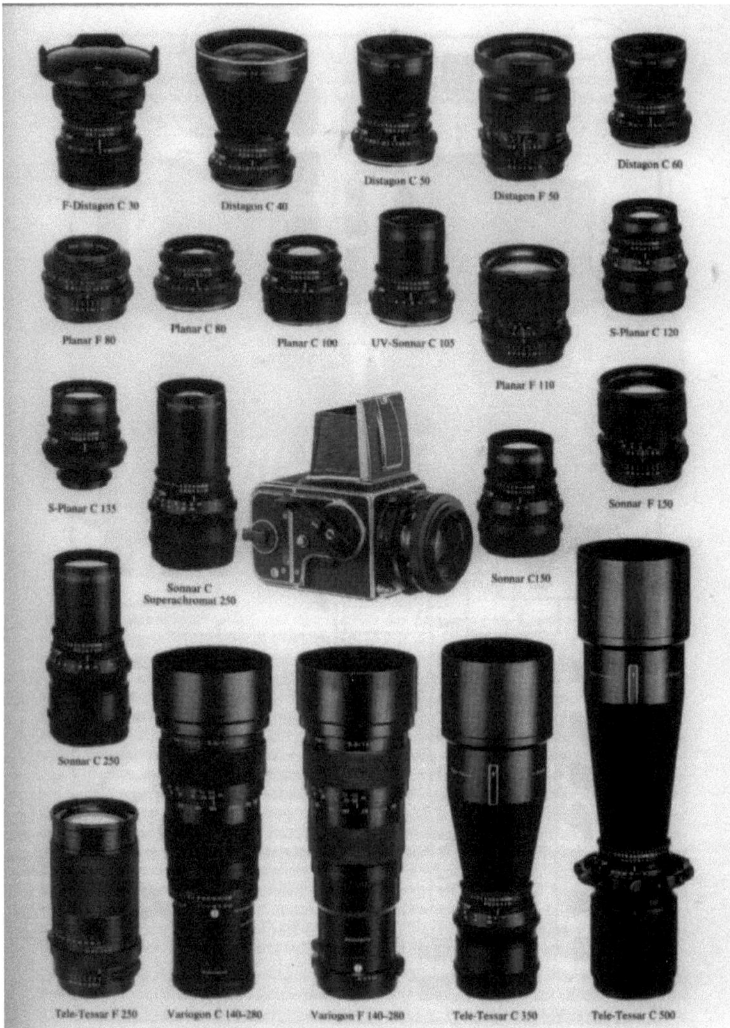

Mit diesen Objektiven und den Hasselblad-Kameras wurde fotografiert

Walther Rohdich

Meine Wildtiere und ich

Achtzig Jahre mit Tieren auf Du

Bibliografische Information der Deutschen Nationalbibliothek:
Die Deutsche Nationalbibliothek verzeichnet diese Publikation in der Deutschen Nationalbibliografie; detaillierte bibliografische Daten sind im Internet über http://portal.dnb.de abrufbar.

ISBN 978-3-96103-562-5

www.rediroma-verlag.de
16,95 Euro (D)

Inhaltsverzeichnis

Vorwort

In diesem ersten Band meiner tatsächlichen und fotografischen Erinnerungen geht es fast nur um „vierläufige" jagdbare Tiere, kurz „Wild" genannt; welche Abenteuer ich mit ihnen erleben, wie ich sie beschreiben und in Bildern festhalten konnte. Kurz wird angerissen, wie es dazu kam, zuerst eine recht preiswerte Kamera anzuschaffen, in der Kategorie höher zu steigen und schließlich zu einer der damals besten und teuersten Kameras überzuschwenken. Mit steigendem Wissen über die Zusammenhänge der Natur, nach ebenfalls steigender Nachfrage zu Bildern in schwarzweiß und farbigen Diapositiven, die dann von Bildnutzern verlangt wurden, ging es steil aufwärts mit Können und Kommerz.

Ich muss hier anführen, dass mein Interesse an Tieren bereits im Alter von 8 stark ausgeprägt war und sich natürlich im Lauf des Lebens durch alle Berufe und Ausbildung hindurch fortentwickelt hat. Darüber habe ich in anderen Büchern so ausführlich berichtet, dass ich es hier nicht mehr darlegen muss. Erst ab 1952 habe ich ernsthaft fotografiert, da schon mit einer 650 DM teuren Exakta Varex aus der DDR. Und hatte auch schon gelernt, mit Fotos Geld zu verdienen: Indem ich den Bauern und Landwirten in der Nähe nicht nur ihre eigenen Passbilder anfertigte, sondern auch die ihrer Kühe, Bullen, Pferde und anderer Haustiere. Und damit bin ich beim Übergang zum ersten richtigen Kapitel meiner Laufbahn als Tierfotograf und Tierfreund angekommen – wir schreiben jetzt Ostern 1940.

Vor dem Einstieg ins erste Abenteuer in der Lüneburger Heide ein kurzer Abriss zur hier geschilderten Tierfotografie; es geht ums Format! Die von mir am meisten genutzten

Kameras waren Hasselblads, die in Göteborg mit der damals äußerst präzisen Gründlichkeit hergestellt wurden. Es sind Kameras für den so genannten Rollfilm, der beim 6x6-Format zwölf Aufnahmen ermöglichte. Das quadratische Format ist höchst praktisch, weil die Kamera stets gleich gehandhabt wird, ohne Rücksicht darauf, ob später aus den Aufnahmen ein Hoch- oder Querformat gestaltet wurde. Hatte ich in einer fotografischen Gruppe zu arbeiten, deren Mitglieder durchweg das Kleinbildformat 24x36mm benutzten, war ich immer wieder eindeutig der erste Fotograf, der seine Kamera auslöste – während die anderen noch herumfummelten und überlegten, ob sie ihre Kamera horizontal oder vertikal halten sollten.

Unter Großvaters Führung in der freien Natur

Welcher Junge der Großstadt hatte damals oder hat heute einen Großvater als Revierförster! Er war beamtet, wohnte mit Frau und Kindern in Eicklingen bei Celle und sehnte sich danach, mit wenigstens einem seiner fünf Enkel einmal in den Wald zu gehen und dessen Herrlichkeit in Pflanzen und Tieren vorzuführen. Das Revier in der Lüneburger Heide war großartig, aber nichts für Jugendliche und Erwachsene, die unter großartig momentan „Sondermeldungen, „Abschüsse“ und „Versenkungen“ verstanden. Da saßen wir nun auf einer Kanzel, - das ist ein geschlossener Hochsitz -, und beobachteten, wie am Spätnachmittag Hirsche, Rehe und Wildschweine aus ihren Tagesverstecken heraustraten, Hasen und Kaninchen ins Freie hoppelten, Füchse auf Nahrungssuche gingen und Dachse aus ihren Bauen kamen.

An einem der nächsten Spätnachmittage besuchten wir einen uralten Fuchsbau, in dem die Fähe, das ist der weibliche Fuchs, vor vier Wochen ihre Jungen geboren hatte. Diese tappsten nun das erste Mal ans Tageslicht, sechs Stück insgesamt, und spielten mit- und gegeneinander, wie ich es von jungen Hunden kannte. Großvater meinte, dass sie sehr scheu seien und auf fremde Geräusche und Menschen mit Flucht reagierten; das wollte ich ausprobieren. Unter seinem Kopfschütteln stieg ich die Leiter herab, setzte mich demonstrativ auf den Waldboden und begann mein Brot auszupacken. Im Nu, wohl vom Papierrascheln, meinem Schmatzen oder dem Geruch von Leberwurst angelockt, wuselten die niedlichen Kerlchen um mich herum. Sie sprangen mir von hinten auf die Schulter und aßen mit, so dass mir Großvater seine eigene Butterstulle herabwerfen musste. Plötzlich ertönte wütendes Kläffen: Die Fuchsmutter war gekommen, fasste das Ganze nicht als Spaß auf und warnte durch das Bellen ihre Kinder. Diese flitzten in den Bau zurück.

Großvater hatte für den nächsten Nachmittag die Idee, einen Fotobesitzer zum Fuchsbau mitzunehmen – ja, das wären wohl sensationelle Bilder für „Wild und Hund“ oder „Die Deutsche Jagdzeitung“ geworden, wenn die jungen Füchse wieder aufgetaucht wären.

„Ihre besorgte Mutter“, erklärte man mir, „hat sie in einen anderen Fuchsbau umgesiedelt.“

Dieses Verhalten habe ich später oft bestätigt gefunden.

„Dachse“, erklärte mir Großvater am anderen Tag, „kommen erst mit Anbruch der Dunkelheit aus dem Bau, um nachts auf Nahrungssuche zu gehen.“

„Dann geht doch heute Abend hin“, schlug Großmutter vor, „und nehmt die Taschenlampen mit.“

„Mit Taschenlampen nachts zu leuchten ist verboten“, antwortete der korrekte Großvater, „wegen der feindlichen Flugzeuge.“

„Im Wald kann euch kein Luftschutzwart sehen“, sagte Großmutter richtig.

So machten Großvater und ich einen zweistündigen Marsch durch die Heide, bis wir beim Einbrechen der Dämmerung am Dachsbau ankamen.

„Den gibt es hier schon“, erzählte er, „seit mehr als hundert Jahren.“

Ja, er wurde von vielen Generationen Dachsen unter starken Bäumen und im lockeren Sandboden mit vielen Ein- und Ausgängen am Rand einer Böschung gegraben. Großvater zeigte mir geduldig, an welchen Anzeichen man erkennt, ob ein Bau befahren (genutzt) wird oder ob er zur Zeit unbewohnt ist: frischer Auswurf der Erde, glatt getretener Erdboden, Fußspuren und aus dem Bau aufsteigende Warmluft.

„Die Jungen sind noch zu klein“, sagte er, „um selbständig herumlaufen zu können. Aber sie müssten sich schon hervorwagen.“

Das taten sie um 21 Uhr, als es zappenduster war, und im Strahl einer Taschenlampe sahen sie ganz entzückend aus. Kleinkinder, ob von Mensch oder Tier, scheinen alle gleich gestrickt zu sein: Spielen, Balgen, Toben und dabei Töne von sich geben, Purzelbäume schlagen und uns beiden Besuchern an die Stiefel gehen und die Schnürsenkel aufmachen.

„Sie versuchen festzustellen“, erklärte Großvater, „ob wir Feinde sind oder nicht.“

Naja – das schien mir eine gewagte These zu sein! Die vierzehn Tage in Celle gingen viel zu schnell zu Ende. Sie sind mir bis heute in tiefer Erinnerung geblieben und auch diese meine gütigen Großeltern mütterlicherseits bewunderten und liebten ihren „Lieblingsenkel“ noch einige Jahre. Zu Hause gab es viel zu erzählen und meine Schul- und Jungvolkkameraden erblassten vor Neid, wenn ich etwas überheblich von meinen Abenteuern berichtete.

* * * * * *

Meine Eltern und ich, wir rechneten nicht mehr damit, dass ich diese Großeltern in solchen lausigen Kriegszeiten wie 1940 noch einmal besuchen könnte. Doch sie baten eindringlich um meinen Besuch und Großvater machte ihn in einem langen Brief dadurch schmackhaft, dass er versicherte, „da kannste Hirsche sehen, dass dir der Atem stockt, mein Junge“.

Großvater schenkte mir das erste Fernglas, ein 8x30, das heute für ein paar Euro zu haben ist. Damals war es ein Wertstück, das gehegt und gepflegt werden musste. An einem Tag in den Herbstferien 1940, - Großbritannien stöhnte unter deutschen Bombenangriffen und des Dritten Reiches Oberster Jäger war in der Rominter Heide Ostpreußens wie ich hinter röhrenden Hirschen her -, bezog ich mit Großvater in der Lüneburger Heide einen geschlossenen Hochsitz mit Ausblick auf eine Waldwiese, die in vollem Gras stand und rundum von Baumbeständen umgeben war – so eine richtige Wohlfühlwiese für Grasesser! Der überdachte Hochsitz ließ keinen Regen durch und hielt auch den Wind ab, der besonders ab nachmittags heftig und kalt wurde. Es war 10 Uhr, als wie uns eingerichtet hatten und den ersten noch fernen Rufen kapitaler Hirsche lauschen konnten.

„Der Krieg hat auch etwas Gutes“, sagte Großvater, „nämlich, dass es kaum noch Waldwanderer gibt.“

„Und wie sieht es mit Wilderern aus?“, fragte ich und sagte Großvater, dass ich jetzt, neben Karl-May-Geschichten, Hermann Löns lese. Er antwortete, dass jetzt im Krieg die Strafen für kleinste Vergehen so drakonisch seien, „Kopf ab und so weiter“, das niemand mehr solches riskieren wolle.

Das Röhren zweier Hirsche klang nun ziemlich nah, doch nicht ein männlicher Hirsch führt ein Rudel an, sondern ein älteres weibliches Tier, das einfach „Rottier“ heißt. Großvater bemühte sich, mir das Einmaleins und ABC der jagdlichen Sprache beizubringen. Wie erwartet trat nun ein weibliches Tier aus den Bäumen hervor, nachdem es, wie Großvater versicherte, „ordentlich den Wind geprüft hatte“. Als es den Kopf zur Äsung (zum Essen) senkte, quoll ein großes Rudel Hirsche allen Alters und verschiedenen Geschlechts aus der Dickung (dichtes Gebüsch) und begann sofort zu äsen. Dann erst kam der Haupthirsch, „ein 24-Ender“, wie Großvater nach Blicken durchs Fernglas verkündete, und füllte die laue Mittagsluft mit einem Röhren, dass Wildtauben erschreckt aufflogen und ein Hase, der auf der Lichtung geschlafen hatte, irritiert weghoppelte.

Ich muss hier vorausschicken, dass ich durch meine spezielle Literatur und durch frühere Aufenthalte auf einem Bauernhof „mehr aufgeklärt“ war, als die meisten meiner Altersgenossen: Hengst deckt Stute, was ein Wallach nicht kann; Bulle bespringt Kuh, was dem Ochsen unmöglich ist; Kätzin treibt es mit Kater, Bock umwirbt Ricke und Hahn steigt der Henne nach – das alles waren für mich keine Neuigkeiten. Auch hatte ich ja Mutters dicken Bauch gesehen, als mein jüngerer Bruder „unterwegs“ war. Dass die Zukunft aller Lebewesen auf die männliche Begierde aufbaute – so einen Zusammenhang zu begreifen war mir nicht zuzumuten.

Um die Arterhaltung ging es hier natürlich. Der Platzhirsch, so heißt in der Jägersprache der örtliche männliche Chef, kam gar nicht dazu, uns seine Fähigkeiten zu demonstrieren, denn inzwischen hatten sich halbstarke Konkurrenten eingefunden, mit deren Vertreibung er seine Zeit vertat. Ich wunderte mich als junger Laie, dass die Objekte der männlichen Begierde, die weiblichen Tiere nämlich, an irgendwelchen Liebeleien ganz offensichtlich nicht interessiert waren.

„Sie wollen getrieben werden“, erklärte Großvater verschämt, „und tun gerne wie Frauen bei uns, die hofiert und umtütelt werden wollen.“

Nun, war das keine fundierte Aufklärung? Schwung kam in das erotische Treiben vor uns auf der Veranstaltungswiese erst, als aus der Ferne das dumpfe Grollen und Röhren eines Hirsches ertönte, der nach dem Urteil Großvaters der absolute Oberchef der Lüneburger Heide sein sollte. Und nach drei Minuten betrat er die Szene: Ja, das war ein ganzer Kerl! Feldherrnblicke ringsum, der geile Schnott lief ihm aus der Nase, unten nässte er unaufhörlich und sofort setzte er hinter das Leittier, das nur eine Runde lief und ihn dann aufspringen ließ.

Hier konnte von „Freuden“ keine Rede sein, das erkannte sogar ein Kind wie ich, denn alles war Gewalt, Tatkraft und Energie zur Arterhaltung. Nachdem dieser Platzhirsch, Großvater nannte ihn einen 32-Ender, seine erste Pflicht getan hatte, nahm er sich den zweiten Platzhirsch so überraschend vor, dass dieser in seiner totalen Angst auf unseren Hochsitz zuflüchtete und sich unter uns im Gestänge von Leiter und Stützen verfing – er wurde derbe gezaust und „geforkelt“, wie Großvater das nannte und diese arge Keilerei brachte den Hochsitz und uns zum Schwanken.

„Schieß ihn doch tot, Großvater!“, sagte ich.

„Das darf ich nicht“, antwortete er, „solch ein Edelwild darf nur der Reichsmarschall schießen.“

„Und der Führer?“, bohrte ich.

„Es heißt“, antwortete Großvater gelassen, „dass er tote Tiere nicht sehen kann, die ganze Jagd betrachtet er als Tierquälerei. Er soll sehr empfindlich sein.“

„Und was darfst du schießen, Großvater?“

„Nur kranke und fehlgebildete Tiere“, sagte er und wies auf ein mickeriges Kalb von diesem Jahr, das etwas hinkte und sich immer bei seiner Mutter herumdrückte, „dieses werde ich mir jetzt hernehmen, damit du einmal das Schießen hören und sehen kannst.“

Er riet mir, beide Ohren zuzuhalten, weil der Schussknall hier im geschlossenen Raum für junge Ohren schädlich sein könnte. Das stimmte, ich war nachher trotz allem wie taub!

„Das Kalb muss erst breit stehen“, sagte Großvater, als er das Doppelgewehr nahm und in Anschlag brachte, „dann kann ich ihm einen Blattschuss, das ist ein Treffer mitten ins Herz, antragen.“

Ich schaute genau hin und sah das arme Tier im Knall zusammenbrechen. Alles Rotwild flüchtete in den Wald zurück.

„Wir warten eine Weile, bis wir hingehen und das Kalb holen“, sagte Großvater geheimnisvoll, „damit das Wild den Schuss nicht mit dem Erscheinen von Menschen in Zusammenhang bringt.“

Oh je – auf was ein Jäger alles achten muss!

* * * * * *

„Wir warten noch eine längere Weile“, sagte Großvater dann überraschend, „bis es dunkel ist. Es braucht niemand zu sehen, dass ich ein Stück geschossen habe – wegen der Fleischmarken, verstehst du?“

Am anderen Tag während des Mittagessens schmeckte mir das Hirschkalb so ausgezeichnet, dass ich nur noch ruhen und verdauen konnte – mit Rotkohl, Salzkartoffeln, brauner Soße und Regina-Limonade. Es gab noch keine Gefrierschränke, so hatte Großmutter alle Hände voll zu tun, das Fleisch einzukochen, einzupökeln, zu verwursten und zu räuchern. Im Rucksack trug ich wenigstens zehn Pfund mit nach Hause. So hatten alle in unserer Familie, nicht nur meine Wenigkeit, den lieben Großeltern in Celle zu danken. Großvater habe ich nie wiedergesehen, er starb 1941, als ich zum ersten Mal in der KLV war, Großmutter machte es noch bis 1953...

Vom Leben und Wühlen der Maulwürfe
I

Nun steige ich herab vom edlen großdeutschen Rothirsch und erniedrige mich, unserem deutschen Maulwurf, der ein echter Europäer namens *Talpa europäa* ist, meine Aufmerksamkeit zu widmen. Ich berichte vorab, dass ich 1965 als **der** Bürger meiner Stadt bezeichnet wurde, der einem japanischen Doktoranden der Universität bei seiner Doktorarbeit über unseren Maulwurf behilflich sein durfte!

Doch der Reihe nach! Wenn ein Jung-Naturfreund meines Schlages vom Naturkunde-Unterricht der Volksschule in den Biologie-Unterricht eines humanistischen Gymnasiums versetzt wurde – na, was dann? Eine Enttäuschung jagte die andere! Biologie heißt Lebenskunde – darunter verstand ich den Umgang mit Tieren, Pflanzen und Blumen. Ich erwähne nur nebenbei, dass ich mir inzwischen ein sehenswertes Herbarium zugelegt hatte und Kenner von Wildpflanzen geworden war. Unsere Biologielehrerin der Sexta und Quinta hieß Änne Nüssen und hätte auch gern monatlich einmal eine Exkursion mitgemacht, aber das Schulreglement gestattete dies nicht.

Stattdessen dachten sich die braunen Herren im Kultusministerium etwas anderes aus: Deutsche Jungens sollen sich nicht im Wald und auf der Heide tummenln, sondern haben dem Feind ins Auge zu schauen – wenn dieser endlich hinter Gittern sitzt! So fand 1942 eine Exkursion statt, welche der Kriegsstimmung und der Lage an den Fronten entsprach: mit dem HJ-Fähnlein 17 nach Sandbostel in Niedersachsen. Die Teilnahme war kostenlos und so gab es keine Faulenzer und Drückeberger. Die Reise war Teil einer allgemeinen Befragung männlicher Jugendlicher, die, sollte der Krieg länger dauern, vielleicht oder gewiss an ihm teilzunehmen hätten. Aus unserer 30-köpfigen Quinta hatten 15 für Kriegsmarine, 10 für Luftwaffe und 5 für Panzergrenadiere „gestimmt". Darum entschied die HJ-Führung unseres Gaues, deutsche Gefangenenlager der Kriegsmarine zuerst zu besuchen, später die anderen Lager.

„Dort könnt ihr eure potentiellen Gegner begutachten", schwadronierte Gauleiter Wagner, „es sind alles Männer, welche Karl Dönitz' U-Boote und Erich Raeders Schlachtschiffe zu Gefangenen gemacht haben."

Ich glaubte, dass diese Lagerbesichtigung in Sandbostel für mich verlorene Zeit sei, aber mein ältester Bruder, bereits in Uniform und Ausbildung, meinte, „dass es nicht schaden könne, statt Tiere einmal Menschen zu studieren.“

* * * * * *

Es waren dann doch Tiere, die mich am meisten interessierten. Ich muss hier aus der Rückschau einschieben, dass sich Großadmiral Erich Raeder und sein U-Boot-Befehlshaber Karl Dönitz, - zwei Männer, die jeder deutsche Junge bis zum Gehtnichtmehr vergötterte -, bemühten, ohne beim Führer nachzufragen, die Gefangenen der Kriegsmarine über ihren internationalen Status hinaus gut zu behandeln und keine Schikanen zuzulassen. Daher kam es, wie ich als erster feststellte, dass sich im Lager mehr Tiere befanden als Gefangene: Hunde, Katzen, Singvögel, Reptilien, Ratten, Mäuse und sogar ein Paar Maulwürfe. Diese letzteren waren mir als Haustiere neu und ich glaube, noch nie von gefangenen Exemplaren gehört oder gelesen zu haben. Als ich staunend vor ihrem Gehege stand, das so angelegt war, dass sie nicht ins Freie entkommen konnten, ließ ich den Züchter und Besitzer, einen Kapitän aus Texas, durch unseren Fähnleinführer fragen:

„Why do you breed moles? – Warum züchten Sie Maulwürfe?”

„I have a mole farm in Houston. – Ich habe in Houston eine Maulwurfzucht.”

„And what are you doing with the animals? – Und was machen Sie mit den Tieren?”

„Their furs are worth a hundred dollars, we make fur jacketts and caps.”

„Ihre Pelze sind hundert Dollar wert, wir machen Pelzjacken und Mützen daraus.“

Nun, dachte ich, das ist vielleicht etwas für meine Zukunft. Auf unserem Rundgang durchs Lager sahen wir die meisten Gefangenen mit Hunden und Katzen spielen.

„Bei Freundschaften mit Tieren“, erklärte der Lagerkommandant, ein im ersten Weltkrieg blessierter (verwundeter) Kapitän zur See, „vergessen Menschen ihren Hass aufeinander.“

Welch eine Kriegsweisheit! Als ich mit den anderen Hitlerjungen durch die breite Lagerstraße ging, wo herren- und herrchenlose Hunde und Katzen strolchten, brauchte ich nur ein paar lockende Worte zu sagen und mein Brötchen in kleinen Krümeln fallen zu lassen – sofort scharte sich eine Meute von zehn bis zwanzig Stück um mich.

„Wo kommen die vielen Tiere her, Herr Kapitän?“, fragte ich

„Ach“, antwortete er, „einige vermehren sich, andere werden von der anwohnenden Bevölkerung nachts über den Zaun geworfen. Solche Fresser wie mittlere bis große Hunde zu ernähren ist im Zeitalter von Marken und Bezugscheinen schwierig geworden.“

Es blieb bei dieser einen Fahrt. Der Besuch der Lager der Luftwaffe fand nicht mehr statt – da hat irgendein „hohes Tier“ in braunen Hosen und schwarzen Stiefeln wohl Einspruch erhoben. Doch für mich war das Thema „Maulwurf“ noch nicht beendet. Mehr darüber später im Jahr.

* * * * * *

„Du bist der erste Jugendliche, der danach fragt.“

Sagte Zoodirektor Ludwig Zukowsky, legte mir ein Stück Kuchen auf den Teller und schenkte ein Glas Milch ein. Meine Frage hatte gelautet:

„Was macht Ihr Zoo bei Luftangriffen“

„Ich weiß es nicht“, antwortete er, „es gibt da noch keine Erfahrungen.“

„Wie haben die Tiere reagiert?“, fragte ich weiter, „bei den bisherigen Bombenangriffen, dem Sirenengeheul und dem Knallen der Flak?“

„Fast alle Tierarten“, antwortete der Direktor, „gewöhnen sich an laute Geräusche. Man kennt das ja von Pferden im Krieg und Soldaten des ersten Weltkrieges haben beobachtet, dass Rehe, Hirsche und Wildschweine sich beim Schießen nicht mehr aufregten. Eine Ausnahme bilden die Affen. Sie zetern mörderisch und haben wohl Verstand genug, die Gefahren zu erkennen.“

„Was passiert?“, fragte ich noch weiter, „wenn gefährliche Tiere wie Löwen, Tiger, Panter und Leoparden durch beschädigte Käfige freikommen?“

„Die wird man abschießen müssen.“

Als die ersten wirklich verheerenden Luftangriffe auf unsere Stadt niedergingen, so im Oktober 1943, war ich schon in der zweiten KLV in Bayern ausgelagert.

„Maikäfer flieg!“

Ein grandioses Tierabenteuer, das mit großen Hirschen oder kleinen Füchsen nichts zu tun hatte, muss ich hier einfügen. Zumal es ein Jungjäger von 18 war, Heinrich Fahrenkötter aus Neckarsteinach nämlich, der es mich erleben ließ. Er musste einen Monat später Hitlers verblödeter Ansicht, „Im Osten liegt unsere Zukunft“, Folge leisten und verblieb damit für immer in diesem endlosen Land.

„Interessierst du dich nur für große Tiere?“, fragte er mich.

Wir standen vor der Jugendherberge von Neckarsteinach, die im Frühjahr 1941 den ersten Kindern der Großstädte in der noch freiwilligen KLV Unterkunft bot. KLV war die Abkürzung von „Kinderlandverschickung.“

„Nein“, antwortete ich auf Heinrichs Frage, „von der Blattlaus bis zum Elefanten, sie sind alle meine Freunde.“

„Dann zeige ich dir etwas Interessantes im Wald, komm mit.“

Es gibt kaum einen mehr bezaubernden Wald als der hessische Odenwald im Frühling: Das Laub der Buchen ist noch zart-durchsichtig und leuchtet besonders im Morgen- und Abendlicht golden-bezaubernd auf. Nur vierzehn Tage noch, dann hat der Laubwald den Himmel zugedeckt und eine bedrückende Dunkelheit breitet sich aus – es sei denn, ein Vielfraß hat vorher das Blattwerk gelichtet. Dazu in der Lage ist unser Maikäfer (*Melolontha*), denn er ist als fertiger Käfer genauso verfressen wie seine unterirdisch lebende Version Engerling.

Als Heinrich und ich in den auf der Südseite eines Hügels liegenden Buchenwald traten, fiel mir vorerst nichts Besonderes auf. Bis er stehenblieb und mir zu horchen befahl. Ein eigenartiges, kaum zu deutendes Geräusch von Wispern, Knispern und Flüstern lag in der Luft, und ständig rieselte von oben, aus dem Laubwerk her, Undefinierbares auf den Waldboden. Mein Blick dorthin ließ mich zusammenfahren: Er war über und über mit den rotbraunen Deckflügeln der Maikäfer bedeckt!

„Dort oben“, erklärte Heinrich, „ist eine Schlacht im Gange, welche grausamer und konsequenter ist als alle menschlichen Gefechte auf der Erde.“

Und er wusste Bescheid:

„Alle vier Jahre gibt es hier eine Maikäfer-Kalamität, weil die Eier, welche das Käferweibchen ins Erdreich legt, vier Jahre brauchen, bis die jungen Raupen schlüpfen, zu kleinen und dicken Engerlingen werden, die sich dann zu Käfern verpuppen und im Mai des vierten Jahres aus der Erde krabbeln. Alle Verluste, welche Engerlinge durch Maulwürfe, Mäuse und die alljährliche menschliche Bewirtschaftung der Äcker erleiden, können ein Massenauftreten nicht verhindern. Auch an den Käfern mästen sich viele Fressfeinde wie einige Vögel und Reptilien. Ich habe hier eine männliche Smaragdeidechse beobachtet, die den auf dem Boden krabbelnden Käfern nachstellte und sechs Stück hintereinander aufaß, bis sie pappsatt war und sich von den Käfern am Kopf und auf dem Rücken bekrabbeln ließ."

Heinrich reichte mir sein Jagdglas und wies ins Blätterdach. Dort sah ich Scharen von Haus- und Feldsperlingen und ganze Rotten von Staren, welche die Käfer im Schnabel solange hin und herbugsierten, bis die Deckflügel sich lösten und ihre Besitzer noch lebend verspeist wurden - eine richtige Naturkatastrophe für die Betroffenen.

„Wenn wir uns jetzt", schlug Heinrich vor, „stickum (leise) auf diesen Hochsitz setzen, werden wir vielleicht eine Wildschweinmutter mit ihren Frischlingen (Kleinkinder der Schweine) beobachten können. Sie sammeln alle Käfer auf, die vom Blätterdach nach unten fallen und noch einen netten Happen darstellen."

Ja, dieser Jungjäger wusste Bescheid!

Lautes Schweinequieken kündigte die Vorhergesagten an: Eine Bache (weibliches führendes Wildschwein) trabte mit dreizehn „Ferkeln" herbei, welche schon feste Nahrung aufnehmen konnten. So etwas hatte ich noch nicht gesehen und jetzt begriff ich die Bemerkung vieler Erwachsener: „Sitz nicht wie ein Ferkel am Tisch!“ Diese Tischsitten hier unter uns und um den Hochsitz herum waren in der Tat bemerkenswert. Obwohl die Bache gewiss eine treusorgende Mutter war, ging sie mit ihren Kindern rabiater um als jede Hexe früherer Zeiten: Wer ihr vor den Rüssel kam und vielleicht einen Käfer wegschnappen wollte, bekam einen Schups versetzt, dass er zwei Meter hoch flog und unsanft landete. Auch die Kinder unter sich kannten nichts von Geschwisterliebe: Da wurde geknufft, geboxt, gebissen, gestoßen, geschubst und gerangelt, gequiekt und empört geschimpft, dass die Schwarten krachten und die Angstküttel nur so stoben – ein richtiger Kampf ums Dasein war das und viel unterhaltsamer als Hitlers Weltbeglückung.

Dann war doch noch echtes Familien- und Mutterglück zu sehen: Die Bache warf sich wuchtig auf eine Seite und bot ihrer Kinderschar einen Busen dar, an dem statt zwei zwölf Milchnuckler Platz hatten. So musste jeweils ein Ferkel das dreizehnte spielen und Unruhe in die Sache hineinbringen.

„Das ist höchst ungerecht von der Schöpfung“, bemängelte ich.

„Du hast recht“, antwortete Heinrich.

Legte das Gewehr an und schoss das dreizehnte Ferkel mausetot. In Nu galoppierte die leicht dezimierte Familie von dannen. Ich wollte jetzt mosern, da sagte Heinrich im Absteigen vom Hochsitz:

„Magste Spanferkel am Spieß gebraten und geröstet?“

„Hab ich noch nie gegessen.“

* * * * * *

Drei Stunden später aß ich es. Heinrich hatte das Tier noch unterm Hochsitz aufgebrochen und ausgeweidet, dann waren wir ins Försterhaus gegangen, wo Förster Ignaz und Försterin Irene darauf gewartet hatten, dass Heinrich die Beute und mich ins Haus brachte. Es war noch nicht ganz dunkel und der Maikäfertag nicht zu Ende: Während Irene und Ignaz das Festessen vorbereiteten, schüttelte Heinrich einen Pfirsichbaum im Garten, der schwarz vom Maikäferbefall war. Die auf der Erde landenden Käfer hatte ich per Kehrblech und Handbesen aufzusammeln und in eine verschließbare Tonne zu kippen – wohl tausend Stück, wie ich schätzte; Deckel drauf! Heinrich holte ein großes Fischernetz aus dem Schuppen und fuchtelte mit ihm in der Abendluft herum, bis es voller Käfer war – Käfer, überall brummende und surrende Käfer, auf dem Kopf, auf Schultern und in der Hosentasche!

„Was machen Sie mit denen?“

„Kannst ruhig du zu uns sagen“, bat Irene, „haste noch Geschwister zu Hause?“

„Ja, vier Stück, alles Jungens. Der älteste geht jetzt nach Russland.“

„Haste gehört, Ignaz, fünf Jungens auf einmal!“

Hörte ich da einen Vorwurf heraus?

„Was willste mal werden, Junge?“

„Förster, Oberförster.“

Die Augen schienen Irene überzuquellen. Da warf Heinrich ein, wir sollten die fast volle Maikäfertonne zum Hühnerstall bringen, damit die Käfer morgen früh den Hühnern vorgeworfen werden könnten. Nebenbei flüsterte er:

„Die Beiden sind über alle Maßen todtraurig, bisher kinderlos geblieben zu sein. Pass auf, sie wollen dich adoptieren.“

Den Begriff kannte ich nicht, er klärte mich auf.

„Dann hätte ich zwei Elternpaare?“

„Nein, das geht nicht, du würdest dann nominell ihr Sohn.“

„Na, sowas! Ein Försterssohn!“

Dann war das Spanferkel essensfertig. Ignaz hatte inzwischen seinen Jagdhund „Ignazius vom Hessenland“, ein Deutsch-Drahthaar, aus dem Zwinger gelassen und schaute verwundert zu, dass er, der Hund, nur noch bei mir sitzen wollte. Das Ferkel bedauerte ich nicht mehr, es war schier unmöglich, es nicht mit Liebe zu verzehren.

„Wenn unsere Hühner Maikäfer zu naschen kriegen“, sagte Irene, „dann legen sie Eier auf Deubelkommraus. Magste Soleier?“

„Meine Brüder sind ganz verrückt darauf“, antwortete ich und erzählte, dass mein ältester Bruder dieses Jahr Karfreitag vor Ostern, als unsere Eltern einen Tag lang verreist waren, mit seinen Freunden beim Doppelkopfspielen alle eingelegten sechzig Soleier aufgegessen haben.

„Dann schick doch unsere restlichen zwanzig Soleier, die wir schon satthaben, seiner Familie nach Hause“, schlug Ignaz vor.

„Ich muss jetzt zurück, es ist längst Zapfenstreich durch“, mahnte ich plötzlich.

„Magste Puffer mit Rübenkraut?“, fragte Irene beim Abschied.

„Kenne ich nicht.“

„Das sind“, erklärte Heinrich, „auf hochdeutsch Kartoffelpfannkuchen mit Sirup.“

„Hab ich zum Fressen lieb.“

„Dann kommste morgen Mittag zum Essen, ja?“

* * * * * *

Heinrich brachte mich heim, wo die Heimführung Rabatz wegen „zu spät kommen“ machen wollte. Er beruhigte sie. Dann verabschiedet er sich:

„Vorerst für immer, mein junger Freund. Und wenn die Russen mich nicht totschießen... Ich schreibe dir mal von der Front.“

Er wusste also schon, dass Russland auf des Führers Eroberungsliste stand. Für den Sonntag ließ ich mich freistellen und besuchte die Förstersleute. Ich gab ihnen meine Heimatanschrift und erfuhr erst nach dem Krieg, dass sie Vater und Mutter um die „Adoption Ihres Sohnes“ gebeten hatten.

Vom Leben und Wühlen der Maulwürfe II

Es war Mitte 1943 und der größte Feldherr aller Zeiten hatte seine ersten zwei Niederlagen noch nicht verdaut: nämlich Stalingrad und Nordafrika. Da hatte ich weitere nette Erlebnisse mit Maulwürfen. Diese bei uns einmaligen Geschöpfe hatten zwar mein Herz nicht gewonnen, - hierfür machten sie sich einfach zu rar -, aber gerade weil sie keine Fürsprecher hatten, wollte ich mich ihrer annehmen.

Während eines Wochenendes besuchte ich meinen bäuerlichen Freund Fritz Hilgemann in Kattenvenne. Dessen jüngster Bruder war in Vaters Betrieb angestellt und so kam es, dass ich schon vor dem Krieg dort mein Unwesen getrieben und Haustiere aller Art kennengelernt hatte. Was ich dort alles getrieben habe, ist in meinem Buch „Ein Mäusekrieg von 1938 bis 1954“ beschrieben: (ISBN 978-3-96103-219-8, Rediroma-Verlag 2017.)

Als ich den Garten der Anlage betrat, sah ich sogleich, dass hier einige Maulwürfe ihr Eldorado gefunden haben mussten: Beete waren unterwühlt, unter dem Erdreich der Wege führten Gänge kreuz und quer, Gemüsepflanzen war die Verbindung ihrer Wurzeln in tiefere Gründe abgeschnitten und große runde Erdhaufen bezeichneten den unaufhörlichen Grabungseifer der Tiere. Sie kamen auch, wie ich feststellte, vom benachbarten Acker hereingewandert. Hier schien niemand Zeit zu haben, ihnen an den Wickel zu gehen.

„Wie fängt man Maulwürfe, Fritz?“

„Dem schiebt man“, erklärte er, als sei das die leichteste Sache der Welt, „wenn man ihn wühlen sieht, den Spaten hinter ihn, so dass er nicht rückwärts entweichen kann, und wirft ihn dann mit dem Spaten in einem Schubs nach draußen ins Freie. Ehe er sich wieder einbuddeln kann, muss man ihn totschlagen oder packen. Alles klar, mein Junge?“

„Nicht ganz. Kann man sie anlocken?“

„Nicht dass ich wüsste, mein Junge.“

Dieser Junge hatte wieder einmal eine Idee! Fritz hatte mir noch erklärt, dass man sie nur in ihren Gängen erwischen kann, nicht unter ihren Haufen:

„Dort sitzen sie metertief, soweit kannst du nicht stechen.“

Und er erzählte genüsslich, wie sich vor einem Jahr die Jagdpächtersgattin Helene Kurzenkamp in ihren Fuß geschossen hatte:

„Die vielen schwarzbraunen Erdhaufen auf ihrem englischen Rasen regten sie derart auf, dass sie das Schrotgewehr ihres Mannes aus dem Schrank nahm, sich in den Garten pirschte und vor einem frischen Maulwurfshaufen Stellung bezog. Der Maulwurf hatte ihr Kommen vernommen und eine Wühlpause eingelegt. Als sich nach drei Minuten das Erdreich zu ihren Füßen bewegte, richtete Helene den Lauf nach unten und drückte ab. Im Abdrücken muss sie ihn verschoben haben – jedenfalls fetzte sie sich die Schrotladung in ihren rechten Fuß. Das ganze Dorf soll stundenlang gelacht haben."

Nun, da fand ich Schadenfreude nicht angebracht.

Auf den festgetretenen Wegen des Gartens entdeckte ich drei unterirdische quer verlaufende Gänge, Wege also, auf denen die Maulwürfe hin und herkrochen. Na wartet, dachte ich laut und ließ mir von der Bäuerin Lina einen zehn Zentimeter langen Speckstreifen anbräunen, so dass er auch für menschliche Nasen verlockend duftete – wie erst für Maulwurfriecher! Diesen Streifen legte ich quer auf den Gang, holte mir einen Stuhl und harrte der Dinge, die kommen mussten. Denn Maulwürfe sollen, hat Alfred Edmund Brehm behauptet, die fleißigten und auch hungrigsten Tiere der Welt sein: „Sie kennen weder Rast noch Ruh' und haben stets Schmacht für drei."

Es dauerte eine Beobachtungsstunde, ehe sich die Erde unter dem Speck bewegte und eine spitze Schnauze wie ein Blitz hervorgeschossen kam, um den Leckerbissen ins Reich der Dunkelheit zu ziehen. Ich war schneller, ließ die kleine Handschippe in den Gang fahren, wo sie unter den

Maulwurf geriet und von mir so gehandhabt wurde, dass der schwarze Pelzträger in hohem Bogen seine erste Luftreise machte und unsanft auf dem Beet landete. Schnurstracks steckte er seine Wühlschnauze in den Boden und wäre mit Hilfe seiner breiten und äußerst starken vorderen Extremitäten in zehn Sekunden abgetaucht gewesen, wenn ich ihn nicht mit meinen Lederhandschuhen gegriffen und erst einmal in einem Eimer untergebracht hätte. Fritz und ich, wir waren momentan sozial gestimmt und ließen den Maulwurf auf dem Rasen vorm Haus frei: Leider fehlte uns eine Filmkamera: Dann hätten wir diesen Einwühlvorgang in den harten Rasenboden für die Ewigkeit festhalten können: Es dauerte nur eine Minute, dann war „Talpa", so sein mir ihm verliehener Taufname, im Kattenvenner Erdreich verschwunden.

Fritz und ich, wir schmiedeten Nachkriegs-Zukunftspläne „zum Bau einer Maulwurfzuchtanlage", doch der Krieg ging bekanntlich verloren; es wurde nichts draus! Aber nach 1970, als ich zeitweise von Groß- zu Nahaufnahmen wechselte, verfasste ich Reportagen über die unter Naturschutz stehenden Maulwürfe, in denen ich beschrieb und fotografierte, was Fritz und ich damals angestoßen hatten.

Die Haselmäuse von Blomberg

Im Juli 1943 machte unsere Familie die letzten Kriegsferien in Blomberg im Lipperland. Aber sie waren keine richtige Erholung mehr, denn tags zogen amerikanische und nachts britische Fliegerverbände am Himmel entlang und brachten auch die einsamsten Dörfer und ruhigsten Kleinstädte in Daueralarm. Hier lernte ich eine Maus kennen, die keine ist, nämlich die kleine und entzückende Haselmaus (*Muscardinus avellanarius*). Ganze Kolonien hatten sich in einem Himbeerfeld angesiedelt und dort im Gesträuch ihre kugeligen Nester gebaut. Fasziniert sah ich ihrer Betriebsamkeit zu und dachte plötzlich, „was geschieht mit ihnen, wenn die Himbeeren geerntet werden?“ Immer wenn ich grübelte, erschlaffte meine Wachsamkeit, die ich sonst draußen stets in Gang zu halten verstand.

„Bist a Tierfreund?“, fragte der plötzlich hinter mir auftauchende Landwirt Egon Krassmann.

Ich nickte und drückte meine Sorge aus:

„Was geschieht mit den Tieren, wenn das Feld abgeerntet wird?“

„Das wir ja nicht maschinell gemacht“, beruhigte mich Herr Krassmann, „da gehen meine Helferinnen, darunter viele dienstverpflichtete Franzosen, Russen und Ukrainerinnen, von Pflanze zu Pflanze und pflücken die Himbeeren per Hand. So können die Mäuslein rechtzeitig flüchten und im Winter machen sie ja Winterschlaf in Nestern, die sie versteckt in Hecken und Gehölzen anlegen.“

Ich zeigte mich beruhigt und er fragte wohlwollend:

„Magst mit heimgehen und Himbeergelee auf Lipper Stuten essen?“

Mochte ich natürlich. Ich will mich hier nicht in einer Orgie ergehen, die ich bei der Bäuerin und ihrer Familie in Sachen Nachmittagsessen anrichtete. Wichtig ist, dass ich des Bauern Bruder Heinrich antraf, der frisch abgeheilt aus dem Lazarett gekommen war. Hier ist sein Bericht, der auch auf Tiere Bezug nimmt und deswegen lohnt, gedruckt zu werden:

„Du siehst, dass mein linker Arm ab ist. Die russischen Gewehrkugel, die ihn abriss, verdanke ich mein Hiersein und Überleben. Denn ich war durch diese lebensgefährliche Verletzung einer der letzten normalen Soldaten, die aus dem Stalingrad-Kessel ausgeflogen wurden. Möchtest du hören, wie es dort zuging?"

„Wenn Sie dabei von Tieren berichten, ja."

„Natürlich, ich bin ja geborener Landwirt. Also: Des Führers Großmäuler schwadronierten ja immer, dass der Russlandfeldzug motorisiert stattfinde und Pferde nur für den Ausritt der Generale gehalten würden. Gestunken und gelogen das! Im ersten Russlandwinter ging nichts ohne Pferde und man hatte auf Hitlers Befehl hin nicht für sie vorgesorgt. Sie aßen die Strohdächer von den erbärmlichen Hütten der Bauern herunter, auch Schilfrohr, Baumrinde und unser Klosettpapier. So bekamen sie Koliken und starben dahin wie die Wanzen im Frost. Als wir in Stalingrad eingeschlossen und trotz aller Versprechungen höchster Naziführer nicht versorgt wurden, aßen wir zunächst Hunde, Katzen, Ratten, dann Ziegen, Schafe und schließlich abgemagerte Pferde."

Heinrich Krassmann haute mit Rechts auf den Tisch, dass die Stubenfliegen in den Stall flüchteten. Dann fuhr er fort:

„Ich erzähle dir das, damit du's behälst und vielleicht später darüber schreiben kannst. Du scheinst mir ein schlaues Bürschchen zu sein und wirst mich gewiss nicht beim Ortsgruppenleiter anzeigen. Oder?"

„Nie und nimmer."

Dann bekam ich einen Beutel mit Wurst- und Fleischwaren ausgehändigt und spazierte zunächst zu meinen Haselmäusen zurück. Sie schienen auf mich gewartet zu haben. Denn kaum saß ich unter ihnen, da bekrabbelten mich einige Unerschrockene und Mutige, als sei ich ein hohler Baumstamm zum Versteckspielen. Ein paar konnte ich in die Hand nehmen und tief in ihre Mäusleinaugen blicken, aus denen kein Unheil dieser Welt leuchtete. Zwanzig Jahre später kaufte ich ein Pärchen Haselmäuse. Ihnen eine Stunde zuzuschauen bedeutete damals mehr als vierundzwanzig Stunden Fernsehen heute.

* * * * * *

Dem Allmächtigen über uns alle gefiel es nun, seine Kinder und zukünftigen Soldaten den feindlichen Bombergeschwadern zu entziehen und sie in Ruhe, Frieden und Abgeschlossenheit auf friedlichere Orte seines Dritten Reiches zu verteilen: Die Kinderlandverschickung KLV, im Jahr 1941 versuchsweise und freiwillig eingeführt, wurde 1943 nun Pflicht. Die zwei humanistischen Gymnasien der Stadt wurden zusammengelegt und die Klassen meines Jahrgangs vereint nach Bayern verschickt.

„Das ist doch heller Wahnsinn“, motzte mein ältester Bruder, der mich in Grenadier-Uniform zum Bahnhof brachte, „wo doch amerikanische Bomber von Italien her Städte wie München angreifen können.“

Die Klasse über uns sollte eigentlich dem ersten Trupp folgen, aber da hatte ein Planer im Weichbild Hermann Görings dem Führer eingeredet, dass diese Jungs, in einem Jahr 15 und 16, als neugeschaffene „Flakhelfer“ in ihrer Heimat nützlicher wären als in den Bergen und an den Seen Bayerns. Das meinten diese Jungens und ihre Eltern auch!

Ich argwöhnte, dort von meiner Lieblingsbeschäftigung, dem Leben der Tiere nachzuspüren, abrupt abgeschnitten zu werden: Wo gab’s denn dort Reptilien und Amphibien, Hirsche und Füchse, Rehe und Dachse? Kannten die Menschen in Bayern überhaupt Katzen und Hunde als Haustiere und treue Begleiter des Menschen? Meine pessimistische Ansicht wurde durch Männer wie Alois Hintertupfer und Frauen wie Tante Lisa glattwegs korrigiert. Von ihnen werde ich aus meiner Bayernzeit, die bis zum Juni 1945 andauerte, ausführlich berichten...

Hirschbrunft 1943 in Bayern

Es passt gut ins Geschehen, wenn ich meiner ersten Hirschbrunft schnurstracks die zweite folgen lasse. Da war ich schon 13 und wegen meiner Gelehrsamkeit in Fragen der Natur fast schon ein alter Hase. Die zweite KLV verschlug unsere Klasse im August 1943 zwangsweise nach Tegernsee in Oberbayern. Dort lief der Schulbetrieb ganz normal von Montag bis Samstag mit morgens Unterricht und nachmittags zum Schulaufgaben machen. Dann blieben täglich nur wenige Stunden zur Freizeit und in eigener Verfügung. So sonderte ich mich an einem Septembersonntag von allen Klassenkameraden ab und stieg die Neureuth hinauf, ein Hausberg der Stadt Tegernsee. Oben, in den Lagen vor der Baumgrenze, würden die Rothirsche jetzt stehen und ihrer Verpflichtung zur Arterhaltung nachgehen.

Den ersten der bajuwarischen Muskelkater des ungewohnten Bergsteigens hatte ich schon durchlitten, so dass ich über die vielen eingebauten Stufen des Bergpfades gut voran kam. In der Hochbrunft, wie der Jäger sagt, also wenn sowohl die männlichen Hirsche als auch die weiblichen extrem „brunftig“ sind, läuft die Veranstaltung auch über Tag ab, zumal jetzt, wo der Wandertourismus in diesen alten Urlaubs- und Feriengebieten ausgefallen ist. Da hörte ich schon das geile Grollen der Gehörnten oder „Geweihten“, nur eine kleine Strecke noch dort bei dem Felsgestein, und ich konnte mich verstecken und vorher den

Wind prüfen. Laien können gar nicht begreifen, wie fein dieses Wild „riechen“ und einen „Feind“ lokalisieren kann.

„Na, Buab“, hörte ich hinter mir, „Grüß Gott! Willst oanen Hirschen sehn, gel?“

Hinter mir stand, fernglas- und gewehrbewaffnet, der Jagdaufseher und von den Russen 1941 einäugig gemachter Alois Hintertupfer! Ich verrate vorab: Einen netteren Bayern habe ich in Bayern nicht mehr kennengelernt. Den Gruß „Grüß Gott“ hatten wir alle schon intus und verinnerlicht, statt „Heil H!“, denn sonst lief hier nichts beim Kaufmann, Bäcker, Metzger oder Briefträger.

„Grüß Gott Herr Jägermeister“, antwortete ich artig.

„Dann kummst mit mir, gell?“

Unsere weiteren Dialoge werde ich hochdeutsch wiedergeben, denn das ich besser zu hören und zu schreiben als das Bajuwarische.

Alois zur Seite ging, seine klugen Augen unentwegt auf mich gerichtet, Jagdhund „Max von Hochbayern“, echter Hundeadel seit Max I., dessen Führleine ich nun halten durfte. Vorher hatte ich meinen alten Hundeverführungstrick angewandt: Die rechte Hand auf den Hundekopf legen und irgendetwas reden, das in Hundeohren angenehm klingt.

„Bist ein richtiger Tierfreund, ja?“

Da stimmte ich zu. Er lud mich nun ein, mit ihm anzusitzen und wunderte sich, dass ich diese Jägerausdruck kannte.

„Kommst gerade recht“, versicherte er, „denn um 3 Uhr geht es auf der Almwiese richtig los.“

Um 14 Uhr 45 saßen wir gemütlich auf dem überdachten Hochsitz, sahen zwei deutschen Jagdflugzeugen zu, die auch gern Jagd gemacht hätten – doch kein feindlicher

Bomber ließ sich sehen. Dafür das so genannte Leittier, so heißt der weibliche Anführer des Hirschrudels, - wie Großvater mir ja bereits beigebracht hatte -, das seine Lauscher und Seher, (Ohren und Augen), über die Almwiese gleiten ließ und jetzt „Entwarnung“ für das Rudel gab. Zehn Stück Rotwild jeden Alters und Geschlechts traten hervor und begannen friedvoll zu äsen. Dieses Verhalten signalisierte dem „König der Wälder“, seinen mächtigen Ruf in die Tegernseer Berge zu schmettern und „auf den Plan zu treten“. (Nichtjäger mögen gern spotten, wenn sie sich die Jägersprache anhören müssen, aber im Augenblick, wo sie selbst Ohren- und Augenzeugen einer Urgewalt der Natur werden, vergeht ihnen Lächeln und Überheblichkeit.)

„Da schau dir diesen Spießer an“, flüsterte Alois und wies auf einen Jüngling, dem zwei unregelmäßige Hörner aus dem Kopf wuchsen, „der wird nie ein ordentlicher Hirsch und muss dabei weg, gell. Das nennt man dann Auslese, gell.“

„Wo der Führer immer von spricht?“, fragte ich.

Alois verzog seinen Mund verächtlich und nuschelte geheimnisvoll leise, als wenn ein Gestapomann unten an der Leiter lausche:

„Der? Der Führer – wenn er seine Auslese ernst meinte, gell, dann müsste er sich selbst ratzeputz so schnell wie möglich eliminieren, gell?“

„Was ist eliminieren, Alois?“

„Nun, du Naseweis, wenn ich dich jetzt abschießen würde, gell!“

Wir beide lachten unterdrückt und wandten uns dem kleinen Todeskandidaten zu.

Alois nahm das zweiäugige Fernglas an sein eines Auge und griff zum Gewehr. Ich habe vergessen zu erwähnen, das Max von Hochbayern natürlich auch den Hochsitz erstiegen hatte, zwar von mir umhegt wurde, aber doch gespannt durch den unteren Sehschlitz äugte und zu wissen schien, was anstand.

„Kann ein empfindliches Hundeohr einen solchen Knall vertragen?“, fragte ich

„Kann es, wenn der Hund vorgewarnt wird. Max weiß alles und fiebert danach, dem Junghirsch an den Wickel zu gehen. – Der ergibt übrigens“, fügte Alois hinzu, „am nächsten Sonntag einen feinen Braten mit Rotkraut, Apfelmus und Schupfnudeln, kannst zum Mittagessen herkommen, gell.“

Dann endlich der Schuss in dem Augenblick, als sich oben am zartblauen Himmel eine deutsche Me 109 mit einem amerikanischen Aufklärer herumschoss.

Der kleine Hirsch klappte zusammen wie vor den Kopf gehauen und ich zitierte Hermann Löns (heute fast vergessen):

„Den Knall er nicht vernommen hat, es saß die Kugel Mitte Blatt.“

„Dichten kannste auch“, wunderte sich Alois.

Max wunderte sich nicht um unser Gerede und sprang mit einem Riesensatz vom Hochsitz ins weiche Unterholz. Das Hirschrudel war beim Schuss gar nicht erschreckt und deutete das Umfallen des Getroffenen wohl als Müdigkeit. Als jetzt aber Max heranpreschte, gab es eine allgemeine Flucht in den Waldbestand. Sollte noch ein Rest Atem in dem Tier stecken, Max beutelte ihn hinaus.

Wir baumten (stiegen) ab und Alois machte sich an die Blutarbeit, das Ausweiden des Stückes, dem sich meine empfindsamen Augen und Sinne abwenden konnten, als ich ausrief:

„Du Alois, schau mal hoch, da kommt einer herunter!"
Im Hintergrund stürzte ein Flugzeug mit Rauchfahne in den Tegernsee, im Vordergrund näherte sich ein Fallschirm der Erde, an dem ein Mensch hing – tot oder lebendig. Er entschwand unseren Augen, als er im Tal ankam.
„Dieser blöde Krieg", schimpfte Alois, „der damische! Gell, mein Junge?"
Frau Hintertupfer erging es wie meiner Großmutter, die, wie ich anfangs erzählte, Großvaters Kalb zerwirken und für den Verzehr verarbeiten musste. Auch hier gab es natürlich keinen Kühlschrank. Doch Hirschbraten aus dem Einmachglas, heute fast unbekannt, ist eine Leckerei, „in der ich mich wälzen könnte"!

Tante Lisa

Was ich hier jetzt über, um und mit Tante Lisa zu berichten wage, würde mir Alois' Freundschaft auf der Stelle ruinieren, erführe er etwas davon. Tante Lisa! Sie war wohl voll und ganz leiblich, um sie pietätvoll zu beschreiben, aber nicht meine leibliche Tante; eher meine liebliche. Über sie und ihre Stellung im Ort werde ich in meinem Buch „Meine Haustiere und ich" mehr verlauten lassen. Ich lernte sie kennen, als ich an einem kleinen klaren Bach zwischen Tegernsee und Rottach-Egern Forellen „wilderte". Ich hatte gerade ein paar mit bloßen Händen aus der Uferböschung packen können und die zappelnden Tiere in hohem Bogen auf die angrenzende Wiese geworfen, als eine frauliche gutturale Stimme ertönte:
„Wat willste denn mit de Fischkes maken, mien Jong?"
„Nun", antwortete ich fest, „sie köpfen, ausnehmen und in der Pfanne oder am Spieß rösten oder braten."
„Kannste dat denn?"

„Denke ich doch, Frau...“

„Sag Tante Lisa zu mir!“

Ja, so ging es mir: Immer sofort per Du! Sie war eine Katzenmutter umfangreichen Ausmaßes mit wenigstens hundert Pfund auf beiden Füßen, die in hölzernen Tretern standen. Ihr Problem mit den Katzen, das ein öffentliches wurde, werde ich in meinem Buch „Meine Haustiere und ich“ ausführlich behandeln. Jetzt ging es um Hasen.

„Schau dir meinen Garten an“, sagte sie und präsentierte ihn mir.

Ich sah sofort, dass „irgendjemand“ hier hauste, der nicht hingehörte. Es kam natürlich im ganzen Dritten Reich vor, dass Gärten beklaut wurden, denn auf Marken bekam man nicht genug Kartoffeln oder anderes wertvolles Gemüse; nicht nur der „Kohlenklau“ ging um, sondern auch der Kohlklau. Ich tippte jedoch auf einen vierbeinigen Spitzbuben, und der heißt *Lepus europäus*, auch Meister Lampe genannt. Tante Lisa bestätigte dies und wies auf ein großes Loch im Gartenzaun, der von Grünzeug umwachsen war. Deutlich erkannte ich, dass durch die Hasenfüße ein richtiger Weg erkennbar geworden war.

„Wenn du mir die bösen Hasen wegfängst“, lockte Tante Lisa, „mache ich dir die Fische fertig und ich habe dann Futter für meine Katzen.“

Ja, sie besaß mehr als zwei Dutzend Katzen und lag darum mit der Stadtverwaltung im Krieg. Ich bekam Bedenken: Hasen sind eine Wildart, welche den Jagdgesetzen unterliegt, und Wilderer wollte ich nicht werden. Man las in den Zeitungen, dass gerade hier in den Bergen auf Hirsche, Böcke und Gämsen gewildert werde – „wen wir packen“, verriet der Münchner Gauleiter, „der fasst nie wieder ein Gewehr an!“

Darum lehnte ich diese Hilfe für Tante Lisa kategorisch ab und erbot mich, ihren Zaun zu reparieren und einbruchssicher zu machen. Die Forellen brutzelte sie mir dennoch in Margarine hübsch braun, beim Essen schlossen wir Freundschaft „über den Krieg hinaus“ und ich versprach, ihren Katzen genug Futter zu besorgen. Wie das geschah, habe ich in „Meine Haustiere und ich“ beschrieben.

Mit den Amerikanern auf der Jagd in Bayern

Als die Amerikaner in den Krieg eintraten, - uns wurde nicht mitgeteilt, dass Adolf Hitler ihnen den Krieg erklärte -, höhnten und ulkten wir, „Amerikaner sind unsere Leibspeise“ und meinten natürlich jene Amerikaner, die früher jeder Bäcker und Konditor anzubieten wusste. Je mehr auch militärische Laien erkannten, mit welcher Wucht sie Krieg gegen Deutschland führten, desto mehr verstummte unsere Spöttelei. Ich erinnere mich an eine Wandertag in Tegernsee, als wir den Hausberg Neureuth besteigen wollten, als vom Tal herauf plötzlich die Sirenen Vollalarm verkündeten. Wir schauten uns um und stellten nichts Kriegerisches fest. Doch da ein Gebrumm und Gedröhn in der Luft, das vernehmlicher und bedrohlicher wurde und aus der Richtung Wildbad Kreuth herzukommen schien. Und tatsächlich: Geschätzte fünfhundert amerikanische Bomber mit zweitausend starken Motoren kamen aus Süden herangebrummt und versetzten Menschen und Tiere in Schrecken: Wir sahen ein Rudel Hirsche bergab flüchten, weidendes Vieh galoppierte an Zäunen entlang und brach durch, Frau Nüssen, unserer Wanderleiterin, quollen Tränen aus den hübschen Augen und bäuerliche Wachhunde bellten sich die Seele aus dem Hals. All das geschah, während die Flugzeuge, silbern glitzernd und überaus imponierend aussehend, im sturen Geradeaus und ohne von Abfangjägern belästigt zu werden, ihren Kurs auf München einhielten. Zehn Minuten später waren sie über der Stadt. Deren Abwehrfeuer schallte zu uns herüber, dann erdröhnte die Neureuth unter den Bombeneinschlägen und über München erhob sich eine Staub- und Rauchwolke wie beim Vesuv anno dazumal. Fünf Flugzeuge stürzten getroffen ab oder explodierten in der Luft – unter unserem Jubel! Ohne dass uns zum Jubeln zumute war. Warum ich diese untierische Geschichte erzähle? Weil ich fast genau zwei Jahre später amerikanische Offiziere durch bayerische Jagdgebiete führte – sie wollten, ehe sie nach Fernost versetzt oder heimgeschickt wurden, German Turkys and wapitis schießen. Und mich benannten meine Lehrer und Schulkameraden dafür „prädestiniert“. Ich berichte hierüber der Reihe nach.

Als die Wehrmacht den Ort Tegernsee als Lazarettstadt für sich reklamierte, wurden wir nach Lenggries an der Isar umgesiedelt und durften dort am 3. Mai 1945 die Ankunft der Amerikaner erleben. Ich kann mich nicht erinnern, irgendwelche Trauer über den Tod Hitlers und den verlorenen Krieg gespürt zu haben, weder bei uns Schülern noch beim Lehrpersonal. Diese tapferen Männer hatten rechtzeitig aufs Tragen der Parteiabzeichen verzichtet. Nach der Eingewöhnung der Besatzungsmacht kamen wir mit den Amerikanern besser zurecht als mit den Einheimischen, welche fleißig denunzierten und uns als Nazibengels verunglimpften. Und doch war es ein „Sau-Preußen-Junge“, der gesucht und gefunden wurde: meine Wenigkeit!

Jetzt zahlte es sich für mich aus, dass mir erstens Dr, Spahnke in Sonderstunden ein Basisenglisch vermittelt und ich zweitens viele einzelne Wanderungen auf den Hausberg von Lenggries unternommen hatte: das ist der Brauneck mit 1.555 Meter Höhe. Dort gab es damals, weil der Tourismus noch nicht alle Wildtiere vertrieben hatte, noch Rotwild, Rehwild, Gamswild und Auerwild – um nur die wichtigsten jagdbaren Tiere zu nennen. Da kannte ich mich besser aus als mancher Möchtegernjäger aus München. Nicht umsonst zeigt das Lenggrieser Wappen einen springenden weißen Hirsch auf grünem Grund.

Diese vier folgende Fragen oder Befehle, die meine Fähigkeiten und meinen Ruf betrafen, wurden in den nächsten Tagen an Dr. Spahnke gestellt:

The colonel wants to shoot German turkeys!

I want to shoot deer!

German roebuck, where can I shoot?

Do you want to help me shott a buck?

Es waren alles gebildete Offiziere, die sich für die Jagd interessierten. Dr. Spahnke dachte immerzu sofort an mich, wenn es um die Natur ging – Dank ihm! Er schlug nun dem freundlichen Besatzer vor:

„Our pupil Walther is a great hunter, he can guide you."

Und so kam es, dass ich neben einem ehemaligen Feind im Jeep saß, einem gebildeten Colonel. Das Auto namens Jeep erdreistete sich unser Direx als das primitivste Vehikel der Welt zu bezeichnen, - „und damit haben sie Europa erobert“ -, aber sein Neid auf mich und meine bevorzugte Stellung war unüberhörbar. Nun denn, wir holperten über schmale und unbefestigte Forst-, Holzabfuhr- und Waldwege, dass die Hintern hüpften, die Därme geschüttelt und etwaige Prothesen auf ihre Festigkeit geprüft wurden. Die kargen Dialoge zwischen dem Oberst und mir gebe ich in deutsch wieder, denn dieser niggelige Eroberer rückte jetzt damit heraus, dass er besser hochdeutsch sprach als die Einheimischen hier.

„Turkeys gibt es hier nicht“, sagte ich, „vielleicht meinen Sie Auerhahn, Herr Oberst, *Tetrao urogallus* wissenschaftlich?“

Das meinte er. Später erfuhr ich, dass Auerhahn in englisch tatsächlich auch Auerhahn heißt oder mountain-cock. Es war jetzt im Mai richtige Balzzeit für diese Waldhühner. Und es war zu befürchten, dass ein paar Hähne, wie oft in der Balz (Paarungszeit) ihre Scheu verloren und Menschen wie Jäger, Holzarbeiter, Förster und Wanderer anbalzten. Mit diesem Jeep wagte der Fahrer, er hieß übrigens Krakowiak Janos, sich in die finstersten Winkel des befahrbaren Forstes.

Als er einmal in bedenklicher Weise an einem Abhang den Wagen wendete, stand der gesuchte große schwarze Vogel auf dem Weg, gute hundert Meter entfernt. Ein deutscher Jäger hätte auf diese Entfernung nicht geschossen, aber ein Soldat, der seit Anfang Juni 1944 deutsche Soldaten durch Frankreich bis hier an die Isar gejagt und vielleicht „erlegt“ hatte, mochte anders darüber denken. Nun geschah folgendes Denkwürdige, das ich für die Nachwelt festgehalten habe:

Erstens: Der amerikanische Karabiner krachte.

Zweitens: Der Auerhahn rückte zehn Meter näher an uns heran.

Drittens: Der amerikanische Karabiner krachte zum zweiten Mal.

Viertens: Der Auerhahn rückte weitere zehn Meter näher heran.

Fünftens: Der amerikanische Karabiner krachte zum dritten Mal.

Sechstens: Der Auerhahn kam noch näher.

Siebtens: Der amerikanische Karabiner krachte zum vierten Mal.

Achtens: Der Auerhahn flog auf den nächsten Baum.

Der Fahrer ließ fluchend den Motor an und krachte den ersten Gang ins Getriebe, der Colonel prüfte schimpfend seine Knarre und meckerte über General Eisenhower und Präsident Truman. Dann ließ der Fahrer den Jeep im Kriechgang bis unter den Baum rollen.

Neuntens: der amerikanische Karabiner krachte auf zehn Meter zum Auerhahn.

Zehntens: Der Auerhahn flog in seine Bestandteile auseinander.

Als alle seine Federn vom Winde verweht oder zu Boden gesegelt waren, war diese denkwürdige Jagd zu Ende. Ich konnte nicht ahnen, dass ich zwanzig Jahre später ein sehr inniges Abenteuer mit einem Auerhahn im Schwarzwald erleben würde, das seinesgleichen suchte.

„Sir“, sagte der Fahrer, „we should get a German hunting gun.”

Das geschah am nächsten Tag dank meiner guten Beziehung zum Braunecker Jagdaufseher Sepp Hochtaler, denn dieser lieh dem Colonel seine altbayerische Schrotflinte gegen zwei Stangen Chesterfield-Zigaretten und zehn Tafeln Cadbury-Schokolade. Meine Wenigkeit hatte die Ehre, - sehr zum Neidwesen meiner Klassenkameraden -, den Oberst bei seiner jagdlichen Tätigkeit bis zu seiner Versetzung Anfang Juni 1945 zu Jagderfolgen beim Rothirsch, auf Reh- und Gamsbock zu führen. Dafür erhielt ich ebenfalls reichlich amerikanische Naturalien, welche ich des lieben Friedens willen mit Lehrkräften und Mitschülern teilte. Aber wohlweislich verschwieg ich, dass der Oberst mir durch seinen Fahrer 1.000 US-Dollar zukommen ließ.

Mit dem Mitte Juni beginnenden Abtransport in unsere Heimat lasse ich meine „Kindheit und Jugend“ auslaufen. Die nächsten neun Jahre sehen mich als „Arbeitnehmer in der Landwirtschaft“. Es folgen nun allerlei interessante und wegweisende Abenteuer mit Tieren.

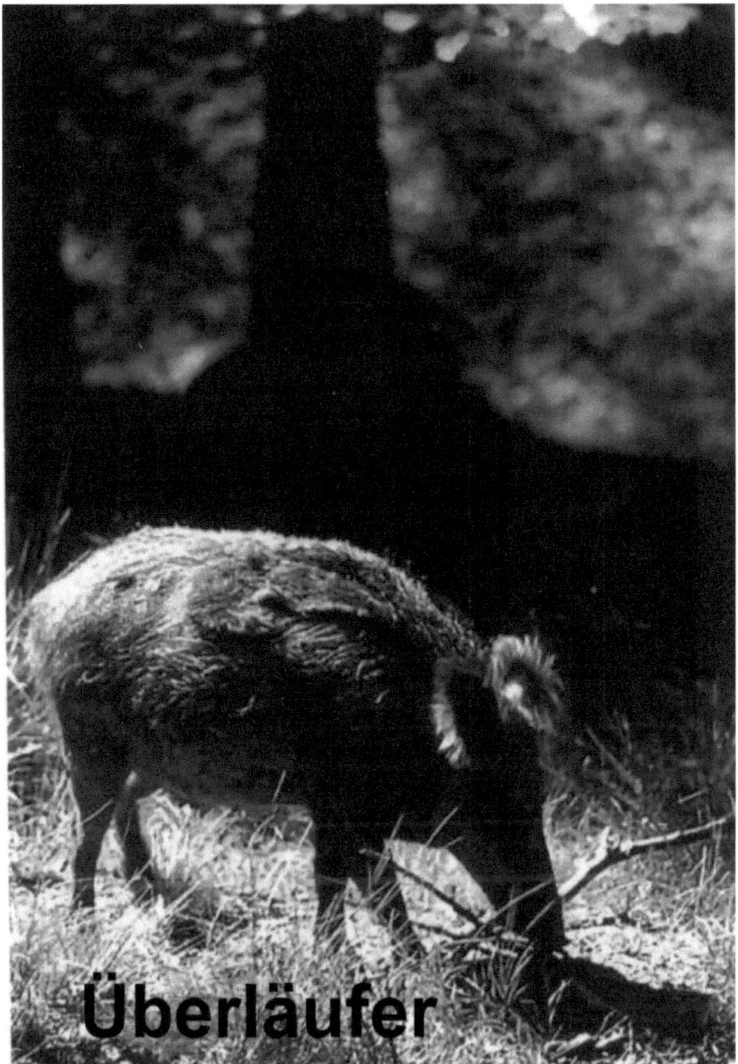
Überläufer

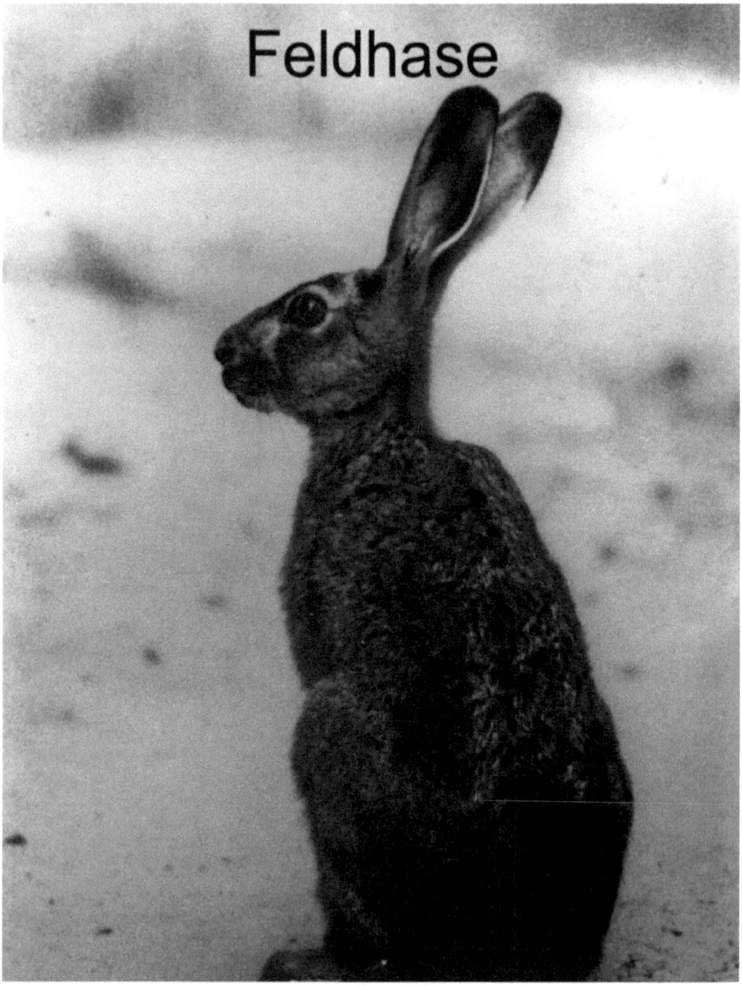
Feldhase

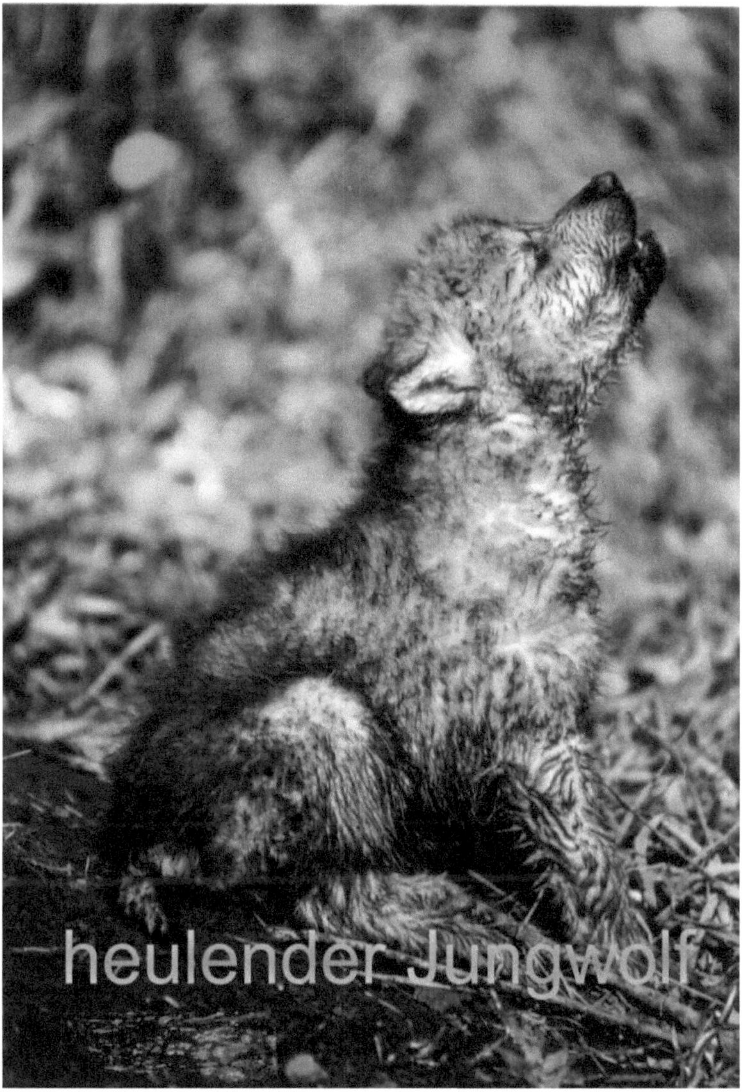
heulender Jungwolf

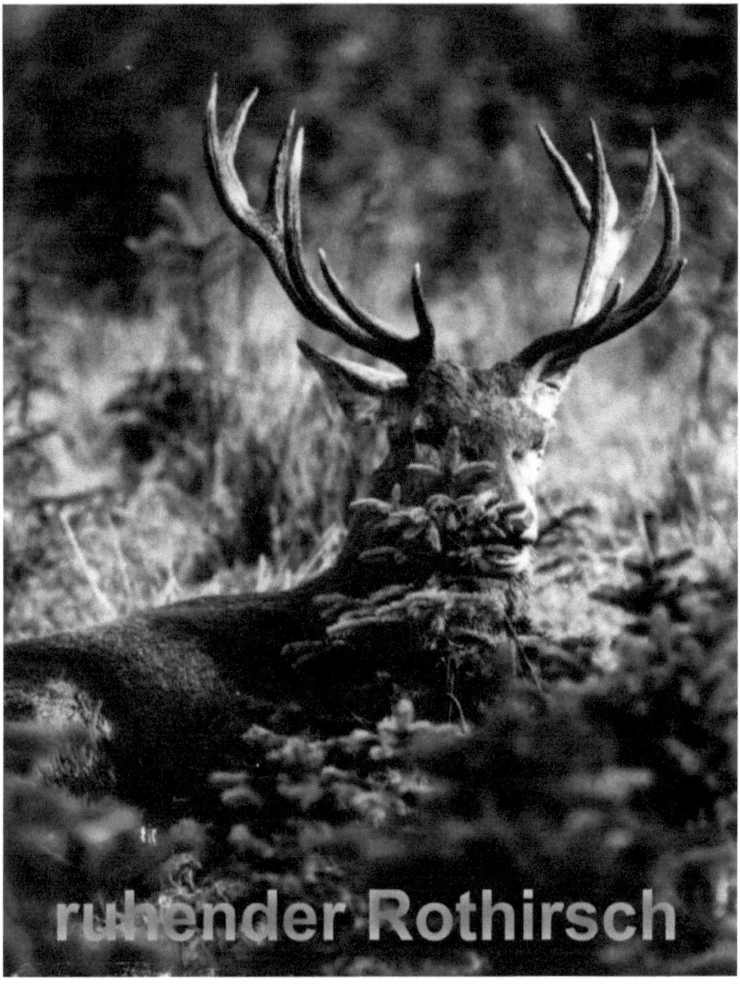
ruhender Rothirsch

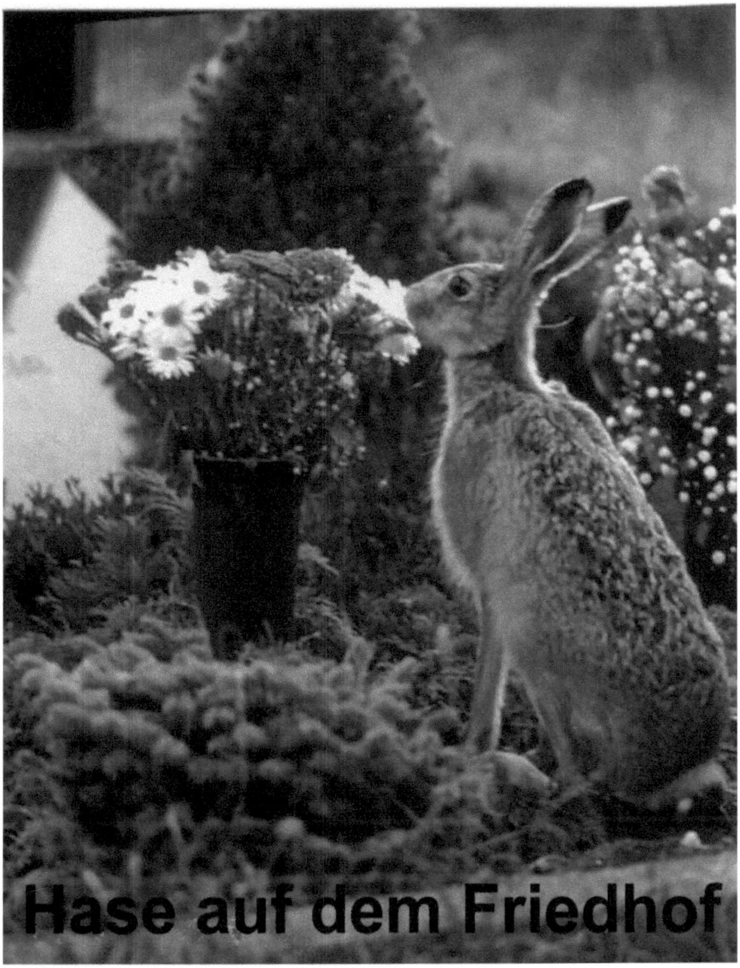

Hase auf dem Friedhof

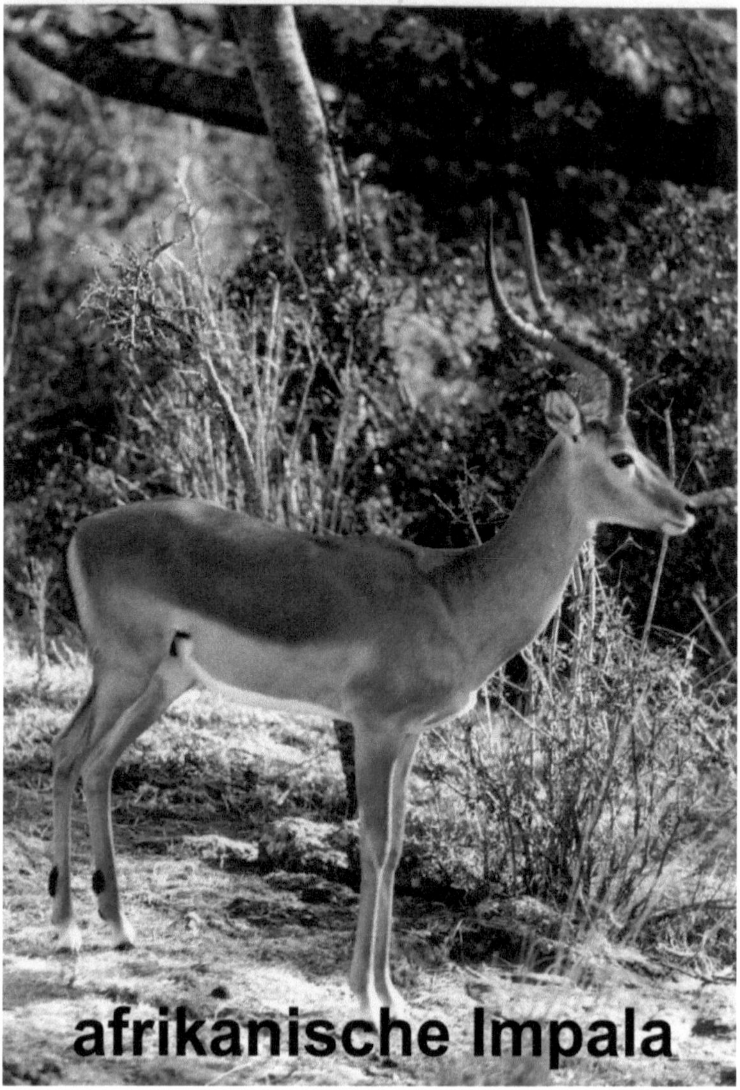
afrikanische Impala

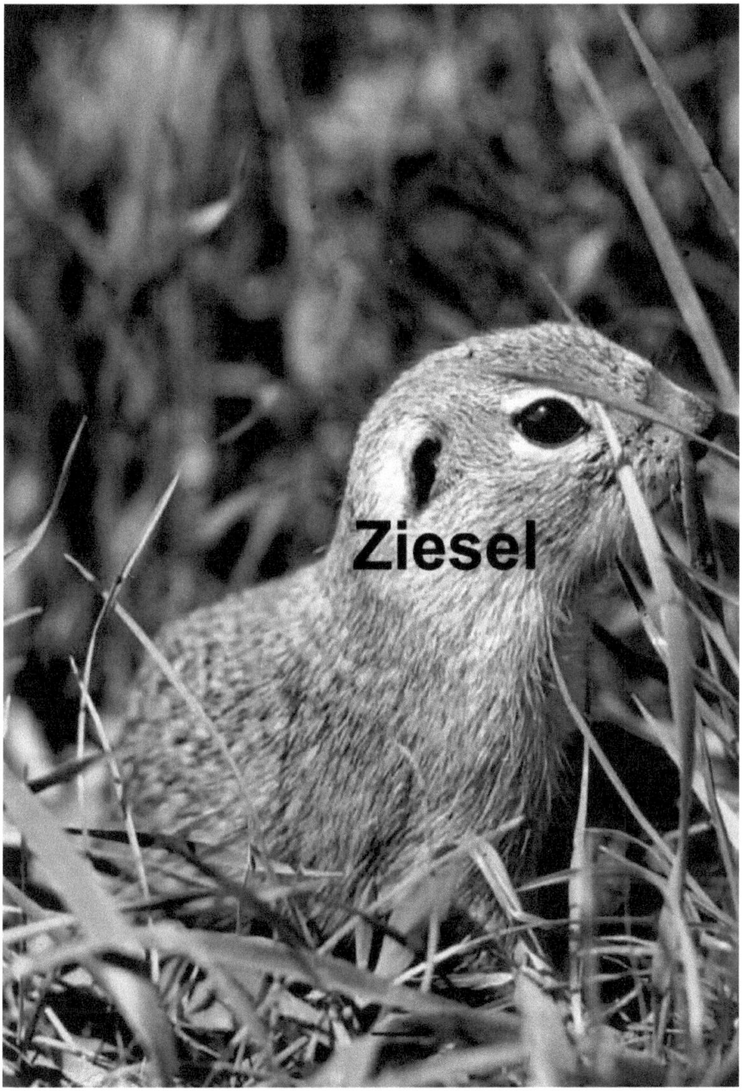
Ziesel

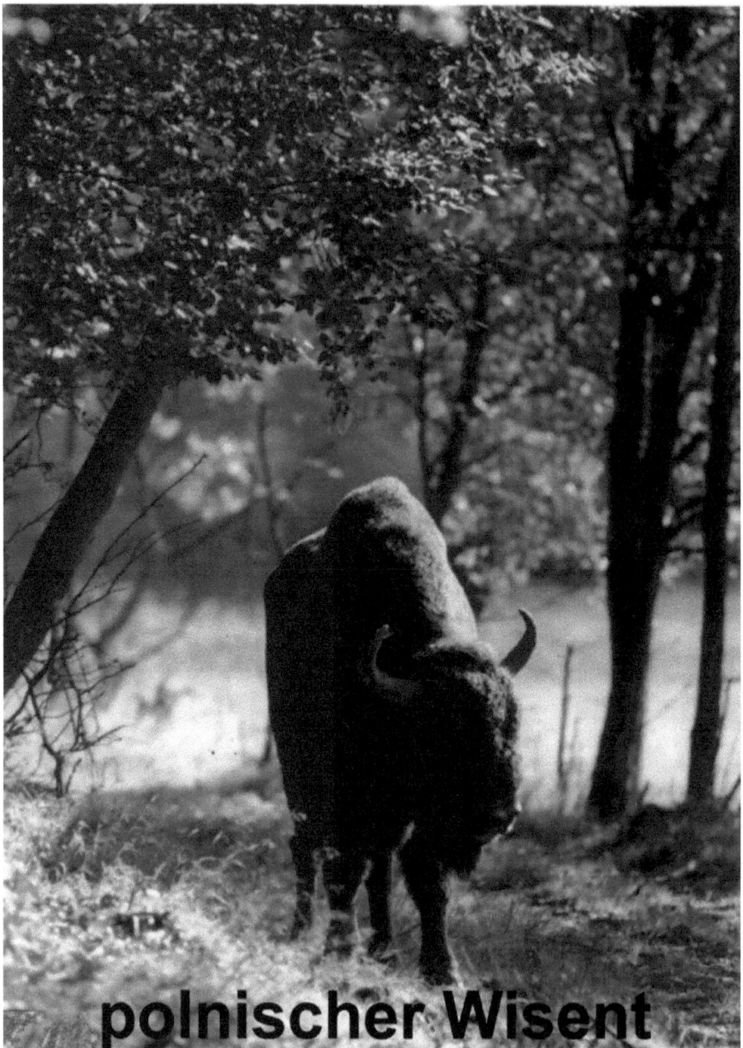
polnischer Wisent

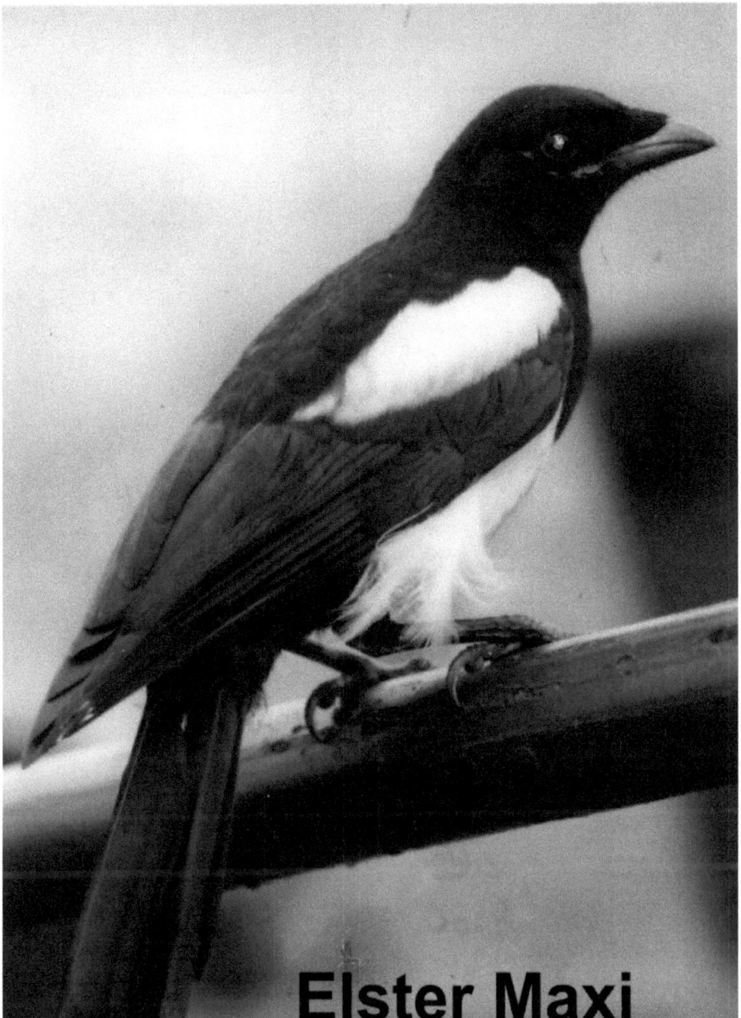
Elster Maxi

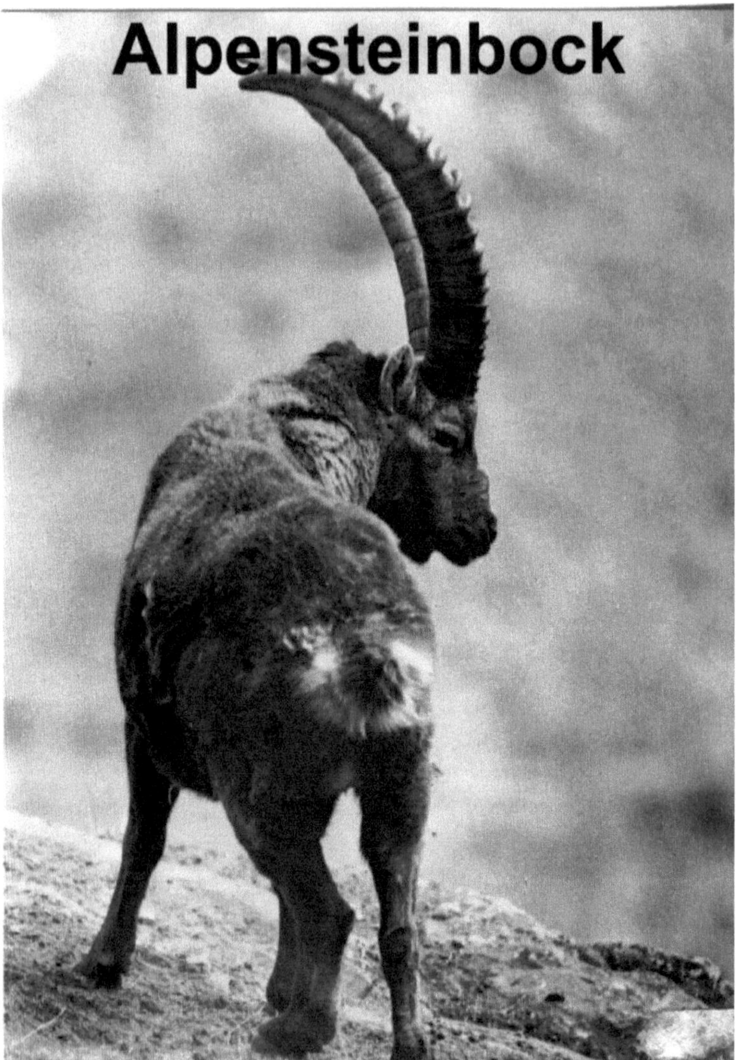
Alpensteinbock

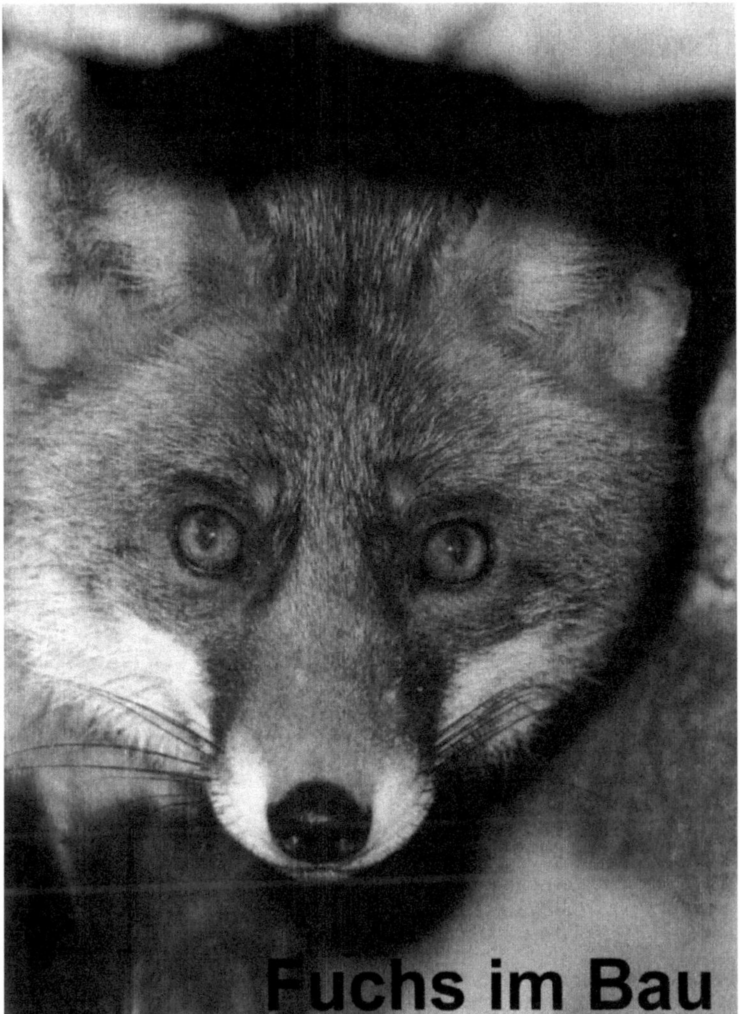
Fuchs im Bau

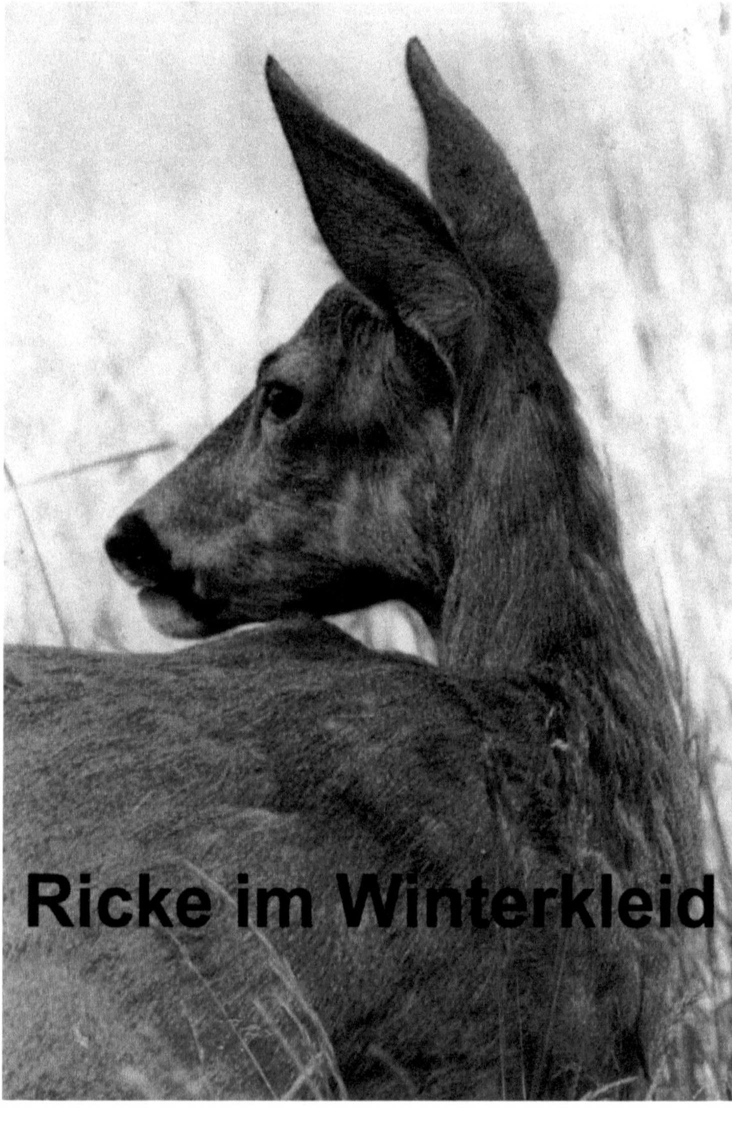
Ricke im Winterkleid

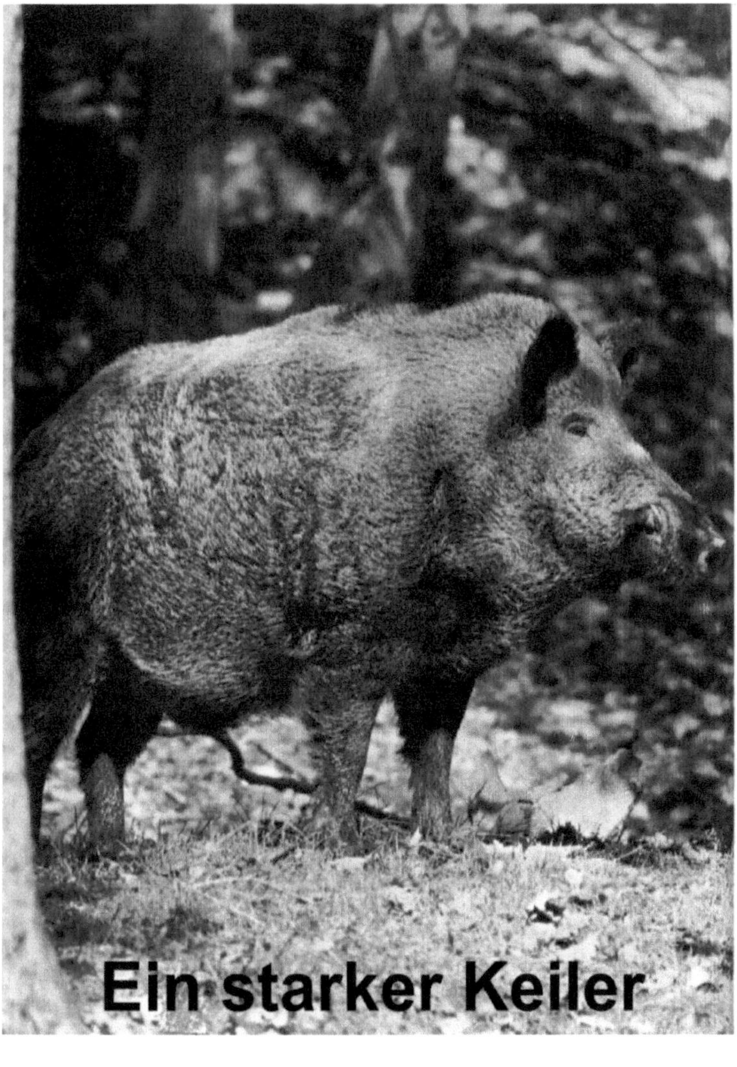
Ein starker Keiler

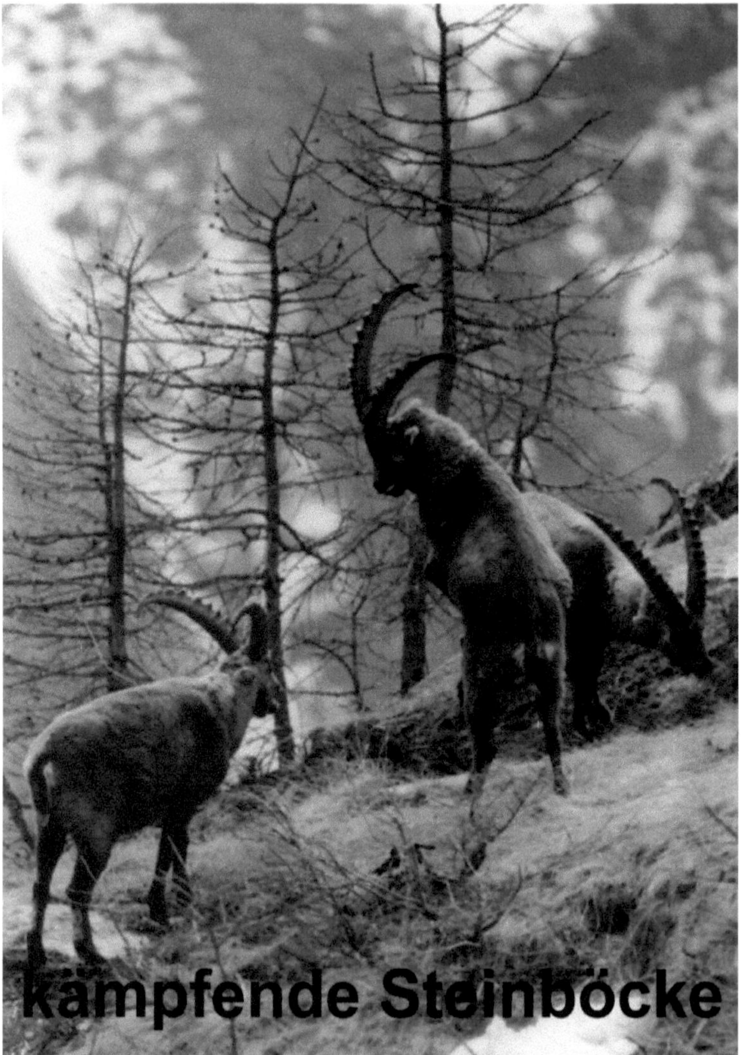
kämpfende Steinböcke

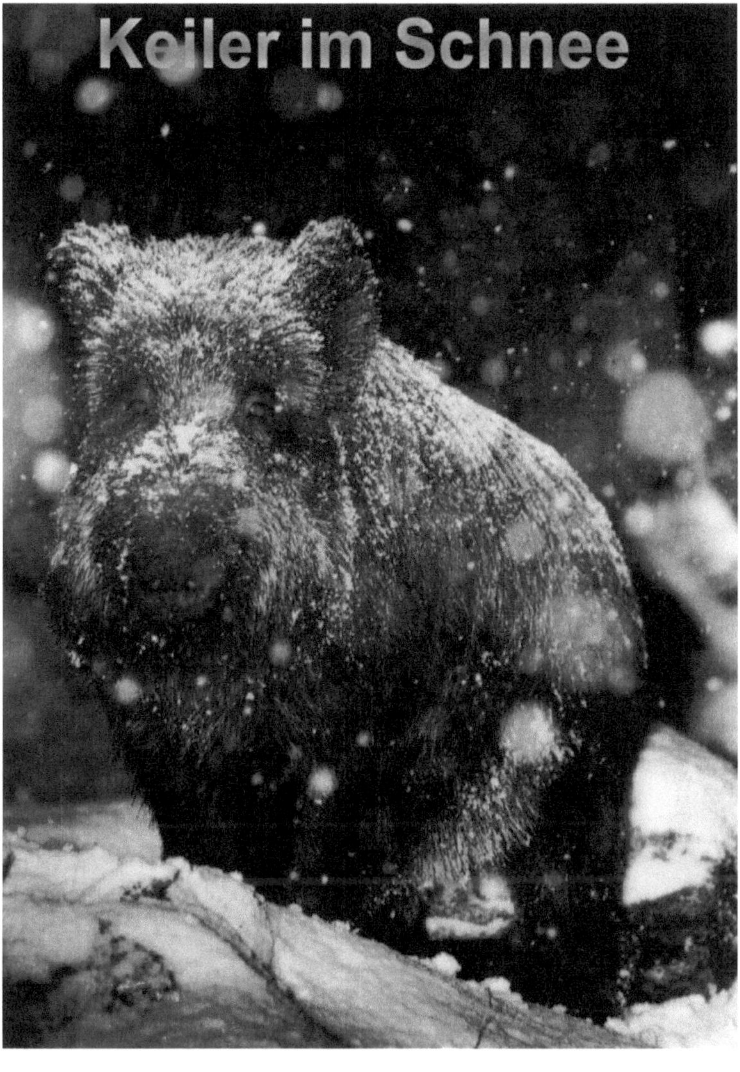
Keiler im Schnee

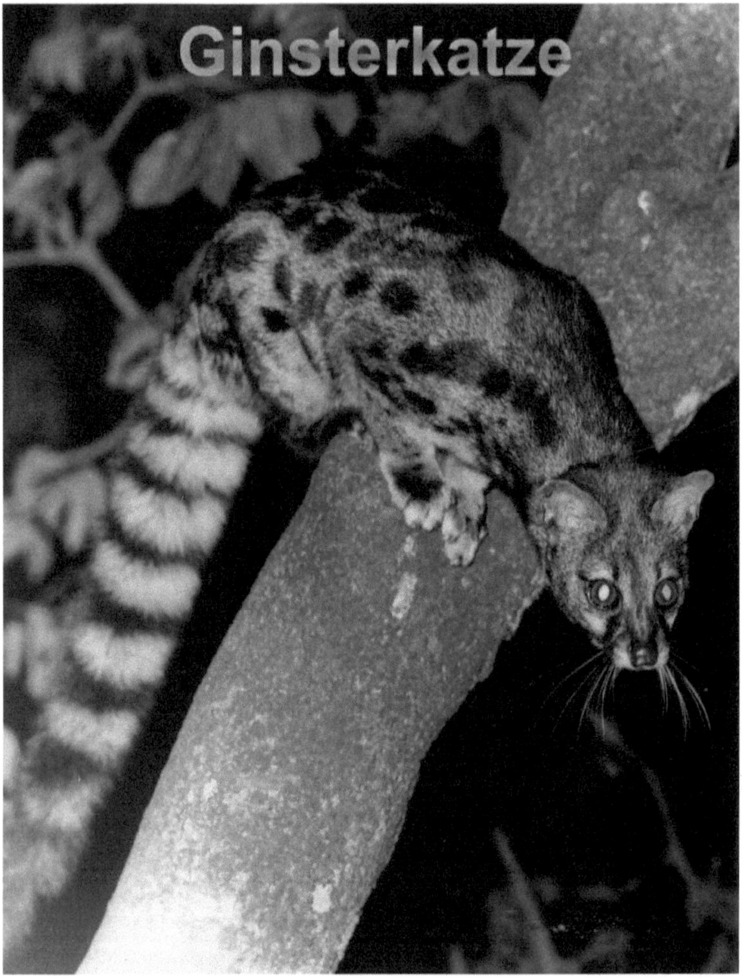
Ginsterkatze

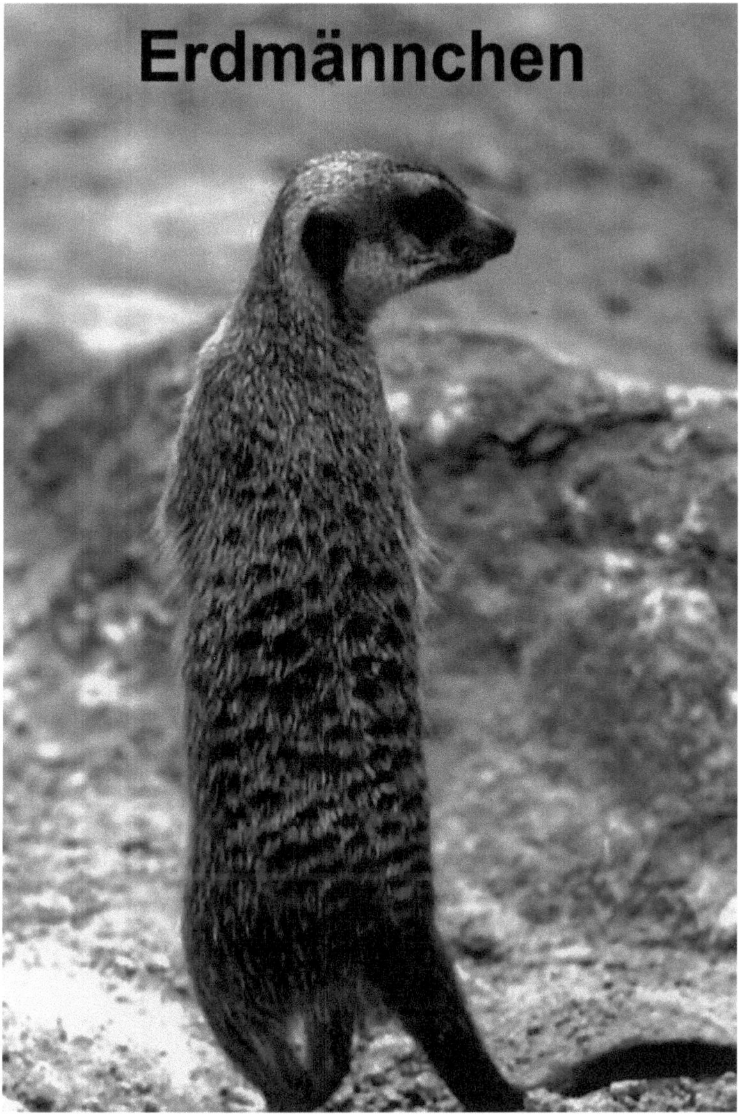
Erdmännchen

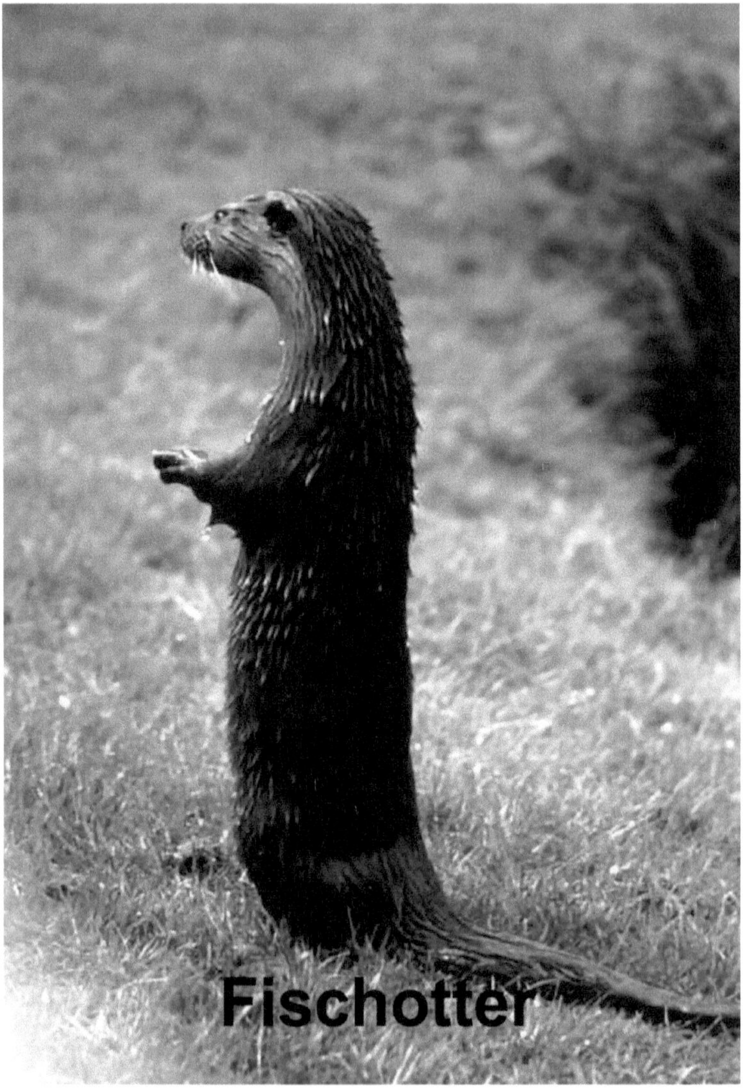
Fischotter

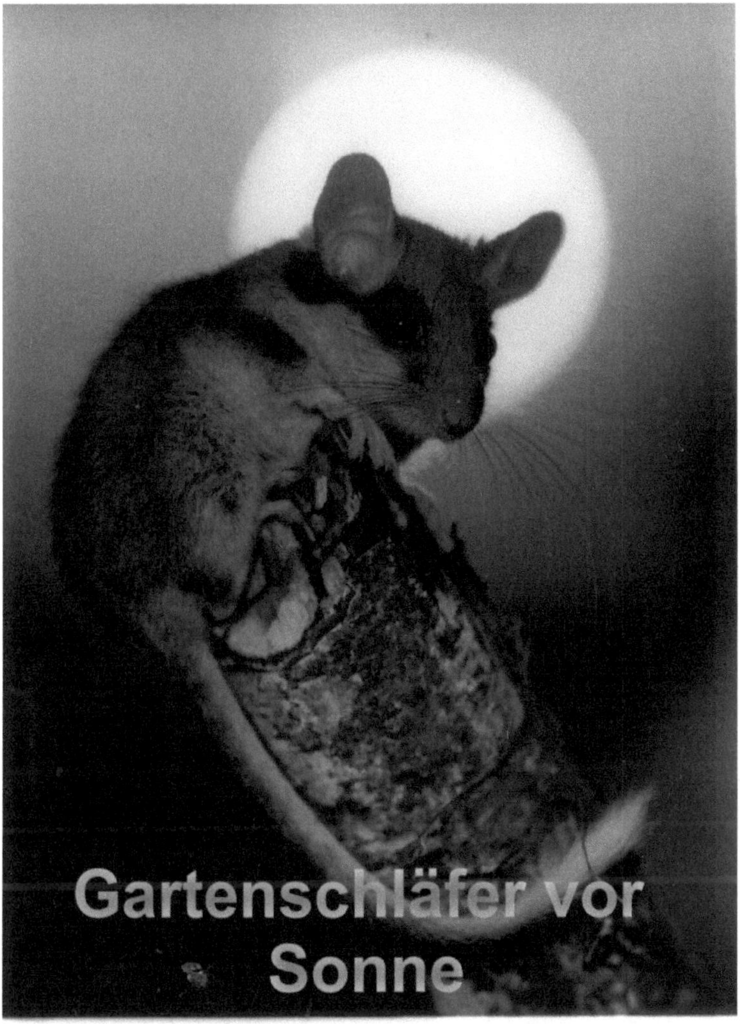
Gartenschläfer vor
Sonne

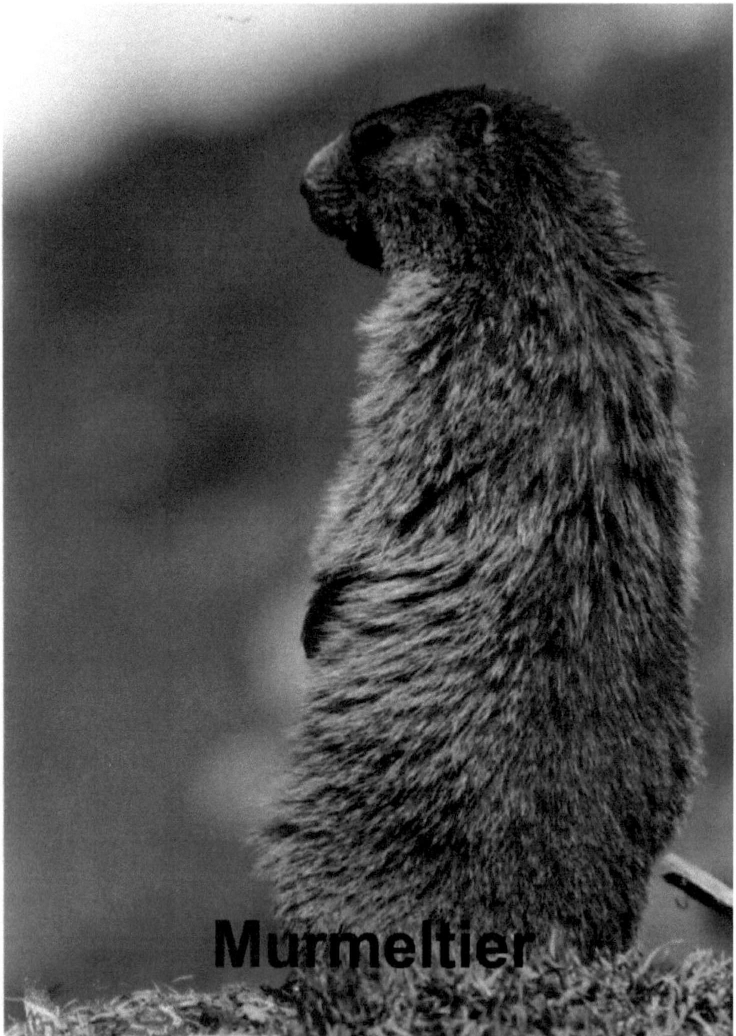
Murmeltier

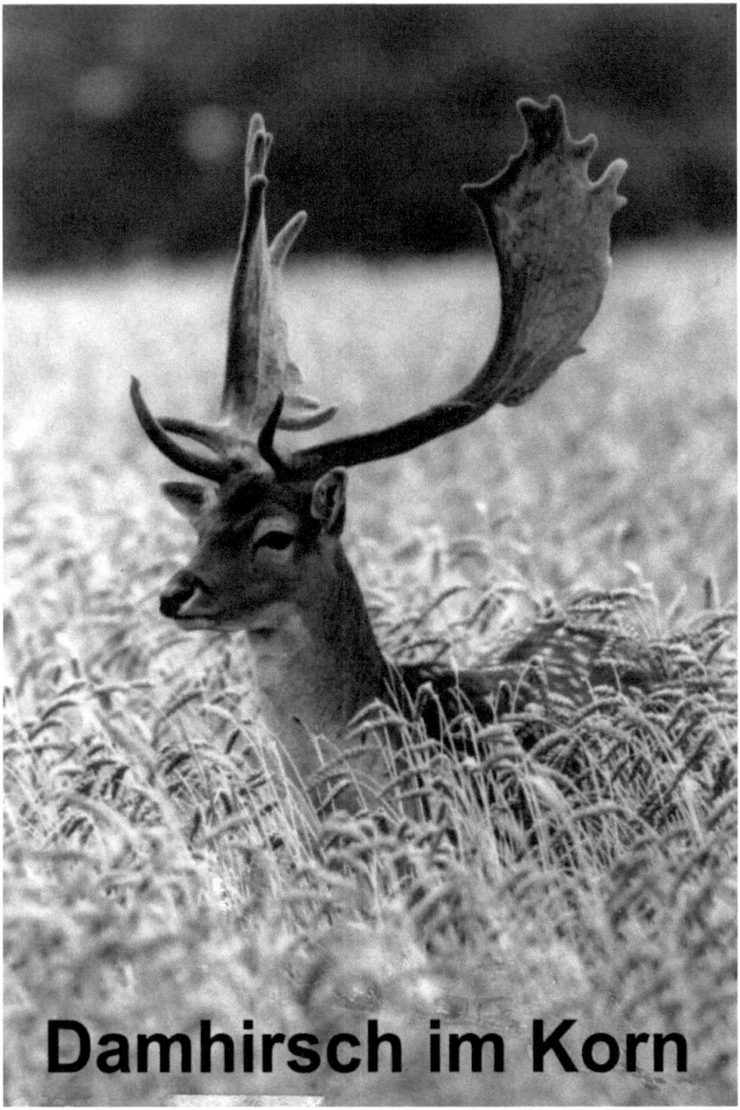
Damhirsch im Korn

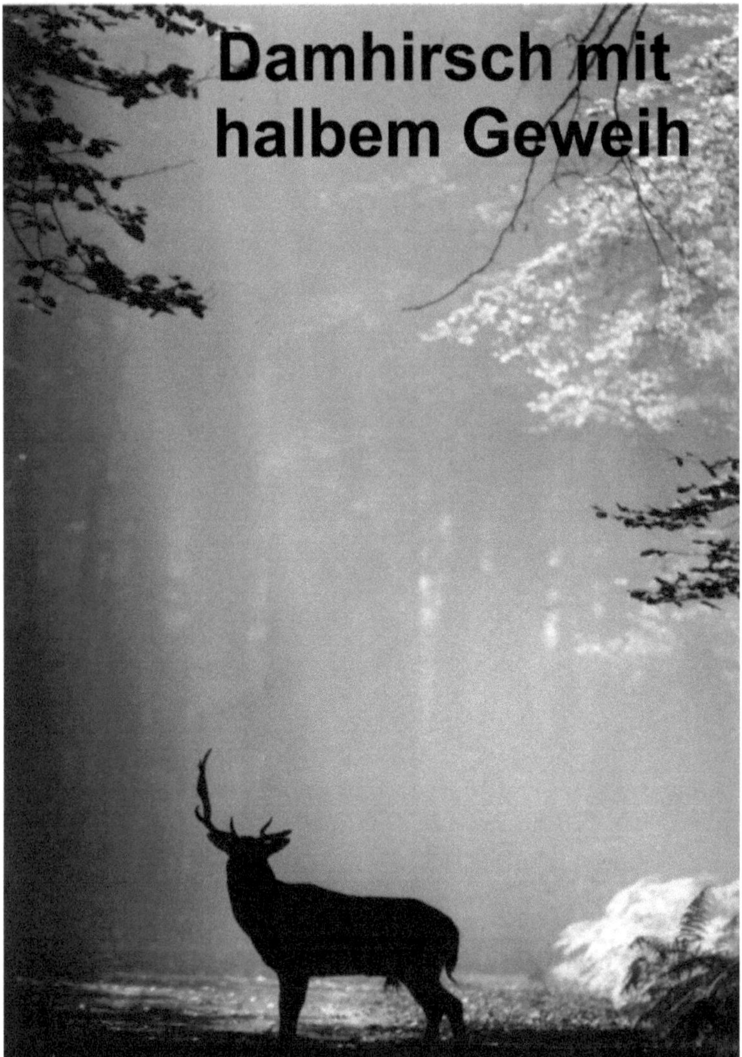
Damhirsch mit
halbem Geweih

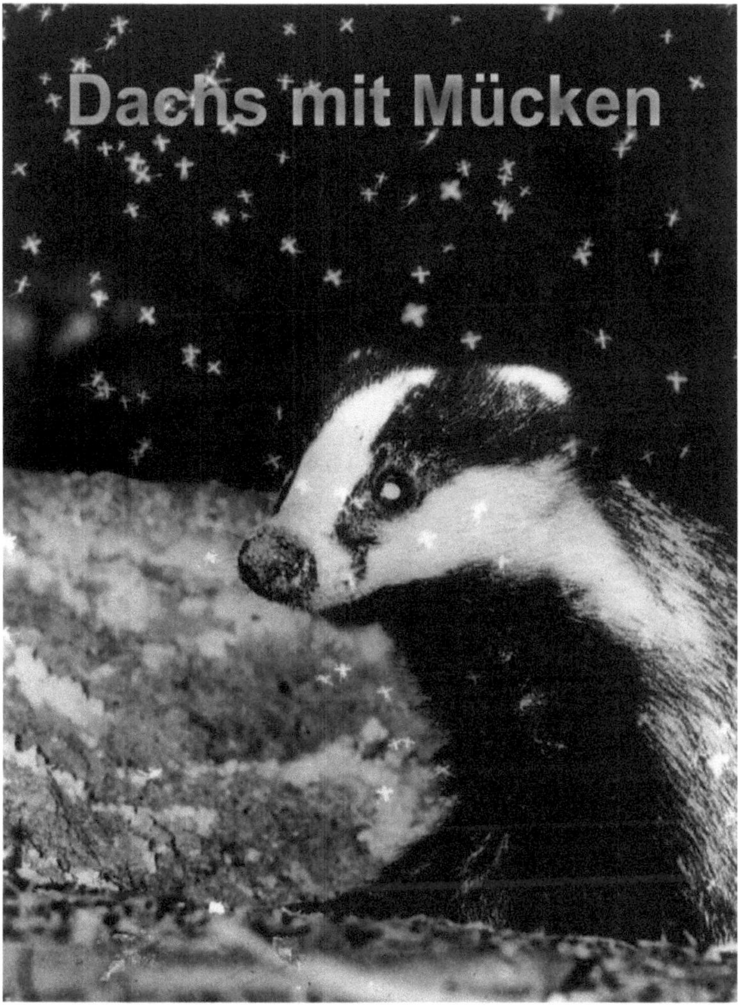
Dachs mit Mücken

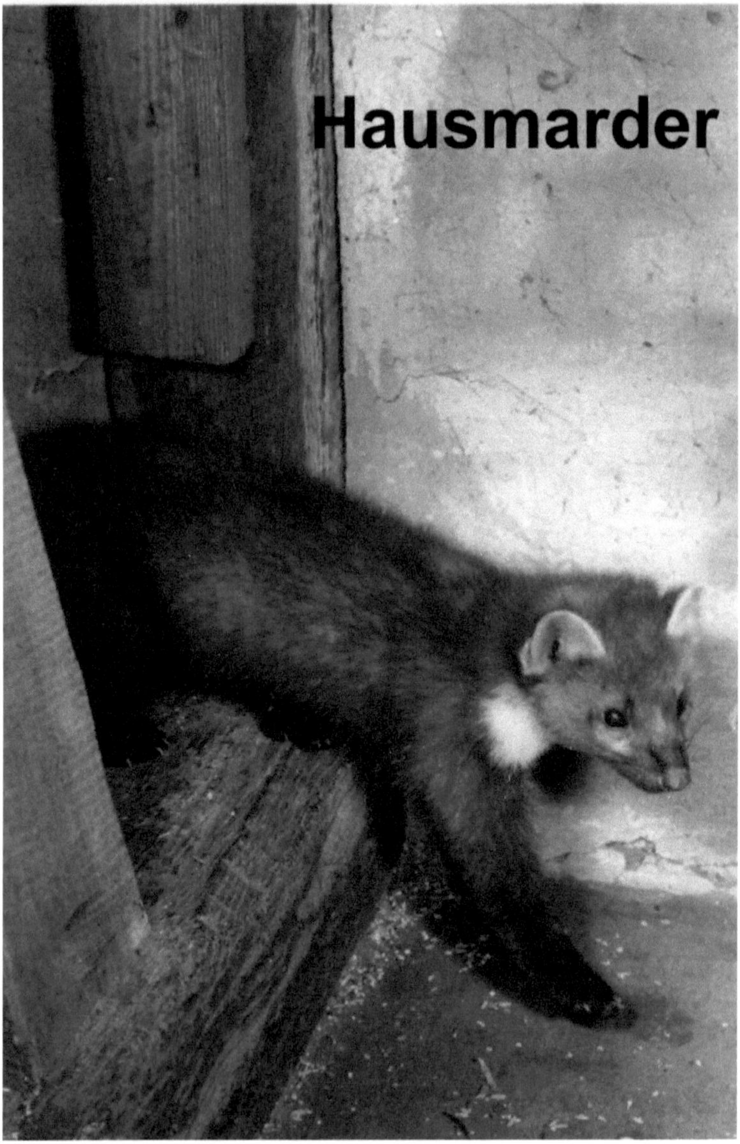
Hausmarder

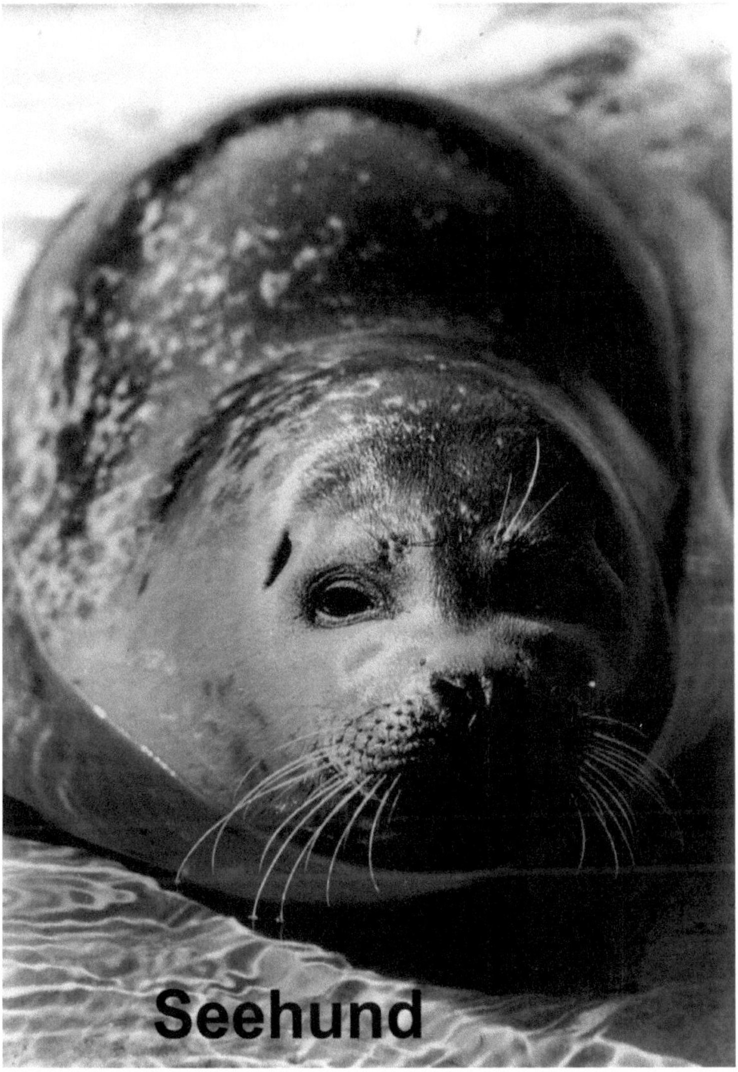
Seehund

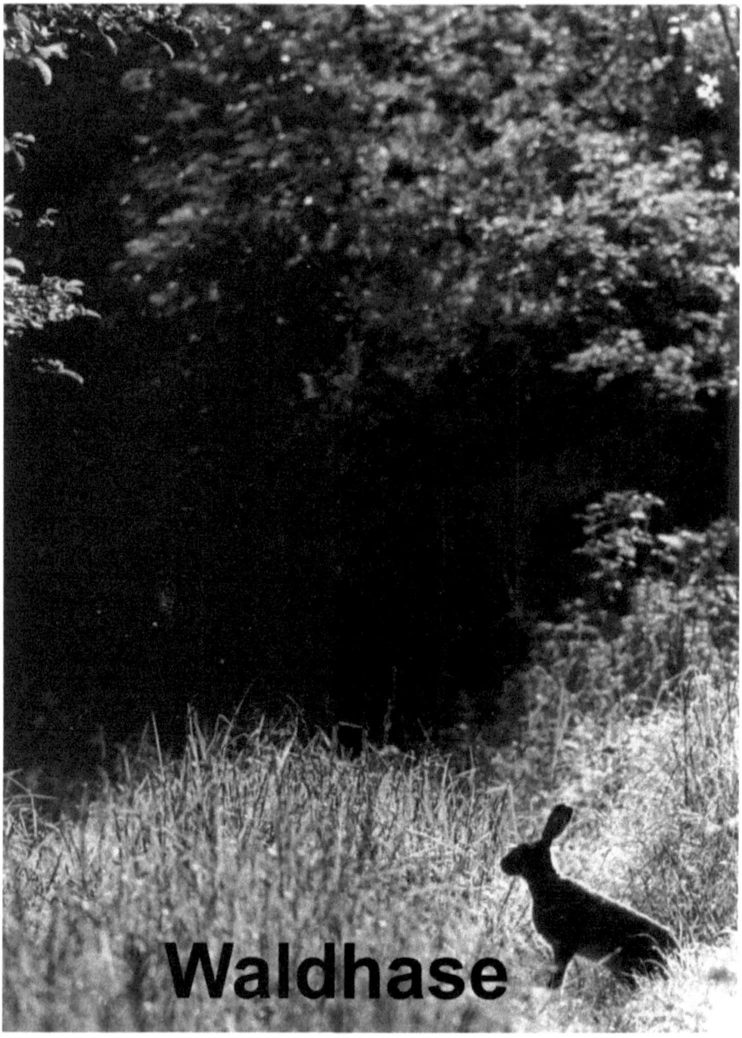
Waldhase

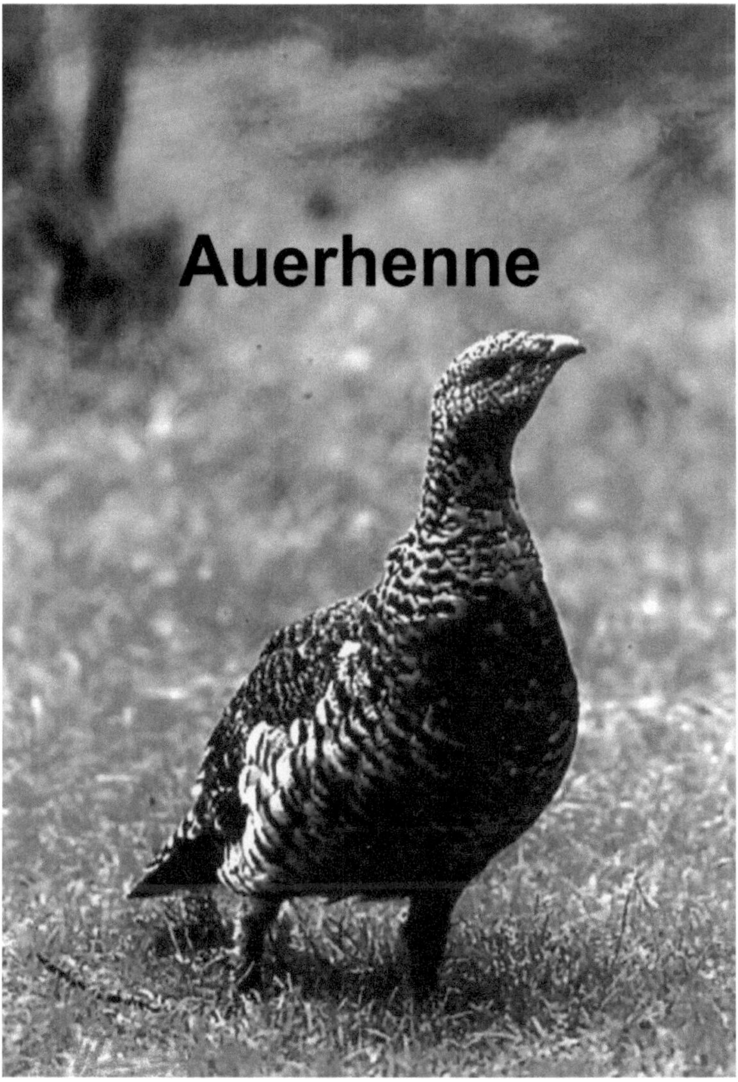
Auerhenne

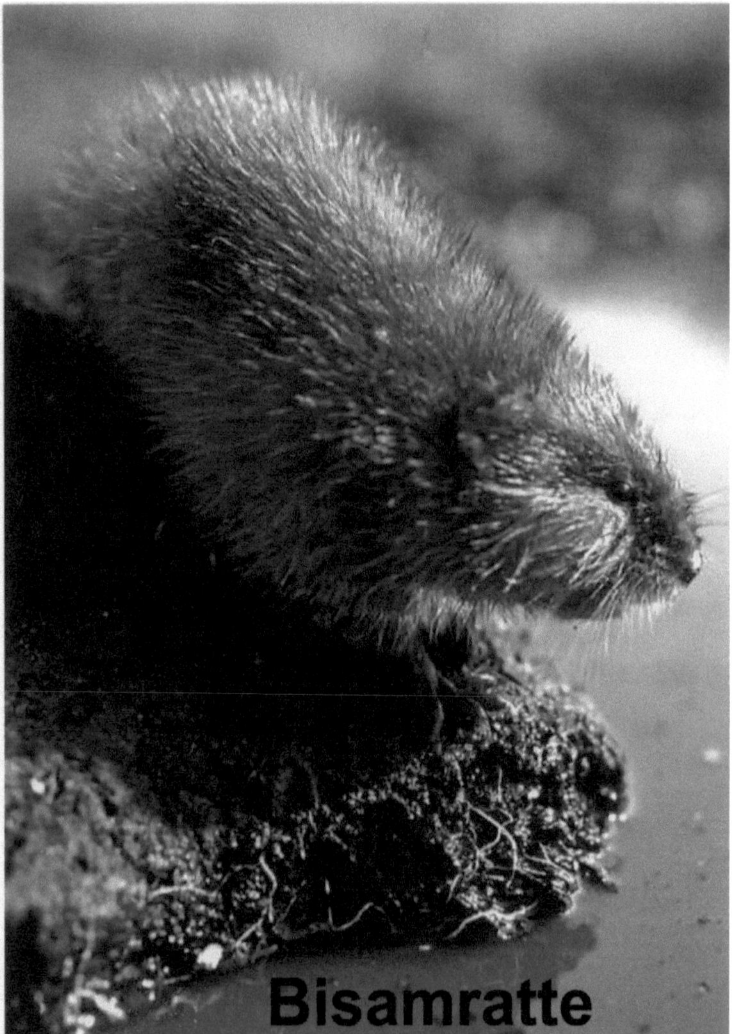
Bisamratte

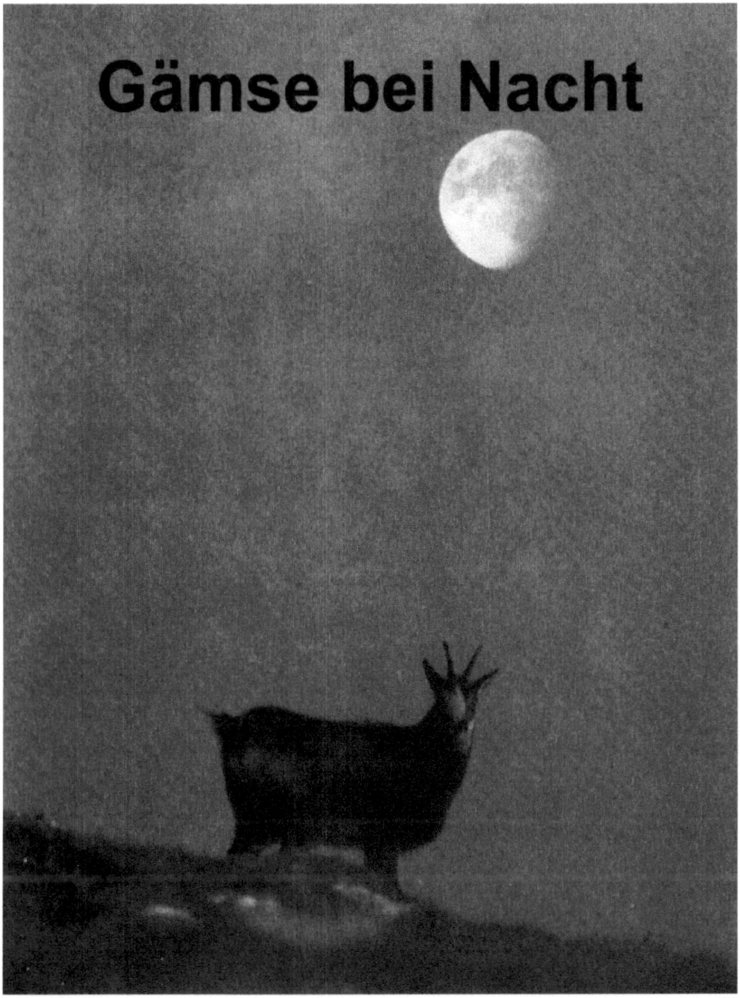
Gämse bei Nacht

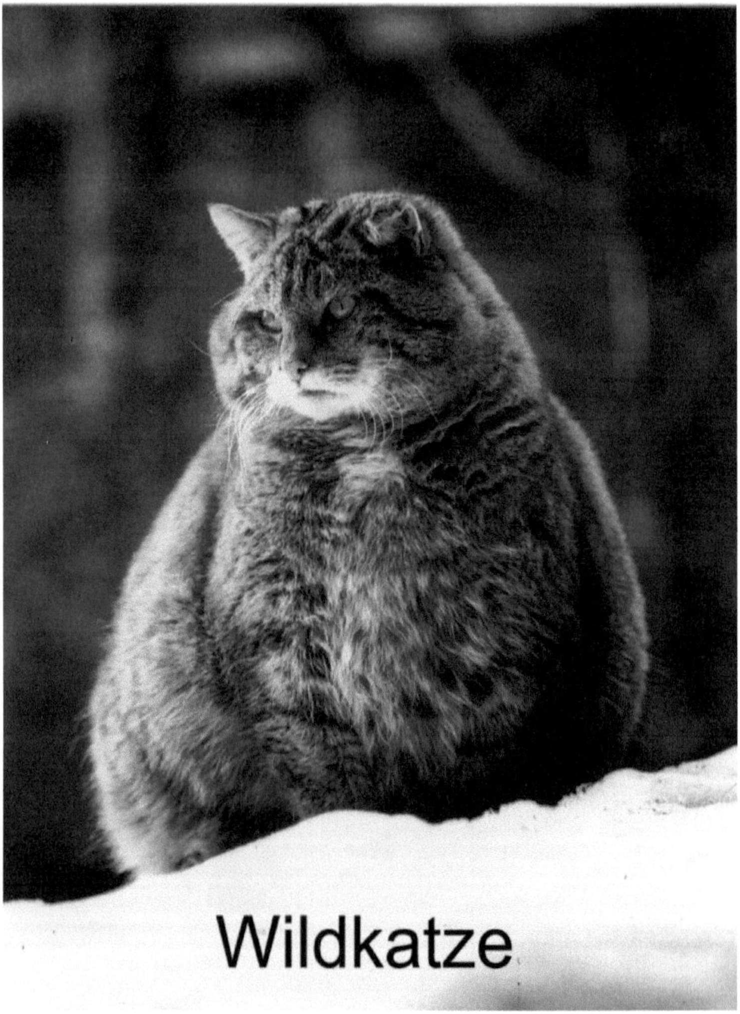
Wildkatze

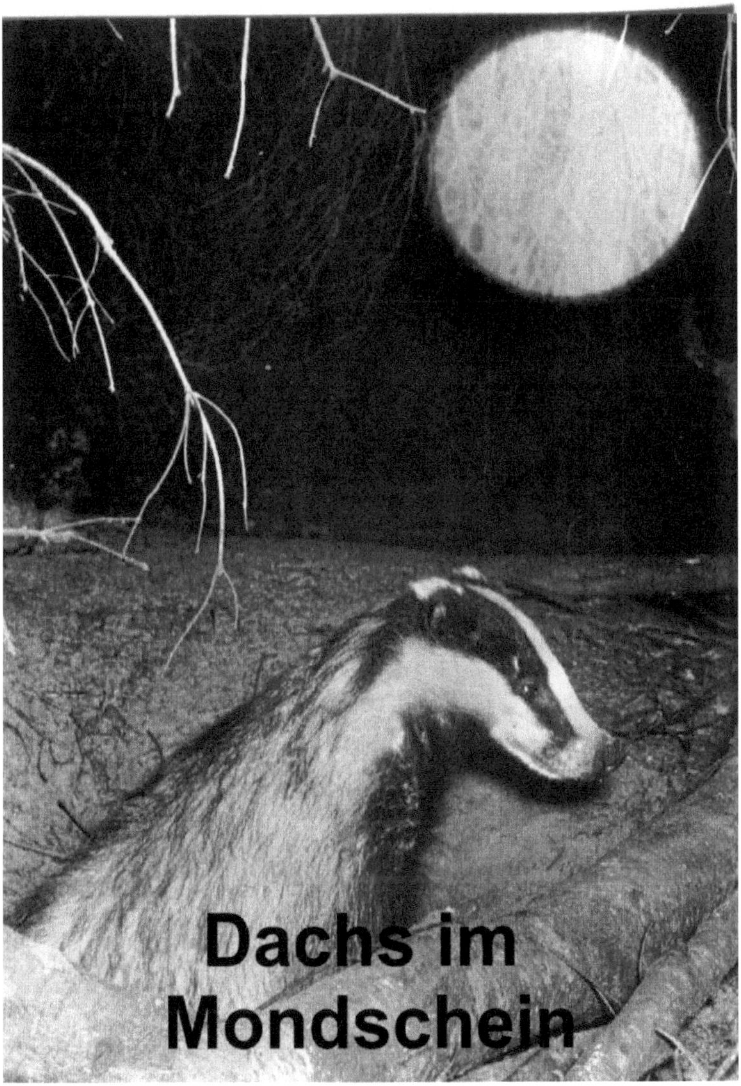
Dachs im
Mondschein

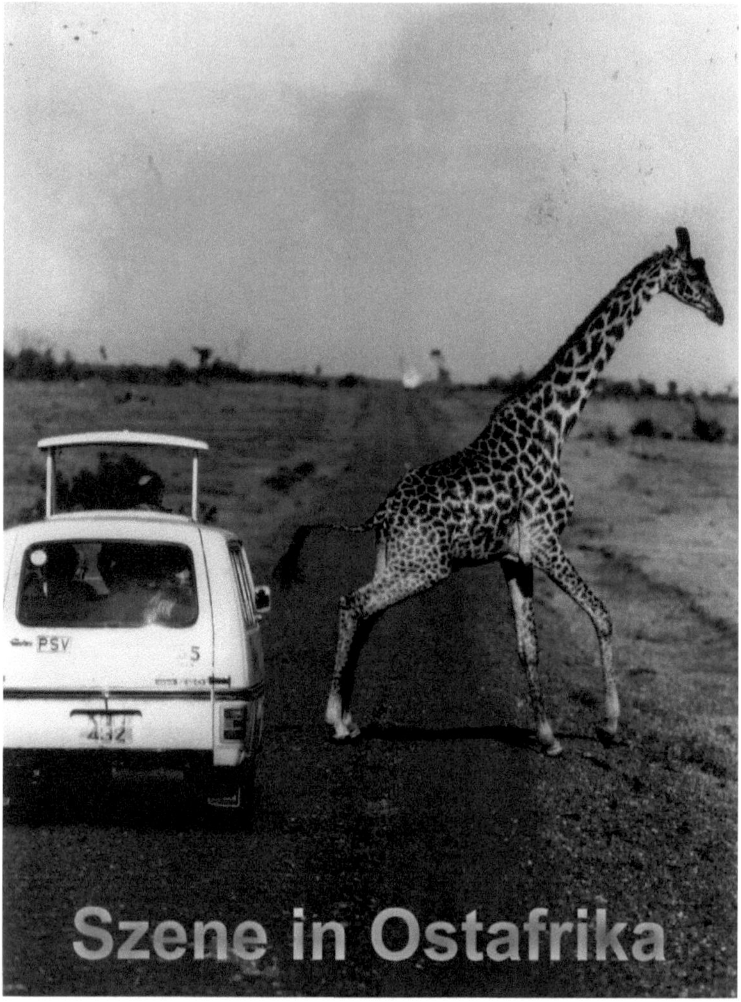
PSV
432
Szene in Ostafrika

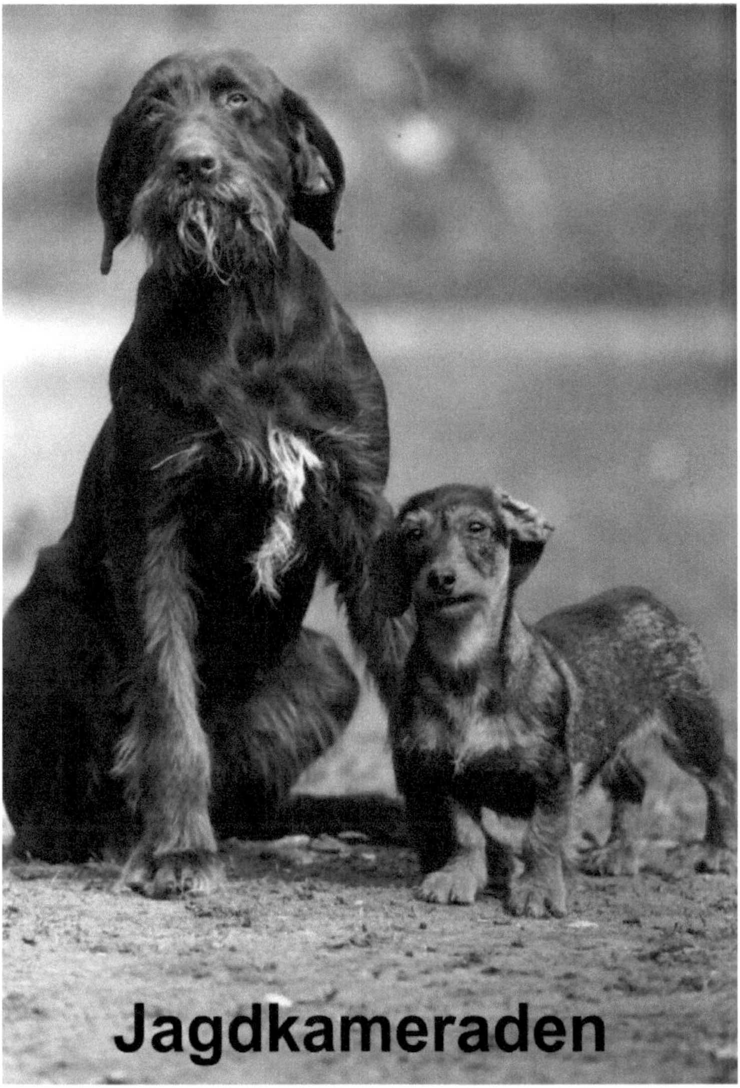
Jagdkameraden

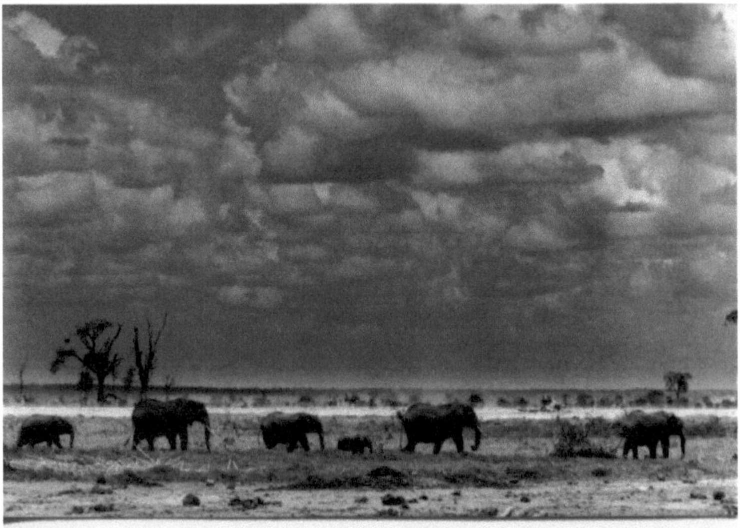

Szenen in Ostafrika

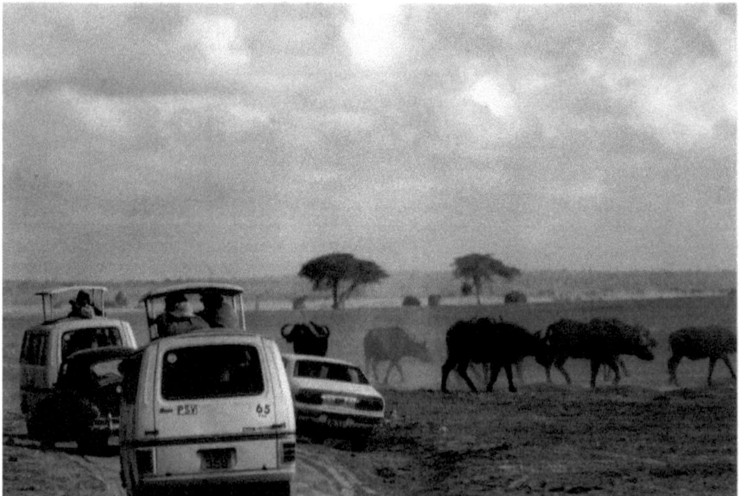

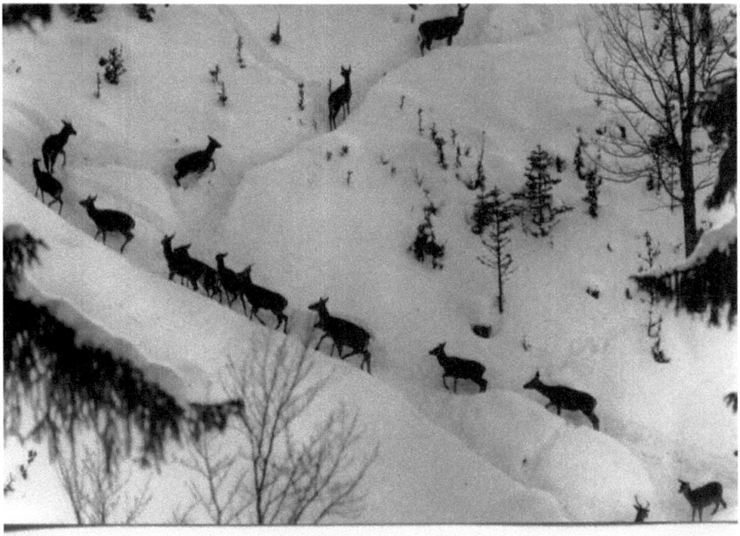

Rotwild und Luchs

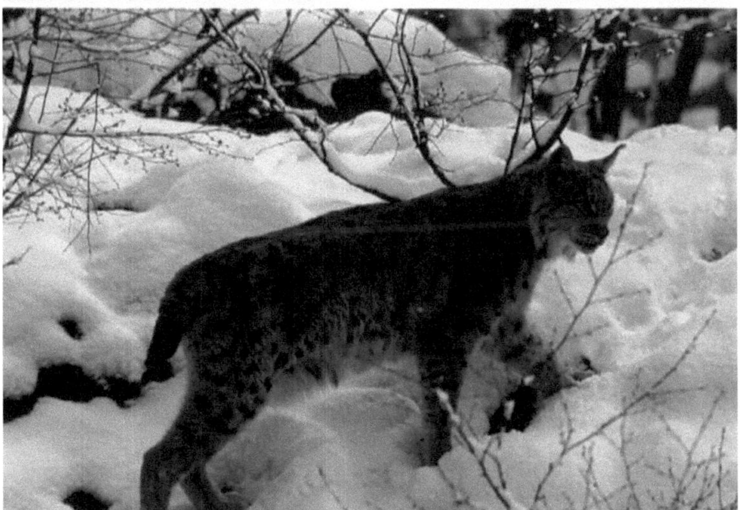

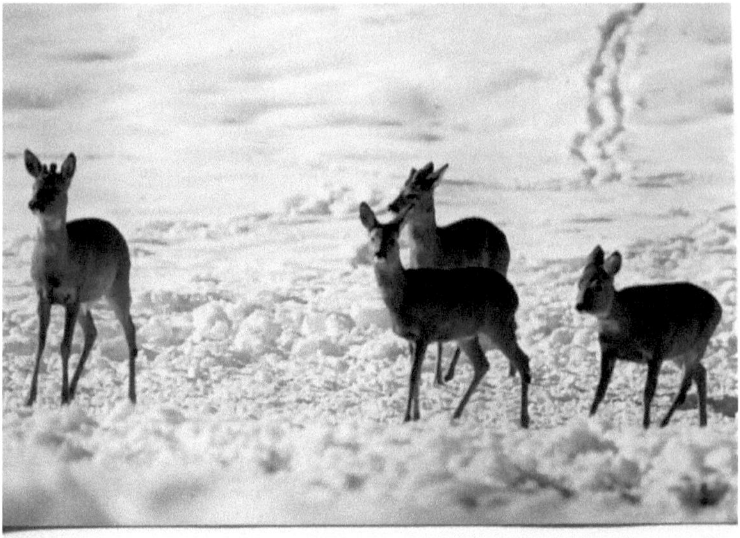

Rehwild-Winterszenen

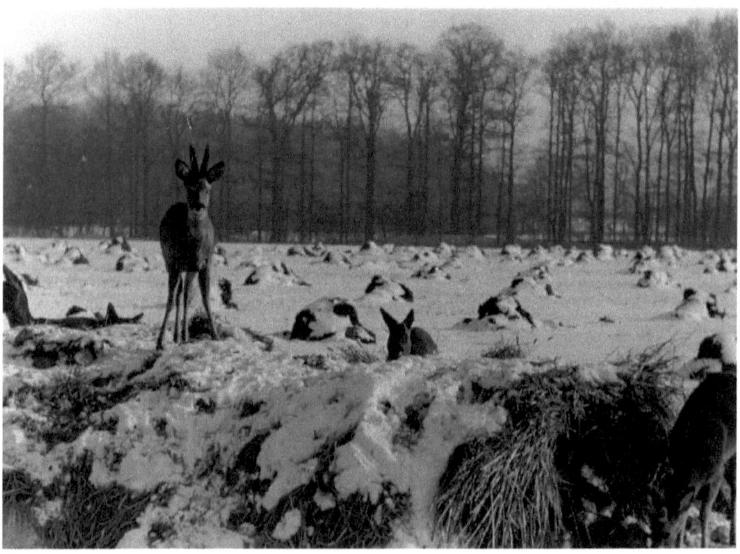

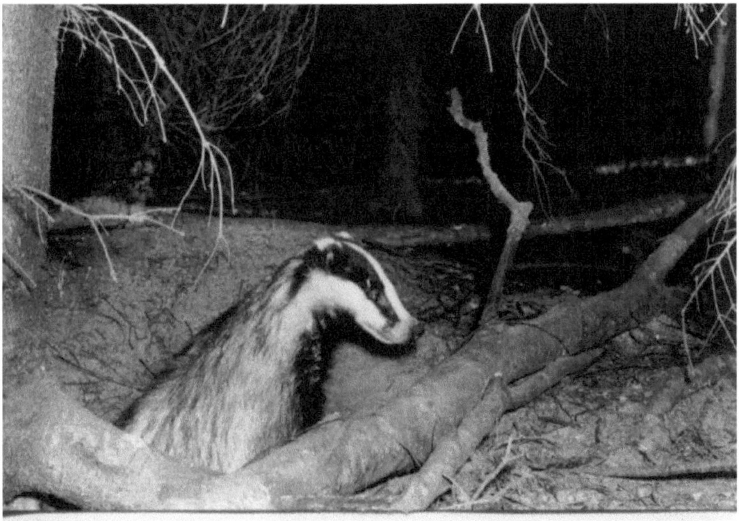

Dachs in der Ausfahrt und auf der Brücke

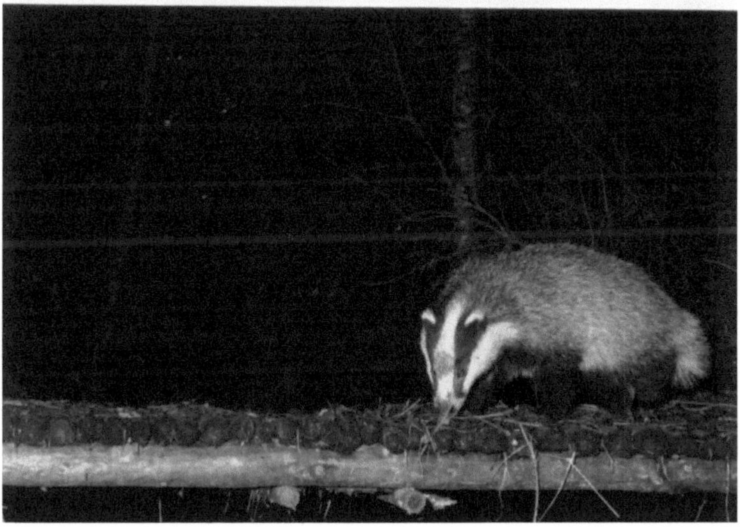

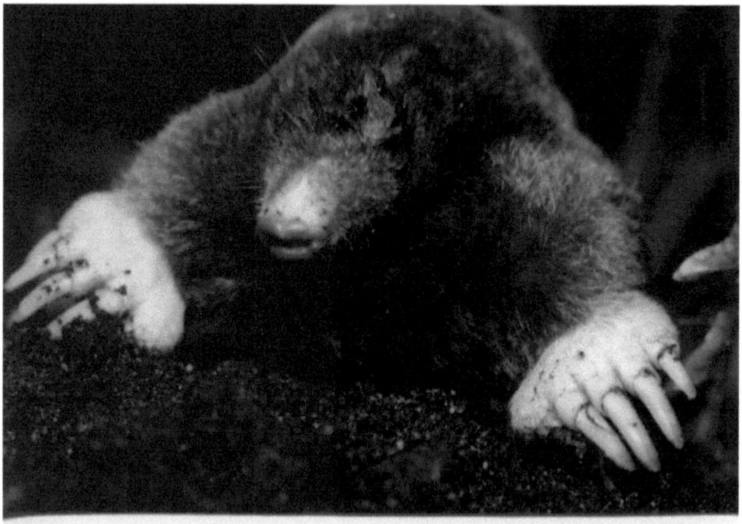

Maulwurf und Feldhamster

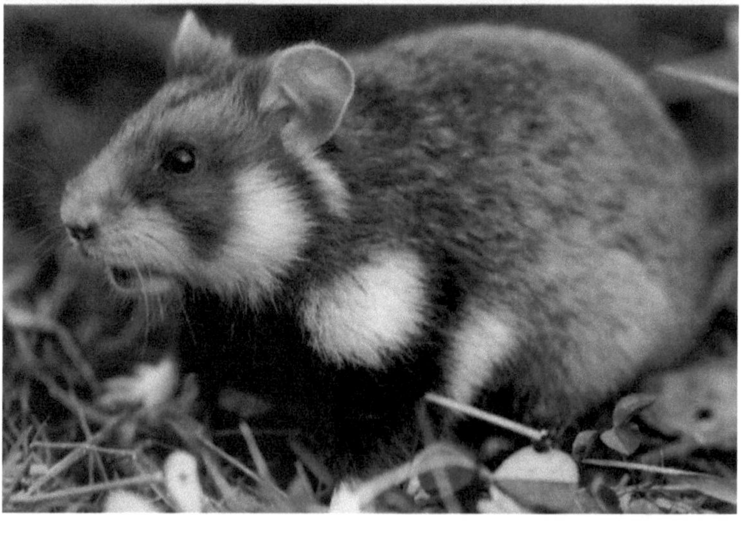

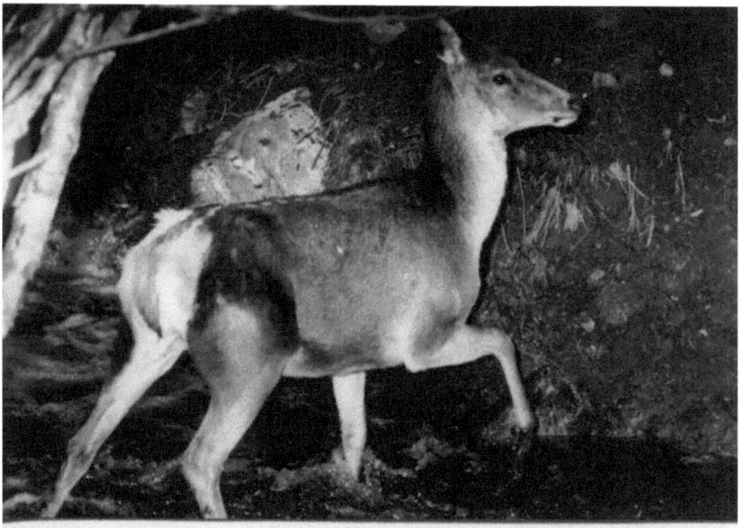

Rottier im Bach und Reh im Wald

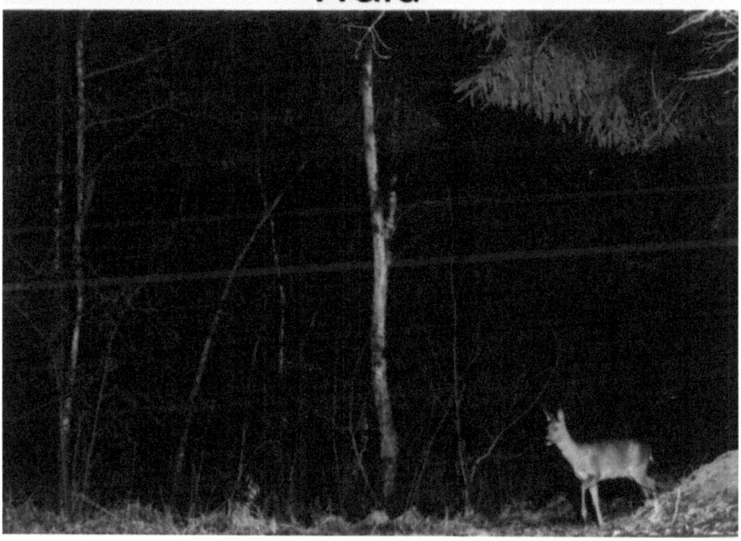

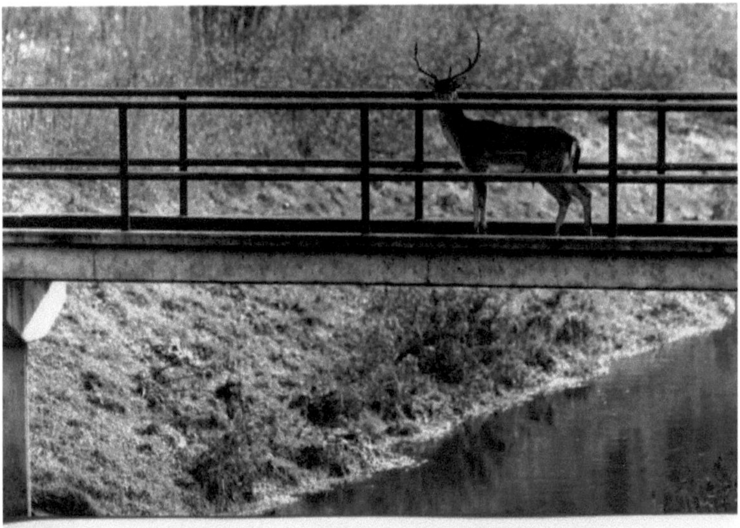

Damhirsch auf Brücke
Damhirsche auf Schienen

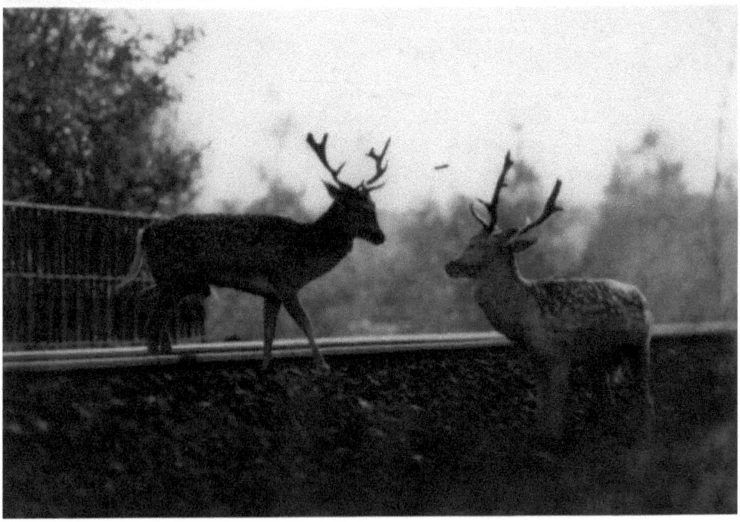

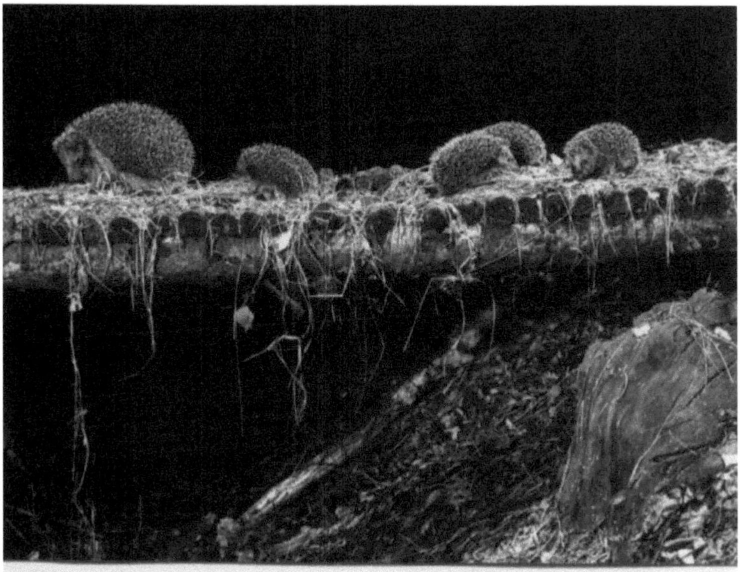

Igelfamilie auf Brücke
Dachsfamilie

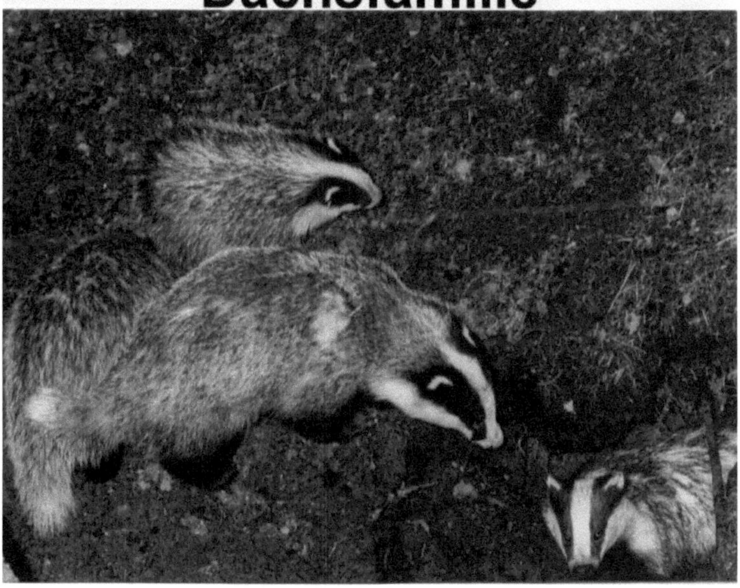

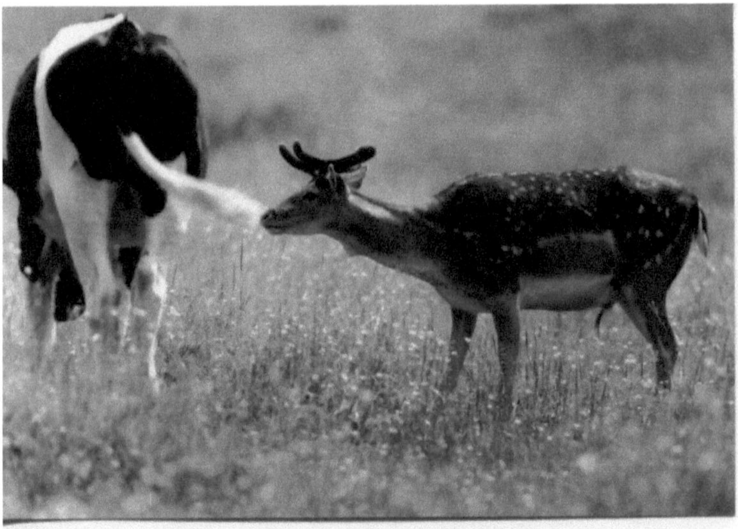

Damhirsch mit Kuh
zwei Feldhasen

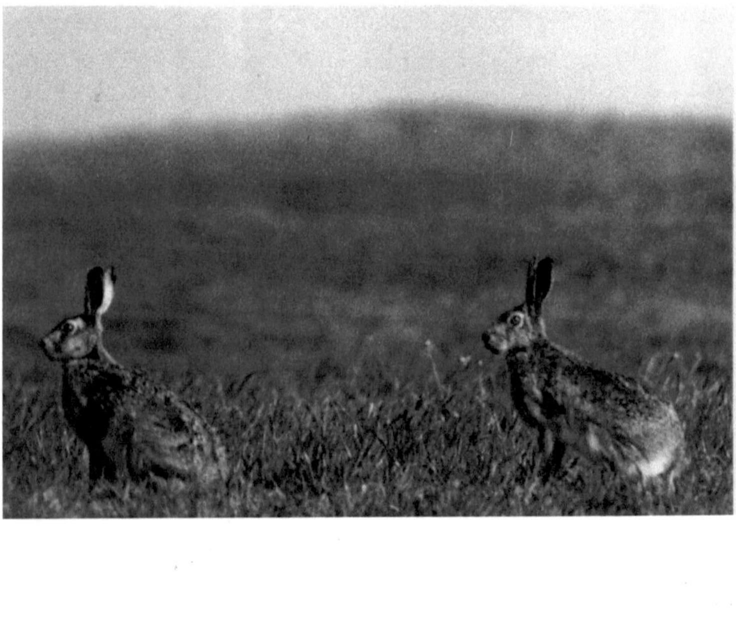

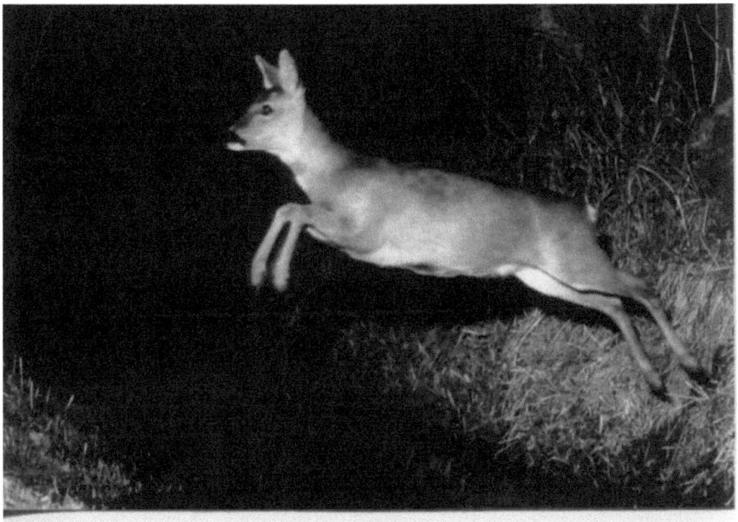

springendes und rennendes Reh

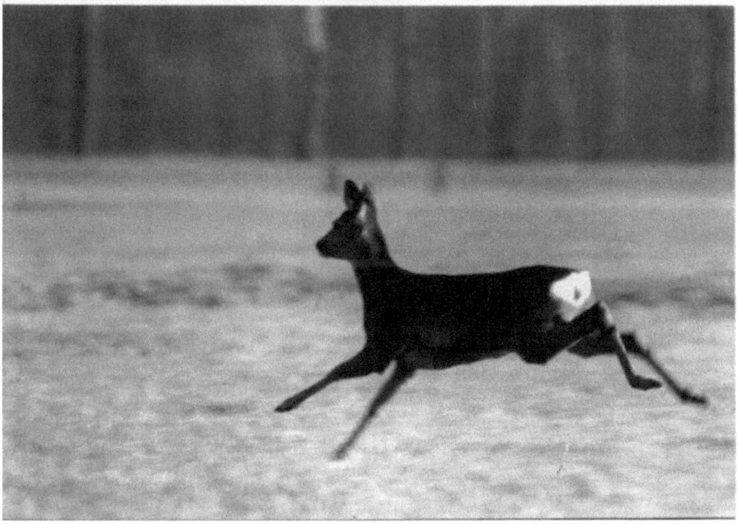

Bambi

Der Österreicher Felix Salten, 1869 bis 1945, ist mit seiner Tiergeschichte „Bambi“ (1923) nicht nur bekannt und reich geworden, sondern hat auch für die Zukunft allen Rehkitzen einen Namen gegeben. Dass Walt Disney aus dem Jungreh einen Rothirsch mit mächtigem Geweih entstehen ließ, gehört zur Unsitte aller Filmleute, Tatsachen zu verdrehen und aus Mücken Elefanten zu machen.

Warum diese meine ein wenig anzügliche Vorrede? Gemach, wir kommen jetzt dazu. Denn bei einem meiner geliebten frühabendlichen Spaziergänge, - sie waren nur sonntags möglich -, hörten meine erschreckten Ohren ein Schreien, Fiepen, Klagen und Jammern, das ich nur aus Filmen kannte, in denen Raubtiere Friedtiere packten und totbissen. Aber so etwas hier auf den Hängen des Teutoburger Waldes? Ich ging der Geräusch-Szenerie nach und stand in zwei Minuten vor einem Brombeergebüsch urwaldartigen Ausmaßes, aus dessen Inneren das Wehklagen weiterhin ertönte. Ich wäre nicht hier eingebrochen, so ohne Machete oder Haumesser, wenn ich beim Niederbücken nicht die Lage hätte richtig beurteilen können: Da hing ein wenige Tage oder gar nur Stunden altes Rehkitz in den stacheligen fingerdicken Ranken fest und hätte sich nie selbst befreien können. Seine Mutter, die Ricke? Sie war nicht zu sehen und hätte auch nicht helfen können. Seine Fressfeinde Fuchs und Wildschwein? Sie waren ebenfalls nicht da, würden aber in der Nacht herkommen und Mahlzeit halten! Also musste ich den Retter in der Not spielen, obwohl ich wusste, - was freilich nicht erwiesen ist -, dass Rehmütter ihre Kinder nicht mehr annehmen, wenn Menschen sie berührt haben.

Auf dem stacheligen Waldboden voller Ameisen und Zecken Zentimeter um Zentimeter vorrobbend und die Dornen und Ranken mit dem Taschenmesser beiseite räumend, kam ich an das Kitz heran, das mich mit „den schönsten Augen der Welt“ anschaute und scheinbar erwartete. Als ich es von den Ranken löste, umarmte und mit ihm zurückkroch, beruhigte es sich sofort. Zurück auf dem freien Waldweg hätte ich es tatsächlich noch laufen lassen können, wenn erstens seine Mama erschienen wäre oder es zweitens flüchtig geworden wäre – beides geschah nicht. In der Natur „drücken“ sich die Rehkitze der ersten sieben Tage in von der Mutter gefundenen Verstecken und rühren sich nicht eher, als bis sie zum Säugen und Weiterwandern zurückkommt. Es heißt, dass sie in dieser Zeit keine Witterung (Eigengeruch) abgeben und so für ihre Fressfeinde schwer auffindbar sind.

Ich machte der Sicherheit halber eine letzte Probe und entfernte mich zehn Meter. Sagte nichts dabei und lockte auch nicht. Schwuppdiwupp, ein paar rasche Sprünge und es suchte zwischen meinen Beinen Schutz. Nun denn, da hatte ich Vaterstelle anzutreten. Als ich beim Landwirtehepaar mit „Bambi“ erschien, machte man lange Gesichter und Vorwürfe. Sie waren Geizkragen erster Garnitur und schmierten Margarine aufs Brot, um keine Butter, - sie hielten ein Dutzend rotbunter Kühe und verkauften Tausende Liter Milch im Jahr -, kaufen zu müssen. Doch Bambis leisem Fiepen und seinen „goldigen“ dunklen Augen konnten auch sie nicht widerstehen.

Aber mir war klar, dass diese Geizhälse nicht die Aufzucht Bambis zum lebensfähigen Reh übernehmen würden: Jeden Tag mehr als ein Liter echte Kuhmilch, dazu bald festes Futter und die Arbeitszeiten gerechnet, dann würde es draußen den Kühen und Kälbern das Gras wegfressen – „da machen wir nicht mit“. Außerdem neideten sie das nette und hübsche Verhältnis zwischen Bambi und mir: Schon nach einem Tag war ich seine Mutter geworden, welche die Milch heranschaffte und reichte. Ich brauchte nur „Bambi“ zu rufen, schon kam es in albernen und kalbernden Sprüngen angehüpft und wollte Salmiakpastillen lutschen. Kurz und nicht gut: Nach einer Woche telefonierte der Chef mit dem zuständigen Revierförster und verschacherte Bambi an diesen. Ich sah ja ein, dass es dort besser aufgehoben war und artgerecht auf seine Auswilderung vorbereitet werden konnte. Die nahm Bambi im Sommer selbst vor und ward nicht mehr gesehen. Ich aber bedauerte, keine Fotos von Bambi gemacht zu haben und beschloss, Tierfotograf zu werden.

Ein Brückenschlag

Die folgende dramatische Geschichte, die einen Vetter Bambis das Leben kostete, habe ich auch selbst erlebt aber wieder nicht fotografiert. Sie ereignete sich in einem Nachbarrevier, das ich gelegentlich auf dem Fahrrad erkundete und dadurch in Kontakt zum zuständigen Forstmann kam – er ist der Schuldige! Indem ich seine Geschichte erfuhr, lernte ich, seinen Fehler nicht zu wiederholen: Es ging um den Bau einer hölzernen Brücke über den Mühlenbach. Dieser war damals noch ein Urgewässer, was heißen soll, dass man jahrhundertelang seine Ufer und seinen Lauf kaum reguliert, also behindert hat.

„Ich möchte nicht behaupten“, sagte Oberförster Hartmut Fahrenholz, „dass er schon zu Zeiten der alten Cherusker hier so ausgesehen hat. Aber die Landsknechte des Dreißigjährigen Krieges sind durch ihn genauso gestiefelt wie unsere heutigen Zeitgenossen."

Na-ja, dachte ich unbeeindruckt.

„Ich machte mich", fuhr er fort, „mit einem Forstarbeiter daran, eine Brücke über den Bach zu schlagen, um erstens einen Umweg zu sparen, zweitens keine nassen Füße mehr zu bekommen und drittens dem Wild desgleichen auch zu ersparen."

Es gab nun zwei Möglichkeiten, die Brücke zu bauen, wenn sie nur aus vorhandenen Hölzern hergestellt werden sollte.

Erstens die schnellste und einfachste Art: Man fälle Bäume, - hier ging es um die zahlreichen Fichten, die sowieso ausgelichtet werden mussten -, in der Stärke von leichten Masten für Segelschiffe, entaste sie und schneide sie auf jene Länge, dass sie auf beiden Ufern über einen Meter aufliegen. Vier Stück nebeneinander gelegt ergeben schon eine Brückenbreite von etwa einem halben Meter. Sie ist ausreichend fürs größte hier vorkommende Wild, Rehe und Wildschweine.

Zweitens: Die mehr Arbeit bereitende Methode, nur zwei freilich dickere Bäume in Stärke von Strommasten im Abstand eines halben Meters zu legen und sie, weil Bretter nicht benutzt werden sollten, mit fünfzig Zentimeter langen armdicken Hölzern, die aufgenagelt werden müssen, querliegend zu verbinden. (Diese Methode habe ich später übernommen, um Brücken zu bauen, auf denen sich Wild und andere Tiere durch Selbstauslösung fotografieren konnten.)

Hartmut Fahrenholz entschied sich für die einfachste Methode. Weil dieser Teil des Jagdreviers der wildreichste war, ließ er fünfzig Schritt entfernt einen Hochsitz anlegen, um von ihm aus beobachten und notfalls schießen zu können. Eine Woche später saßen Hartmut und ich auf dem Hochsitz und kamen kaum dazu, unsere Brotzeit zu machen: Es herrschte in beide Richtungen reger Betrieb auf der Brücke und es kam sogar zu Schwierigkeiten im Gegenverkehr. Ich mache mal wieder meine beliebte und informative Aufzählung:

Erstens: Waldhase von links und Feldhase von rechts! Das sind keine verschiedenen Wildarten, aber Jäger sagen es gerne so. Weil ich in diesen Tagen von 1952 meinen Führerschein machte, - 350 DM Gesamtkosten -, fragte ich neckisch: „Wer hat hier die Vorfahrt?“ Die Antwort kam prompt: Waldhase übersprang Feldhase und beide setzten ihren Weg fort.

Zweitens: „Man sollte hier eine Brücken-Mautstelle einrichten“, sagte Hartmut nach fünf Stunden Ansitz. Denn in den letzten drei Stunden hatten in mehr oder weniger kurzen Abständen Marder, Wiesel, Wanderatten, Igel und wildernde Katzen die Brücke überquert.

Drittens: Bei einem Passanten, der langsam aber stetig unterwegs war, stoppte ich mit der Uhr seinen Übergang: genau 87 Minuten! Es war eine Rote Wegeschnecke (*Arion rufus*).

Viertens: Nur dasjenige Wild, welches wir sehnlich erwarteten, zeigte sich nicht: Rehe, das frisch ausgewilderte Damwild und Sauen, (Wildschweine), die wegen ihres Kartoffeldiebstahls auf den Äckern bevorzugt bejagt werden sollten. Doch dann: Schon in erster Dämmerung trottete eine Bache (Muttersau) mit sechs Frischlingen (ihre Kinder) aus dem Forst heran, um in ein Haferfeld zu kommen. Sie war wohl zum ersten Mal hier, verhoffte (stoppte) vor der Brücke und schnaufte empört oder misstrauisch.

Eins der Jungen wollte Hartmut nun schießen, denn „Spanferkel am Spieß“ war sein Leibgericht und das seiner Familie. Doch da machte die Sau einen Rückzieher in den Wald, um – tatsächlich, um Anlauf zu nehmen und unterhalb der Brücke durch den Bach zu preschen und unseren Blicken zu entschwinden.

Fünftens: Eine unerwartete Überraschung bot eine Igelmutter, die mit ihren Kindern ganz gemütlich die Brücke querte. Dabei bummelten die Kinder herum, blieben halten, wollten zurück, schauten auch irritiert von der Brücke herunter, als fürchteten sie das Weitergehen. Es dauerte über fünf Minuten, bis die komplette Familie die kurze Entfernung zurückgelegt hatte und im Wald verschwand.

Sechstens: Unser Lohn folgte doch noch. Im letzten Tageslicht sahen wir einen Rehbock herankommen, welcher dem alten Wechsel durch den Mühlenbach folgen wollte. Die Veränderung der Szenerie schien ihn zu irritieren und er kehrte um, woher er gekommen war. .

Die Dramatik dieser Geschichte liegt darin, dass Hartmut Fahrenholz diesen Bock nach zwei Tagen wiedersah: als Leichnam auf der Brücke! Er war mit dem rechten Hinterlauf in den Schlitz getreten, der zwischen zwei Längsbalken geblieben war, und bis zum Anschlag durchgerutscht. Bei seinen Bemühungen, freizukommen, war er nach rechts über die Brücke gerutscht und mit dem Kopf nach unten hängen geblieben.

Abschied von der Landwirtschaft

Meinen eigentlichen Abschied aus der Landwirtschaft läutete ich ein, vorerst unbewusst, als ich mir von Photo-Porst im Jahr 1952 die erste Kamera kommen ließ; eine

Agfa Isolette V Klappkamera 6x6. Damals musste die Bevölkerung sich die neuen Bundespersonalausweise beschaffen, weit und breit war in Obermehnen kein Fotograf zu beschaffen, beziehungsweise hatten die Leute weder Zeit noch Lust, nach Lübbecke oder Preußisch-Oldendorf zu fahren oder zu gehen. Nachdem ich meine ersten Versuchs-Portraitbilder an Kühen und Pferden gemacht hatte, welche ein Bauer in seinen Ställen aufzuhängen gedachte, wagte ich mich an Passbilder. Weil ich für jedes Bild 1,50 DM verlangen und kriegen konnte, hatte sich in zwei Wochen meine Kamera bereits bezahlt gemacht. So ging es weiter: Nach den Passbildern waren wieder Kühe, Pferde, Hunde, Katzen, Kinder, Häuser und Hochzeiten an der Reihe. Dies alles machte ich nebenher und weil es zu umständlich war, Filme und Bilder bei weit entfernten Fotohändlern entwickeln zu lassen, funktionierte ich mein karges Wohn- und Schlafzimmer zeitweise in ein Fotolabor um.

Monate vorher hatte mich der Berater der Landwirtschaftskammer „rumgekriegt", die Prüfung nachzuholen, mit einer Zwei oder Eins abzuschließen und so die Möglichkeit zu eröffnen, die Höhere Landbauschule besuchen zu können. (In zwei Wintersemestern hatte ich bereits die „normale" Landwirtschaftsschule in der Heimatstadt besucht.) Doch als ich nach der Agfa-Kamera, die natürlich höheren Ansprüchen nicht genügte, bei Foto-Georg in Preußisch-Oldendorf die DDR-Spiegelreflex-Kamera Exakta-Varex gekauft hatte, war ich entschlossen, das Steuer des Lebens herumzureißen und in der Stadt, vorerst zu Hause wohnend, einen fotografischen Beruf zu ergreifen. Er gestaltete sich bis zur Rente sehr unterschiedlich,

ich werde mich über diese Zeit nur zum „tierischen“ Thema dieses Buches aus- und alles Private weglassen.

* * * * * *

Jede Spiegelreflexkamera, - auch Laien wissen das -, bietet die Möglichkeit, Objektive nach Bedarf wechseln zu können – von der Nah- bis zur Fernaufnahme. Bald besaß ich ein Nahobjektiv, das nur in Verbindung mit einem Balgengerät gebraucht werden konnte und ein Schneider-Objektiv von 360mm Brennweite. Damit bewaffnet machte ich mich in der Freizeit per Fahrrad „auf die Socken“, um Tiere in der Umgebung der Stadt zu fotografieren. Weil Kleinbild (KB) in der semiprofessionellen Fotografie und in der aufkommenden Farbfotografie nicht ausreichte, erwarb ich 1955 als erster Bewohner meiner Stadt die absolut beste schwedische Spitzenkamera Hasselblad 1000F, bei welcher man Objektiv, Sucher und Filmmagazin wechseln konnte. Sie kostete in der Grundausstattung etwa 2.000 DM. Da waren erste Honorare, auch aus England, für Schwarzweiß-Tierfotos schon hereingekommen. Ein Zeitungsreporter sah mich als attraktiv genug für einen Artikel an und titelte verwegen: „Er verließ Haus und Hof, um sich der Fotografie zu widmen!“

Eine Lebensbilanz bis 1954! Was haben die vergangenen 24 Jahre mir gebracht? Meine Schulkameraden waren gewiss schon meistenteils in angesehenen lukrativen Berufen oder studierten noch lukrativere. Ich hatte bisher noch nicht einmal eine Grundlage geschaffen: Denn meine Tier- und Naturkenntnisse bildeten wohl eine echte Grundlage zur Tierfotografie, wenn diese ein Beruf werden sollte. Aber ich war rechtzeitig gewarnt worden und hatte Rechnerei betrieben.

„Mit freier Naturfotografie kannste nicht genug verdienen“ war der Hauptsatz aller Argumente.

Aber aus- und hergerechnet hatte nur ich: Lebenshaltungskosten, Kosten der Vorsorge wie Kranken-, Lebens- und Rentenversicherungen, etwas auf die hohe Kante legen, ein Auto, weitere teure Kameras nebst Zubehör, Reisen nach Afrika und zu anderen ergiebigen Fotozielen, Miete oder Eigenheim, Gründung einer Familie, Steuern und sonstige Abgaben. Ich verrate hier nicht, auf welche fünfstellige DM-Zahl ich monatlich gekommen bin! Sie war unerreichbar. So sollte alles kommende Fotografieren ein nettes, erholsames und befriedigendes Hobby bleiben...

Aller Anfang macht Spaß

Grundlage jeder erfolgreichen Tierfotografie ist die fundamentale Kenntnis eben dieser Tiere – da konnte ich in der Praxis in Bezug zu manchem studierten Profi mithalten. Was ich so nicht für möglich gehalten hatte, trat aber ein: Ich war beinahe mehr mit Tieren zusammen als mit Menschen! Kaum hatte ich angefangen, in der Lokalpresse Bilder zu veröffentlichen, - einspaltige für 3,50 DM, größere für 10 bis 15 DM -, als nette Mitbürger mir Tipps und Hinweise gaben oder baten, ihre vier- bis zweibeinigen gefiederten und bepelzten Lieblinge farbig zu fotografieren. Ich blättere wieder in meinen Aufzeichnungen, die noch wenig über die hier in dieser Abhandlung wichtige „Wildfotografie“ aussagen.

Bei meinem ersten Einsatz auf richtiges Wild, - die Jagdzeitschriften verlangten nach Farbbildern -, fuhr ich per Fahrrad in das südlich der Stadt gelegene Forstrevier Davert und sah von der Straße aus ein Rudel von vier Rehen in Hobblings Wiese liegen und gemütlich wiederkäuen. Wie an sie herankommen? Deckung gab es nicht. Wie stand der Wind? Hatten sie mich schon eräugt (gesehen)? Das alles berücksichtigend und die Kamera wie ein MG vor mir ging ich zu Boden und begann wie ein Bundeswehrsoldat im ersten Semester zu robben. Als ich auf hundert Meter an das vordere Reh herangekommen war, drehte es mir den Kopf und die Ohren zu – dann kaute es munter weiter. Fünfzig Meter heran! Damals besaß ich zur Hasselblad noch nicht ein 350er- oder 500er-Objektiv, nur ein 250er, das fürs 6x6-Format keine tolle Vergrößerung darstellte. So konnte ich jetzt alle vier Rehe aufs Bild bringen. Voller Verwegenheit wagte ich weiteres Vorrobben. Für welch ein Tier mochten mich die Rehe halten? Alles konnte nur solange gutgehen, wie sie meine Witterung nicht erhielten. Fünfundzwanzig Meter heran. Nun hörten die Rehe das Kamerageräusch und sahen deutlich, dass ich sehr umständlich im Liegen den Verschluss aufzog. Ich brauchte nur noch fünf Meter, um das vorderste Reh formatfüllend auf den Film zu bannen. Das glückte. Inzwischen war ein hinteres Reh aufgestanden, ein Kitz des Vorjahres, und kam auf fünf Meter an mich heran – da fasste es meine Witterung (Eigengeruch), Entsetzen breitete sich in seinem Gesicht aus – Aufnahme – es setzte zur Flucht an – Aufnahme – alle anderen erhoben sich – Aufnahme – und starteten – Aufnahme – in enggeschlossener Formation – letzte Aufnahme – zur gemeinsamen Flucht in Richtung Waldstück.

Ich erhob mich nicht sofort, um mich ihnen nicht als „Feind Mensch“ zu verraten. Diese Aufnahmen bildeten meine erste Tierserie namens „Auge in Auge“, welche in allen namhaften Jagdzeitschriften erschienen ist. Wenn ich auf allen folgenden Seiten weiterhin berichte, was ich alles so mit Tieren „auf unblutiger Jagd“ angestellt habe, bitte ich zu berücksichtigen, dass ich alle Aufnahmen „nebenher“ in Freizeit, samstags, an Feiertagen und in Urlaubstagen gemacht habe. Denn mein Beruf in den nächsten zehn Jahren war so angelegt, dass ich montags bis freitags von 8 Uhr bis 17 Uhr Dienst hatte und im Sommer, wenn die Kundschaft besonders viele Aufnahmen machte, auch Überstunden bis 20 Uhr und samstags einschieben musste.

Nachdem ich mir 1961 den ersten hellgrünen Käfer angeschafft hatte, - siehe Rückseitenfoto -, entfiel das besonders im Winter mühsame Radfahren. Die Kameraausrüstung wog inzwischen fünfzig Pfund und bestand aus zwei Hasselblads 500C und 500 ELM, fünf Objektiven von 80, 135, 250, 350 und 500mm, vier Filmmagazinen, Blitzlicht, 50 Rollfilmen und anderem Kleinzeug.

* * * * * *

In den Jahren 1965 bis 1975 hielt ich zu Hause einige Tiere, über die ich hier berichten möchte. Nach wie vor rangierte Tierliebe vor Tierfotografie, weil ich gar nicht Profi werden wollte; meine Frau machte oft mit. Wieder soll eine Aufzählung unserer zeitweiligen Hausgenossen folgen, die uns viel Unterhaltung und Kurzweil, - dem mehr und mehr aufkommenden Fernsehen weit überlegen - , bereitet haben.

Zum Beispiel Elster Maxi. Bei einer illegalen Baumfällaktion auf Wangerooge geriet das Nest eines Elsternpaares in Not und landete auf der Erde. Ein schon halbflügger Jungvogel überlebte und wurde von mir in Pflege übernommen. Ich nahm ihn, der in einem offenen ausgepolsterten Karton untergebracht war, auf dem Fährschiff mit aufs Festland und fuhr in Richtung Heimat. Hast du Hunger? Er antwortete mit krächzendem Geschrei. Also musste er während der Fahrt gefüttert werden. Was verfüttern Elsterneltern ihren Kindern? Nun, wohl alles Tierische, das sie packen können und die passende Größe hat. Der nächste Parkplatz lag hübsch im Grünen, so stieg ich aus und begann auf einer Wiese kleine Heuschrecken zu fangen. Mit einer Pinzette aus dem Notfallkasten bot ich „Maxi“, so hieß die junge Elster bereits, die erste Beute an und nachdem ich damit seinen Schnabelansatz berührt hatte, riss er den Schnabel auf und ich steckte die Heuschrecke tief in seinen roten Schlund. Ein Dutzend verschnabulierte Maxi davon. Das kann ja noch heiter werden, dachte ich.

Nach einer Stunde Fahrt, - es gab noch keine Autobahn dort -, kam wieder ein Parkplatz im Grünen in Sicht. Diesmal benutzte ich das immer im Kofferraum liegende kleine Stielnetz, um die lästigen Stechfliegen und Rinderbremsen zu fangen, die in schwüler Witterung unterwegs waren. Zwanzig Stück hatte ich rasch aus der Luft oder am eigenen Körper gefangen und in ein Glas getan. Einmal gefangen sind sie recht apathisch und mit der Pinzette gut zu greifen. Schon war Maxi soweit, dass er den Schnabel aufriss, wenn ich mich über ihn beugte. Er bekam alle zwanzig Fliegen zu essen und hielt damit bis zum nächsten Halt still.

Nach der dritten Fütterung hatte er begriffen: Wenn das Motorengeräusch wegen des Gaswegnehmens nachließ, sperrte er wie automatisch den Schnabel auf. Ich ließ ihn hungern, um rasch heimzukommen. Ich will diese Geschichte nicht in die Länge ziehen: Nach einer Woche war

Maxi Hausgenosse Nummer eins und hätte unser Leben bestimmt, wenn wir ihn nicht scharf hergenommen hätten. Auch in freier Natur müssen Nesthocker mal eine Stunde und länger warten, bis die Eltern vom Beutezug zurückkommen. Nach zwei Wochen war Maxi flugfähig und sollte draußen in der genannten freien Natur ausgewildert werden. Nicht mit mir, schien er beschlossen zu haben.

List und Gewalt nützten nichts: Wenn er in einem Maulwurfshaufen stocherte, um Regenwürmer zu fangen, schlichen wir ins Auto und wollten abfahren. Nicht ohne mich, schien er zu denken und flog mit. Unsere Liebe auf diesen anhänglichen schwarzweißen Kerl war ungebrochen, aber Vögel sind nicht stubenrein, stauben außerdem alles voll und Rabenvögel sind besonders lebhaft und intelligent. Es geht einfach nicht an, entschied meine Frau, dass wir alle Möbel, Tische und Betten abdecken müssen, „damit sie nicht vollgekackt werden!“ Ins Tierheim sollte Maxi nicht, auch nicht zu Interessenten, die ihn in einer Voliere unterbringen wollten.

Als er im Alter von zwei Monaten voll erwachsen und immer noch sehr anhänglich war, mussten wir ihn endlich voll und ganz überlisten. Wir fuhren also zu dritt in die erwähnte Davert und ließen ihn aus dem Auto flattern. War er misstrauisch geworden? Meine Frau stieg mit aus, worauf er sich beruhigte und Nahrung zu suchen begann. Dabei war er sehr aufmerksam: Diese Vögel, welche Gefahren nur „von oben“ zu befürchten haben, reagieren auch, ohne Greifvögel je kennengelernt haben, instinktiv auf ihre Flüge am Himmel. Schrie der Bussard, kam Maxi keckernd zu uns geflogen. Jetzt also ging’s ums Ganze: Ich fuhr mit dem Auto bis in ein dichtes Waldstück weg, meine Frau blieb. Dann kam ich zu Fuß zurück, um ohne Aufenthalt mit ihr zum Wagen zu gehen. Dort stiegen wir rasch ein und brausten los. Als Maxi merkte, geprellt worden zu sein, war es zu spät: Von der Kreisstraße her beobachteten wir aus einem Kilometer Entfernung, dass er ein paar Kreise am Himmel flog und dann Richtung Fichtenschonung davonflog – „und wenn er nicht gestorben ist..."

Hier begann auch mein Hobby, Jagdhunde zu fotografieren. Speziell diese lernte ich kennen, wenn ich Bekanntschaft mit Jägern schloss. Da war es doch klar, dass ich nicht nur die Familie, sondern auch jeden Anhang zu fotografieren hatte. Die Sache war nicht so leicht, wie ich mir das vorgestellt hatte. Menschliche Objekte kann man dirigieren, ihnen befehlen, sich gefälligst ordentlich hinzustellen und der Regie des Fotografen zu folgen. Ausgebildete Jagdhunde, die man nicht kennt, die mich nicht kennen, sind im allgemeinen gegen Fotografen sehr misstrauisch und ich musste mich erst eine gute Stunde mit ihnen unterhalten, sie ansprechen, kraulen, streicheln und einen netten Happen von meinem Butterbrot abgeben, bis sie umgänglich wurden. Nur eines meiner vielen Hundebilder früher Jahre kann ich hier bringen.

Tier- und Fotoabenteuer in heimischen Gefilden

Inzwischen war ich in den Ruf eines „Wildfotografen" geraten. 1971 wurde die „Gesellschaft Deutscher Tierfotografen", kurz GDT geschrieben, von mir mitbegründet, die heute noch existiert. Als einer der ersten Fotografen hatte ich schon in den Sechziger Jahren lange Zeiten an einem heimischen Dachsbau verbracht, welche, ins Verhältnis zur verwerteten fotografischen Ausbeute, mir einen Stundenlohn von 0,56 DM einbrachten. Dennoch möchte ich diese Zeit nicht missen, denn Erlebnisse an Dachs- und Fuchsbauten, - beide Wildarten leben gern gemeinsam in einem Bau -, gehören zu den schönsten, die man sich ausdenken und mit einigen Mühen genießen kann.

Die Mühen! Wenn in der Zeit der späten Dunkelheit, also von Mai bis Juli, die tagschlafenden Dachse den Bau verlassen, ist es um 20 Uhr bis 22 Uhr. Man muss mindestens gegen 19 Uhr vor Ort sein, wenn man nur beobachten will. Geht es ans Fotografieren, schon um 18 Uhr, denn die Kameras wollen vor den Ein- und Ausgängen des Baus, - „Röhren" genannt -, installiert und mit dem Fotografen per Funk oder Fernkabel zu bedienen sein. Alle Arbeiten wie auch das Hin- und Hergehen müssen lautlos geschehen, denn die unter der Erde ruhenden Tiere spüren jede Bodenerschütterung.

Es ist vorteilhaft, vom Jagdaufseher oder Förster einen Hochsitz so errichten zu lassen, - falls nicht schon vorhanden -, auf dem man bequem bis Mitternacht sitzen und den ganzen Bau beobachten kann; auch ist auf die Windrichtung zu achten, weil jeder Dachs oder Fuchs beim Verlassen des Baues den „Wind prüft". Die Kameras sind an Bäume montiert, mit Blitzlicht versehen und nun heißt es zu hoffen, dass die Projekte der fotografischen Begierde den Wünschen des Fotografen folgen. Ich benutzte die Kameras Hasselblad 500 EL für 6x6-Dias und die Robot-Royal für Schwarzweißbilder. Weil ich beruflich um 18 Uhr Feierabend hatte, konnte ich außer jeden Samstag- und Sonntagabend auch alltags am Bau tätig sein – er lag nur zwanzig Kilometer entfernt in einer mittleren Fichtenschonung und sollte nach Angaben Einheimischer über hundert Jahre alt sein.

Jungdachse, die im Alter von vier Wochen zum ersten Mal ans Tageslicht kommen, sind entzückende und begeisternde Kerle. Sie kennen noch keinen Argwohn und untersuchen Gummi- und Jägerstiefel, Hochsitzleitern, in Bodennähe aufgestellte Kameras und Baumstümpfe, die ich vorher mit Honig bestrichen hatte. Als ich einmal im Jägerstuhl, die Handkamera auf den Knien, auf dem Waldboden saß, besuchte mich ein Jungdachs und richtete sich an meinen Beinen auf, um alles sorgsam zu beschnüffeln. Leider hatte ich keine Kamera mit Normal- oder Weitwinkelobjektiv zur Hand, so dass ich keine Fotos machen konnte… Die Dachsmutter kam, sah den Unfug ihres Jungen, bellte ein warnendes „Wuff“ hervor und wie von Taranteln gestochen fuhr die ganze Familie in den schützenden Bau – damit hatte ich alle meine Fotochancen an diesem Bau für die laufende Saison verloren.

Doch es gab andere Baue, zahlreich die von Füchsen bewohnten, und an diesen konnte ich mich in jedem Frühjahr mit Erlaubnis der Jagdinhaber und Förster fotografisch austoben. Nicht immer bot ein Hochsitz die beste Perspektive, wohl den allgemeinen Überblick, gern hockte ich mich auf die Erde, tarnte mich mit Zweigen und wartete der Dinge, die eigentlich kommen müssten. Ich wusste, dass es Fuchskinder gab, die den „Anordnungen“ ihrer Mutter nicht gehorchten und unbeirrt zu spielen anfingen, auch wenn sie „Fremdes“ wie mich hinter einem Baum versteckt sahen.

Sonntagmorgen um 10 Uhr. Seit Hellwerden saß ich geduldig da und fotografierte nebenher andere Objekte als Jungfüchse: Damwild, Rehwild, einen kecken Fasanenhahn und eine brütende Fasanenhenne, die sich sogar berühren ließ. Da hörte ich vom nahen Kleinbauernhof Kamlage das klägliche Geschrei des Hühnervolkes und ahnte Arges: Ein Fuchs hat wohl die Gelegenheit wahrgenommen, jetzt, wo alle Leute in der Kirche waren, ein Huhn für seine hungrigen Kinder zu stehlen. Und so war es auch: Keine zwei Minuten später sah ich die Fähe (Fuchsmutter) herantraben, den Kopf hoch, weil das schwere weiße Huhn ihn hinabzuziehen drohte. Ich hob die Kamera, um ein Foto zu schießen, das es kaum „ungestellt“ gab, aber zu meinem Unglück kam die Fähe genau auf mich zu – das konnte nicht gutgehen. Sie mich sehen und erkennen, das Huhn fallen lassend, laut und empört keckernd und die Flucht ergreifen – das Werk einer einzigen Sekunde!

Alle meine Fototräume, sie selbst zu fotografieren und später ihre Jungen über das tote Huhn herfallen zu sehen, sie zerrannen ins Nichts! Schlimmer noch: Die Fähe näherte sich dem Bau von der Gegenseite und schoss wie ein Blitz in ihn hinein. Nun wusste ich, dass ich hier nicht mehr anzusitzen brauchte, denn sie würde ihren Kindern „verbieten“, nach oben ans Tageslicht zu gehen. Noch schlimmer: In der nächsten Nacht würde sie mit den Jungen in einen anderen Bau umziehen. Das scheint sie vollbracht zu haben, denn anderntags rückten Jäger und Dachshunde an, die ganze Familie hochzunehmen. Tollwut gab es im Revier, und da wollte man soviel Füchse wie möglich ausgraben und abschießen.

* * * * * *

Statt spielende Jungfüchse fotografierte ich im gleichen Revier nächsten Sonntag eine Schar junger Iltisse, die schon soweit gediehen waren, sich in den kommenden Tagen zu trennen und selbständig zu machen. Sie glichen in der Schwarzweißfärbung schon ganz ihren Eltern und waren entzückende und muntere Bürschchen. Sehr fotogen, wenn ich sie von vorn aufnehmen konnte, und noch völlig arglos dem Leben gegenüber. Hätte ich dem Jagdaufseher von ihnen berichtet, er wäre sofort mit seinen Hunden losgezogen und hätte sie ausgerottet. Jetzt saß ich unter ihnen auf meinem Jägerstuhl und spielte mit ihnen. Reiche ihnen Teile meiner Wegzehrung und warf davon drei Meter entfernt auf einen sonnigen Platz Wurst- und Brötchenstücke – sie bedankten sich mit anstelligen Portraits durch meine Hasselblad. Ihre Mutter war entgegengesetzter Meinung, keifte, meckerte und keckerte und versuchte mir an die Beine zu kommen, schreckte aber bei jedem Kameraschwenk zurück. Jäger lieben dieses kleine Raubwild nicht, weil es natürlich auf alles im Revier Appetit hat, das es überwältigen kann: Brütende Fasanen- oder Rebhuhnhennen, deren Küken und Eier und in entsprechenden Revieren auch Birk- und Auerwild und deren Nachwuchs. Iltisse sind aber auch gute Mäusejäger und Rattenvertilger und so versucht die Natur auszugleichen.

Feldmäuse waren der Anlass, dass ich am Nachmittag dieses Tages noch zu guten Fotos kam: Vom Auto aus machte ich damals gern Rundblicke mit dem Fernglas, ein Hensoldt 8x56, über freie Flächen, um Tiere sehen zu können, die mich auf ihr Verhalten zum Beispiel beim Nisten und Füttern aufmerksam machen konnten. Und man lese und staune: Ich entdeckte ein Großes Wiesel, das, mit einer erbeuteten Maus im Fang, über einen umgestürzten Baumstamm von einer Wiese in den anliegenden Buschwald „hetzte“. Damit überquerte es bequem einen zwei Meter breiten Graben voller Wasser – alle Achtung für diesen Denkvorgang eines winzigen Gehirns!

Ich folgerte sofort, dass dieses Wiesel, - wie beim Fuchs Fähe genannt -, dort ein Geheck Junge habe und mit Nahrung versorgte. Das hieß für mich: Nichts wie hin! Quer zum Baum, der also als Brücke diente, stellte ich die Kamera Hasselblad 500 EL auf ein Stativ, versah sie wegen des nicht guten Lichts und des Tempos „meines" Wiesels mit dem Blitzlichtgerät, schloss das Zehn-Meter-Kabel an und zog mich auf einen Punkt zurück, wo ich bequem sitzen und und beobachten konnte. Wiesel sind die aufgeregtesten Kleintiere des Reviers und halten im hektischen Getriebe ihrer Jagd und aus Angst vor Fressfeinden nur an, wenn sie ihre Beute fixieren können.

Nun konnte ich eine Stunde lang alle fünf bis zehn Minuten je eine Aufnahme von links oder rechts machen: Je nachdem, ob das Wiesel mit einer Maus im Fang von der Wiese kam oder leer wieder, vom Geheck kommend, auf diese hinausjagte. Es registrierte das Kamerageräusch und den Blitz gar nicht. Dann schien es eine Ruhepause eingelegt oder sich selbst mit ein paar Mäusen gesättigt zu haben, ehe es sich wieder um seine mütterlichen Pflichten kümmerte. Als dann noch ein Bisam und ein Igel den Baum als Brücke benutzten, war das Maß meiner fotografischen Gier voll und ganz erfüllt.

Wühler im Schrebergarten

Ein Gartenbesitzer rief an und teilte mit: „Ich hab Karnickel im Garten. Willste Fotos machen, ehe ich sie von meinem Hund verjagen lasse?"

Wollte ich natürlich. Der Besitzer sprach von „dreisten Viechern“, die keinen Respekt vor Menschen hätten „und meinem braven Hund, der keiner Wühlmaus etwas zu Leide tun kann, ums Maul wuselten“. Das klang im Hinblick auf leichte Aufnahmen vielversprechend, zumal ich an einem Montag allein im Garten arbeiten könnte.

Die Schrebergartenanlage hatte man vor Jahren in Waldnähe angelegt und nicht bedacht, dass es viele Wildtiere gibt, „die gar nicht allein sein wollen und die Nähe menschlicher Einrichtungen suchen“. Dazu gehören neben Friedhöfen auch Gartenanlagen. In neuer Zeit haben sich Kaninchen, auch Karnickel genannt, in den Zentren einiger Großstädte angesiedelt und lassen, auf kargen Grünflächen äsend und ihr Leben fristend, donnernden, stinkenden und die Luft verpestenden Straßenverkehr unbekümmert um sich herumbrausen. Und kommt einmal ein freilaufender Hund vorbei, dann führen sie diesen in hakenschlagenden Läufen solange an der Nase herum, bis sie in einem ihrer selbstgewühlten Löcher untertauchen – auf Parkbänken beobachtende Rentner und Pensionäre können „Liedchen“ von diesem raffinierten Getriebe singen.

Als ich den Schrebergarten gegen 9 Uhr betrat und für den Tag auf gutes Fotolicht hoffen konnte, sah ich sofort, wo ich anzusitzen hatte: Unter einem mannshohen Strauch hatte die Kaninchenmutter eine so genannte Setzhöhle angelegt, die etwa einen Meter nach unten führte und in ihr die nackten Jungen geboren. Diese waren nun mehr als halberwachsen und wagten sich ins Freie. Das würde nur drei bis vier Tage dauern, bis diese Jungen sich selbständig machten und sich anderweitig verteilen würden. Als müsste es heute mit den Aufnahmen klappen.

Als erstes holte ich mir aus den Geräteschuppen eine Zeltplane, die ich mit zwei Stöcken so spannte, dass ich hinter ihr, von den Kaninchen her, nicht gesehen werden, dennoch durch ein Loch fotografieren konnte. Eine Stunde brauchten die insgesamt fünf Jungkaninchen, um sich an diese Neuigkeit zu gewöhnen, dann war der Bann gebrochen: Die Kamerageräusche interessierten sie nicht, auch Hundegebell aus der Nachbarschaft nicht, für die überfliegenden Düsenjäger der übenden Bundeswehr hatten sie nicht einmal ein Ohrenzucken übrig. Aber als der Bussard über ihnen schwebte und seine scharfen Schreie hören ließ, flitzten sie wie auf ein Kommando in ihren Bau.

Es waren muntere kleine graue Kerlchen, diese Gartenschädlinge, und sie machten mir bis zum Nachmittag viel Freude beim Film- und Objektivwechsel. Am nächsten Wochenende, wo der Gartenbesitzer mit einem Jäger und dessen Rauhaardackel auf den Plan traten, war der Bau verlassen. Der Dackel schliefte (kroch) erst gar nicht in die Röhre, seine Nase verriet ihm die Erfolglosigkeit – ich war immer froh über jene Nachrichten, welche die Vergeblichkeit des Menschen, Tiere zu bedrängen, bestätigten...

Der Auerhahn von Schramberg

Schwarzwald-Revierförster Erwin Wagner, nebenher Auerwildzüchter, rief an und meldete, dass er den ersten Hahn und drei Hennen ausgewildert habe. „Er ist sehr scheu zu Fremden“, sagte er, „aber Sie können versuchen ihn zu fotografieren.“ Ich reiste diese lange Autobahnstrecke an und war froh, meine künftigen Erfolge ohne Konkurrenz erringen zu können. Diese Freude dauerte nur solange, bis ich die ersten Aufnahmen im Kasten hatte – weil ich mich ärgerte, dass niemand „Belegfotos“ meines Abenteuers machen konnte. Aufnahmen mit Selbstauslöser gelangen nicht, wie man bald erfahren wird.

Das Auerwild (*Urogallus*) war früher über ganz „Germanien“ verbreitet, denn es liebt Urwälder mit dichtem Unterholz und genügend Blaubeer-, Waldbeer- und Heidelbeerbeständen – drei Namen für eine Frucht, welche wir heute in jedem Supermarkt finden, die jedoch aus Züchtungen stammen. Auerhähne, die sechs Kilogramm Gewicht erreichen können, sind imposante eindrucks volle Vögel, wenn sie balzen und ihre schwarzes Gefieder aufstellen. Damit wollen sie, wie viele andere Hähne auch, ihren Weibchen imponieren, wie wir es anschaulich von ihren Verwandten, dem Birkwild kennen. Doch Auerwildhähne sind Einzelgänger. Über sie ist auch schon lange bekannt, dass einige Exemplare während der Balzzeit „durchdrehen“, den Verstand verlieren, alle Scheu ablegen und sogar Menschen „attackieren“. Tierdoktor Bernhard Grzimek hat dazu geschrieben:

„Solche verrückten Auerhähne kommen immer wieder einmal vor. Sie springen vom Baum herab, sobald ein Mensch sich nähert, balzen ihn an, setzen sich auf Autokühler, ja auf die Schultern von Besuchern...“

Ich fuhr abends los und bog noch vor Sonnenaufgang in den Forstweg bei Schramberg (Freie Reichsstadt) ein. Den Weg kannte ich, weil ich schon einmal wegen anderer Darsteller hier gewesen war. Ich muss betonen, dass mein Auto die gleiche Farbe, nämlich mattgrün, wie der Wagen Erwin Wagners hatte und auch ich selbst trug eine Waldkleidung wie jener. Nach der langen Nachtfahrt war ich froh, dass der Tag noch gar nicht begonnen hatte und ich ein Nickerchen einlegen konnte. Doch dieses dauerte nur dreißig Minuten: Da wurde ich durch hartes Klopfen auf den linken vorderen Kotflügel aufgeschreckt. Na ja, dachte ich, Erwin Wagner ist auch gekommen, seinen Auerhahn zu bewundern. Ein Irrtum, wie ich nach einem Rundblick feststellen konnte – niemand zu sehen. Und wieder das Klopfen! Ich richtete mich auf und sah den Auerhahn, - ich taufte ihn auf Uri -, vor dem Auto stehen und mir zunicken.

Da war ich aber doch von den Socken, wie der Berliner sagt! Welch ein Unglück, die komplette Fotoausrüstung nicht auf dem Beifahrersitz, sondern im Kofferraum untergebracht zu haben. Aussteigen und hingehen? Dann würde Uri auf Nimmerwiedersehen abstreichen (fortfliegen). Aber ich musste es vorsichtig riskieren, also die Tür geöffnet, zuerst die Füße auf die Erde, dann gebückt hinter den Wagen kriechen und erst einmal die schnellste Kamera, nämlich die Robot, her und „drauflosknipsen". Da stand Uri schon hinter mir und balzte mich aus Leibeskräften an. Und ebenso stand die Glückssträhne vor meinen Augen, mit Uri ein paar Foto-Volltreffer landen zu können.

Weil heute auch die Sonne mitspielen würde, - zehn Stunden lang, so der Wetterbericht -, sie sich aber noch hinter dunklen Fichten verbarg, musste ich die ersten Fotos mit Blitzlicht machen. Das ist nicht unnatürlich, denn Auerhähne balzen auch nachts. Dabei, nahm ich mir vor, würde ich Uri auf freie Stellen des Waldes locken, die von der höher steigenden Sonne in etwa einer Stunde erreicht sein würden.

Ich greife nun vor und beginne zu schildern, wie Uri im schönsten Morgenlicht vor einem knienden, auf dem Bauch rutschenden und die Fototasche hinter sich herziehenden Fotografen seine Schau abzog: Mich umkreisend, einen Meter vor den Kameras dienernd und zischend zu gestikulieren und mit einem überraschenden Satz auf meinen Hintern springend – Donner und Doria, wie sollte ich da fotografieren! Es galt also, ihn sich austoben zu lassen. Ich hatte begonnen, mit der 6x9-Linhof-Technika zu fotografieren und bei dem großen Diaformat von 6x9 bemühte ich mich immer, so wenig Ausschuss wie möglich zu machen. Uri hatte nun auf einem vermoderten, mit Moos überzogenen Baumstumpen Platz genommen und beobachtete meine Vorbereitungen mit großem Interesse: Das silbern glitzernde Stativ aufstellen, die Kamera aufschrauben, den kleinen Aufhellblitz aufstecken, den baumelnden Drahtauslöser und das umständliche Einlegen des Rollfilms. Noch saß ich zu nah vor ihm, weniger als einen Meter, und so rückte ich langsam wie unauffällig auf zwei Meter Abstand zurück. Er folgte mir nicht. Das Hantieren mit solch einer „Atelier-Kamera“ ist wie im Fotoatelier sehr umständlich, denn durch den Sucher, hier nicht über die Mattscheibe, muss scharf- und sogleich nachgestellt werden, wenn das Objekt der Fotobegierde die Entfernung verändert hat.

Uri war geduldiger als das geübteste Modell im Atelier. Ein Film, gleich acht Aufnahmen, hielt er durch, dann machte er vier Hüpfer und legte sich, wie eine tretbereite (empfängnisbereite) Auerhenne vor mir nieder – seinem Wunsch konnte ich natürlich nicht nachkommen, kraulte ihm jedoch seinen Rücken zwischen den Flügelansätzen eine Minute lang. Dann erhob er sich und peilte meinen Kopf an, doch selbst mit Waldmütze geschützt wollte ich diesen nicht mit seinen Raufüßen, - daher der Name Raufußhuhn -, zerkratzen lassen. Um ihn zu beruhigen, bot ich ihm einen Keks an, den beknabberte er, aber plötzlich legte er sein Gefieder zusammen und schlich geduckt hinter ein Gebüsch davon. Was war geschehen?

Er hatte die zwei Wanderer auf dem Waldweg eher gesehen als ich. Da bekam ich den Beweis geliefert, dass er auf mich geprägt war und keinesfalls mit allen Menschen anbandeln wollte. Als die Leute durchgewandert waren, ohne die Lage mitbekommen zu haben, tauchte Uri wieder auf. Nun ging die Fotografiererei erst richtig los, denn eine 6x6-Hasselblad mit Motorantrieb für Filmtransport und Verschlussaufzug ist eine Schnappschusskamera erster Garnitur. Ich nörgele tatsächlich heute noch herum, weil mich niemand bei den Fisimatenten, die ich beim Fotografieren anstellte, fotografiert oder gefilmt hat. Um ein Portrait zu machen, führte ich die Kamera mit Normalobjektiv zwanzig Zentimeter an Uris Kopf, was er ohne weiteres zuließ. Nur ein Motiv bekam ich nicht hin: Uri auf einem fotogenen niedrigen Ast hockend und dann aus der Froschperspektive fotografiert.

Auch hoffte ich im Stillen, eine Auerhenne würde sich nähern und fotografieren lassen, denn Fotos von ihr sind nicht so attraktiv, ganz klar, dafür aber seltener. Und es kam tatsächlich auf dem benachbarten Forstweg eine starke Auerhenne heran, die mich wohl, weil ich hinter Uri hockte, nicht eindeutig erkennen konnte. Ich machte mich flach und fotografierte sie mit dem rasch aufgesetzten Objektiv 5,6/350, ehe sie irritiert abflog. Schließlich ging ein aufregender Fototag zu Ende, ich musste am nächsten Morgen wieder im Betrieb erscheinen. Wenn auch die Jahre enteilen – bleibt die Erinnerung doch!

Gehörnte

So pflegen Grünröcke all jenes Wild zu bezeichnen, das „etwas auf dem Kopf trägt". Ohne dieses jedoch Hörner zu nennen, was wiederum nur jägerische Laien tun. Der Rehbock trägt ein Gehörn, der Rothirsch ein Geweih, der Damhirsch Schaufeln, der Steinbock Hörner und die Gemse eine Kruke. Von diese genannten Wildarten ist der kapitale männliche Rothirsch das liebste Kind aller Tierfotografen. Es gilt: Je mehr Enden (Spitzen) das Geweih hat, desto kapitaler ist sein Träger. Ich habe nicht vor, alle meine Fotoabenteuer mit den hier genannten Wildarten bekannt zu geben.

Der doofe Rothirsch. Ich saß im Sauerland bequem in einem „Schirm“, den der Revierförster extra für mich hatte anlegen lassen. Als Schirm bezeichnen Jäger ein Versteck, also einen so genannten Ansitz, auf dem Boden; nicht auf einem Hochsitz. Für Jäger, die auf einen Schuss aus sind, ist ein Hochsitz die ideale Sitzgelegenheit, für einen Fotografen kommt es auf die Perspektive an, welche einem Foto erst den Pfiff gibt. Mein Schirm, ganz und gar mit Fichtenzweigen der Umgebung angepasst, bot nach vorn sehr guten Blick auf eine Busch- und Waldschneise, welche, so die Vorhersage des Försters, von allerlei wanderndem und durchziehendem Wild gequert wurde: Rot-, Dam-, Reh- und Schwarzwild.

„Besonders in der Mittagszeit“, prophezeite der Förster, „wenn man selbst ein Nickerchen einlegen möchte.“

In solchen Fällen steht die mit einem starken Teleobjektiv, - mindestens einem „Fünfhunderter“ -, versehene Kamera auf einem Stativ und das Objektiv ist durch einen Schlitz in der Tarnung auf die Schneise gerichtet. Oft ist es so, dass ein Tier nur kurz auf ihr verhofft (stillhält) und man keine Zeit hat, die Kamera in Anschlag zu bringen. So ging es mir heute und auch wenn ich eine „Normalkamera“

griffbereit gehabt hätte, wäre ich nicht zu Schuss gekommen.

Pünktlich, wie vom Förster orakelt, stand plötzlich ein starker Hirsch, ein Vierzehnender, auf der Schneise und schaute sich um. Es war Anfang September, im Brunftmonat der Rothirsche. Mein Versteck schien sein Interesse zu wecken und ehe ich die erste Objektiveinstellung fertiggebracht hatte, marschierte er auf mich zu. Und blieb einen Meter vor mir stehen – eine Entfernung, die bei keinem Teleobjektiv einstellbar ist! Sein heißer, nach vorverdautem Grünzeug stinkender Atem, nebelte mich ein und lähmte mich – aber es gab gar nichts zu tun. Ich konnte nur hoffen, zu ein paar Aufnahmen zu kommen, wenn der Hirsch sich abwandte und fortging. In der Zwischenzeit durfte ich mich an Berichte leibhaftiger Hirschkenner erinnern, welche behaupteten, die feine Nase von Hirschen beiderlei Geschlechts sei in der Lage, den starken Eigengeruch des Menschen „auf hundert Schritt" wittern zu können. Dieser hier schien entweder einen Schnupfen zu haben oder ich war geruchlos. Er senkte jetzt den Kopf und fuchtelte mit dem Geweih im Fichtengezweig herum, was ich als Bedrohung auffassen musste. Da löste ich einfach die Kamera aus und der mitgeschaltete Blitz beleuchtete für eine tausendstel Sekunde diese obskure und einmalige Szenerie und beendete sie zugleich: Nach einem schreckhaften Zusammenzucken machte der Hirsch kehrt und preschte davon, wo er hergekommen war – in den dichten Wald. Nicht einmal eine Rückseiten-Aufnahme hatte ich machen können und so habe ich auch keinen Beweis für diese unglaubliche Geschichte.

* * * * * *

Täter Rothirsch. Ich besuchte während der Brunftzeit ein bekanntes Wildgehege im Sauerland auf und fragte etwas naiv den leitenden Förster:

„Darf ich einmal mit Ihnen ins Gehege gehen, um den Hirsch ohne störenden Zaun fotografieren zu können?“

„Normalerweise geht das“, antwortete Förster Karl Koch, „aber jetzt nicht. Denn unser sehr kapitaler Hirsch, 28-Ender Eduard, hat vor vierzehn Tagen einen Wilddieb totgeforkelt.“

Ich hatte in den Medien davon gehört und war extra hergekommen, die Einzelheiten zu erfahren.

„Ich kann Ihnen aber helfen“, sagte Herr Koch, der meinen Namen schon in der Jagdpresse gelesen hatte, „und Eduard herlocken, damit Sie ihn formatfüllend fotografieren können – ein paar Fotos für mich bitte.“

Das wurde abgemacht, dann führte mich der Förster ins Lokal zum Mittagessen und erzählte mir dort „diese ekelhafte Geschichte von August und Anita Mayr“.

Hier ist sie! August und Anita waren ein verheiratetes Gaunerpärchen, wie es nicht oft im Leben vorkommt. Aber in ihrem Gaunerberuf waren sie sehr fortschrittlich: Statt wie früher bei Wilddiebereien das Leben gegenüber schießwütigen Jägern und Förstern zu riskieren, arbeiteten sie auf subtilere Art: Sie stahlen Wildtiere! Entweder im Auftrag privater Halter oder für die eigene Tiefkühltruhe. Denn nichts aß der gute August lieber, - wusste Anita als treusorgende Gattin -, als Hirschgulasch, Rehkeule, Rippchen vom Frischling und Hasenklein. Noch fiel den Wildgehegehaltern nicht auf, dass einige ihrer Lieblinge, die zahmsten meist, abhanden kamen. Auch waren ihre Kontrollgänge um die Außen- und Innengehege herum nicht so sorgfältig, dass ihnen aufgefallen wäre, dass sie an manchen Stellen manipuliert waren.

Drei Jahre lang ging alles gut. Anita jedoch glaubte zu ahnen, dass jeder Erfolg nicht auf- sondern abwärts führte – mit anderen Worten: „Sie kriegte das Muffensausen und hatte keine Lust mehr, nachts Wache zu schieben, wenn ihr August die Beute holte." „Noch einmal", stimmte er zu, „dann machen wir Schluss." Dieses eine Mal ist hier zu berichten.

Dieses Sauerland-Gehege lag vortrefflich zum Tierestehlen. August und Anita besuchten es am Sonntagnachmittag und stellten fest, dass sich im Hirschgehege einige diesjährige Kälber befanden, die jede Scheu vor Menschen abgelegt hatten und durchs Gatter hindurch sich füttern ließen: mit Popcorn, Butterbroten, Lakritz, Salmiakpastillen, Äpfeln und Möhren. Kalb „Maxi" war besonders verfressen und ließ sich von Augusts Angebot an Lakritzstangen am Zaun hin und herführen. Genau das wollte dieser famose Tierdompteur. Was er trotz Röhren des Platzhirsches nicht beachtete, war die Tatsache, dass die Brunft des Rotwildes begonnen hatte.

Nach Einbruch der Dunkelheit gingen August und Anita zur ausgespähten Stelle des Außenzauns, wo sie für etwaige Beobachter ein Liebespaar mimten und August mit der Drahtschere ein viereckiges Einstiegsloch in den Zaun schnitt. Als er sich innen befand bog er den Draht so wieder zurecht, dass nur ein pingeliger Beobachter etwas bemerken konnte. Er warf sich einen Sack über den Rücken und Anita eine Kusshand zu – seine letzte Nettigkeit, wie sich herausstellen sollte! Sie ging zum Auto zurück, das nicht weit entfernt auf dem großen Parkplatz abgestellt war. Dort schlief sie gegen ihren Willen ein und erwachte eine Stunde später – das war genau die Zeit, in welcher August hätte aufkreuzen müssen.

* * * * * *

Hier machte Förster Koch eine Erzählpause, um das letzte Stück Schnitzel vom Teller zu kratzen und das Bierglas zu leeren. Ich ahnte bereits das Ende der Geschichte und lasse ihn jetzt weiter berichten. Beim Hellwerden nach einer lauten Hirschbrunftnacht trat er auf den Parkplatz, wo er Anita am Auto besuchte und sie „aufgelöst“ fand. „Ich hab Sie doch gestern schon gesehen! Haben Sie hier übernachtet? Wo ist Ihr Begleiter?“ „Im Hirschgehege“, antwortete sie schluchzend und gestand, warum sie überhaupt hier war. „Es ist etwas passiert, Herr Förster“, sagte sie, „er wollte ein Kalb stehlen und ist nicht zurückgekommen.“ Förster Koch alarmierte drei Helfer und mit Stöcken und Peitschen bewaffnet suchten sie das Hirschgehege ab. August lag mittendrin und vom Hirschgeweih „durch und durch“ totgestochen, also geforkelt, wie die Jäger sagen.

„Doch ein happy end gab’s doch“, fügte Karl Koch hinzu, „denn Anita vergaß innerhalb des Trauerjahres ihren ersten und nahm mich als zweiten Mann – prost Mahlzeit, hat es Ihnen geschmeckt?“

Als es dämmerig wurde, gingen er und ich zum Wildzaun, wo er Eduard durch die Nachahmung weiblicher Lockrufe und „eigenem Röhren“ so heranholte, dass ich ganz famose und bisher einmalige Blitzlicht-Hirschbilder schießen konnte.

„Betreten der Gleisanlagen verboten!“ Diese Anordnung der Deutschen Bahn ist auf jedem anständigen Bahnhof zu lesen, aber nicht auf der freien Strecke zwischen meiner Heimatstadt und Dortmund in Bereich der Davert. In den 50er-Jahren hat man hier Damwild ausgesetzt, das nun, nach über zehn Jahren, sich zu scheuen Wildtieren entwickelt hat. Ich kontrollierte die Böschung des einspurigen Bahndamms auf der Suche nach Kreuzottern, die sich hier an den Südlagen gern sonnten. Es war schon Anfang Oktober und die Brunftzeit der Damhirsche würde bald beginnen. Ich entdeckte statt Ottern einen stark genutzten Wildwechsel (so etwas wie ein Fußpfad), der, von beiden Seiten kommend oder gehend, die Schienen kreuzte. Hier, durchzuckte es mich, könnte sich ein Fotoansitz lohnen!

Den wollte ich schon am kommenden Sonntag übernehmen. Heute war Freitag, und um vorbereitet zu sein, richtete ich mir einen Schirm (habe ich schon erklärt) mit noch belaubten Zweigen her, hinter dem ich mich verstecken konnte. Nun, damals beschäftigte die Bahn noch die so genannten Streckentippler, welche sich das Schrittmaß „von Schwelle zu Schwelle“ eingeübt hatten und die Schienen und ihre Verschraubungen kontrollierten. So einer muss Samstag vorbeigekommen sein und mein Versteck demontiert haben! Also musste ich es Sonntagmorgen um 7 Uhr wieder herrichten. Wenn bei dieser Arbeit ein Hirsch aufgetaucht und vor mir geflüchtet wäre, hätte ich gar nicht anzusitzen brauchen.

Nachdem zwei Eilzüge durchgebraust waren, - ich saß so, dass der Wind mich anblies -, stand unverhofft und ohne Geräusch ein schwacher Damhirsch rechts auf dem Schotter und horchte und windete (roch) auf das Brückengeländer vor ihm. Und tatsächlich: Er hatte richtig gehandelt, denn von links stakste ein gleichalter, aber etwas dunkler Kollege über die Schienen heran und wohl kampfbereit auf ihn zu. Sie zogen nun, „im Angesicht des Fotografen und seiner Kamera“, ein Gefecht ab, bei dem die noch wenig imposanten Geweihe krachten, der Schotter knirschte und die Schienen klirrten. Dennoch: Derart junge Hirsche „im dritten Kopf“ machen nur Schein- und Übungskämpfe als Training für Zeiten, wo sie richtige kapitale „Schaufler“ geworden sind und um ein Rudel Damtiere (Weibchen) kämpfen müssen.

Sie kümmerten sich um mich nicht, machten selbst mehr Geräusche als meine Hasselblad und stoben erst auseinander, jeder in seine ursprüngliche Richtung, als sich ein Zug tutend und blasend näherte. Und ein Fotograf ging nach Hause, der eine Sternstunde erlebt hatte...

* * * * * *

Hansi, der nette Schaufler. Ein Sonntagsspaziergänger berichtete mir wohlwollend:

„Ich habe bei Belm, das liegt in der Nähe von Osnabrück, einen Elch gesehen, der ganz mächtige Schaufeln auf dem Kopf trägt, gar nichr scheu ist und sich mit Vorliebe mitten im Roggenschlag aufhält.“

Es folgte eine Ortsbeschreibung, die sich als präzise herausstellte. Bei dem Elch konnte es sich nur um einen Damhirsch handeln. Die haben jetzt im Juli ihr Geweih zu prächtigen Schaufeln ausgebildet, die dadurch noch dekorativer wirken, weil sie noch vom Bast überzogen sind. Ich begab mich so eilig wie möglich vor Ort, denn das Kornfeld kann in jeden Tag abgeerntet werden, wodurch mein langersehnter Wunsch, „Damhirsch im Getreidefeld“ zu fotografieren, dieses Jahr nicht mehr erfüllt werden könnte.

Bei der Ankunft leuchtete ich erst einmal mit dem Fernglas die Umgebung ab und entdeckte nichts.

„Suchen Sie unseren Hansi?“

Hinter mir war ein Mann, der Oskar hieß, aus seinem Eigenheim getreten und reichte mir die Hand.

„Ja“, antwortete ich, „wenn Sie damit einen Damhirsch meinen.“

„Meine ich. Ich bringe Sie hin zu ihm, er steckt da im Roggenfeld.“

Er stieg ein und dirigierte mich zu dem etwa einen Hektar großen Schlag. Dort bewunderte er erst einmal meine Hasselblad 1000F mit dem Novoflex-Objektiv 5,6/500 und zeigte mir dann seine Knipsfotos von Hansi. Ja, der hatte mächtig was auf dem Kopf und würde mit meinem Tele, gut in den Schärfebereich gestellt, fantastische Bilder ermöglichen. Oskar rief nun laut „Hansi, komm her!“ und Hansi erhob sich aus seinem von den Halmen verdeckten Ruhelager.

„Nicht weiter rufen“, bat ich, „ich möchte ihn im Kornfeld haben.“

„Wenn Sie hingehen“, antwortete Oskar, „flüchtet er.“

„Wir werden sehen.“

Trotz meines langen Teles musste ich auf mindestens zwanzig Meter heran, denn es ragte ja nur Hansis Kopf aus dem Ährenfeld. Ohne anzuschleichen oder in Deckung zu gehen, also offen und ehrlich, ging ich Hansi an und sprach mit ihm, wie man ein Pferd oder einen Hund nach getaner Arbeit vokal belohnt. Im seitenrichtigen Prismensucher sah er über alle Maßen fotogen aus. So konnte ich ihn umrunden und von allen Seiten ablichten. Selten bin ich mit meinen Aufnahmen so zufrieden gewesen!

„In vier Wochen“, sagte ich zu Oskar, „wird er das richtige Schaufelgeweih tragen. Dann komme ich wieder...“

Das tat ich, traf auch Oskar, aber Hansi war wie vom Erdboden verschluckt…

* * * * * *

Ein Simultanschuss. Ein anderer aber namenloser Damschaufler überlebte meine erste Aufnahme nicht; die Aufnahme selbst wurde auch nichts. Wie ist diese Kombination von zwei Ereignissen möglich?, werden vielleicht manche meiner Leser fragen. Eigentlich ganz einfach, werde ich dann antworten: Wenn zwei Jäger gleichzeitig auf ein Ziel schießen – der eine für ein Foto-, der andere als ein echter grüner Jäger! Und tatsächlich: Der Jagdherr und ich – wir hatten beide gleichzeitig abgedrückt, ich selbst den Bruchteil einer Sekunde später, so dass meine Kamera den armen Damschaufler tot am Boden liegend aufnahm; ein unbrauchbares Foto. Dass ich Minuten später den siegreichen Schützen bei seinem Opfer stehend fotografierte, gehörte zum Geschäft, sich Jagdherren gegenüber entgegenkommend zu verhalten.

„Gar schaurig ist‘s übers Moor zu gehen“, wusste schon die Dichterin Anette von Droste-Hülshoff. Aber der vor einem ihn verfolgenden Haupthirsch flüchtende Spießer wusste es nicht. (Spießer sind Junghirsche, deren Geweih erst im zweiten Jahr steht.) Während meine Kamera dem Treiben eines Rudels von Rothirschen aller Größen hin und her folgte, - ich hockte wieder gemütlich in einer Kanzel -, bekam ich aus dem Augenwinkel mit, wie der Platzhirsch einen seiner kleineren Kollegen aufs Geweih nahm, ihn schubste und zu einer unkontrollierten Flucht zwang. Diese führte den Junghirsch ins unmittelbar angrenzende Moor, wo er augenblicklich bis zu den Läufen (Beinen) versank und verloren gewesen wäre, hätte ich nicht alles beobachten können. Da war also Not am Mann: Ich fuhr zum nächsten mir bekannten Bauernhof und gemeinsam mit dem Inhaber, seinem Sohn und dem grünen Deutztraktor waren wir nach dreißig Minuten am Tatort. Der Hirsch war wohl mit seinen Läufen auf festen Grund gestoßen, jedenfalls nicht weiter eingesackt. Er betrachtete uns mit apathischen Blicken und ließ es geschehen, dass ein starkes Tau angeflogen kam, sich über seinem Kopf niedersenkte und erst einmal stramm gezogen wurde.

Die Befürchtung „hoffentlich reißen wir ihm nicht den Kopf ab“, bestätigte sich nicht. So sachte, wie ein bäuerlicher Traktor (Trecker) anfahren kann, wurde dem armem Tier erst einmal der Hals langgezogen, dass er zappelte, röchelte und ihm der Lecker (die Zunge) zwischen den Zähnen hervorquoll, da sagte es „Flutsch“ und er war dem gierigen Moor entrissen und lag erschöpft auf dem Trockenen. Rasch schleifte der Trecker das wehrlose Tier vor unsere Füße, wie schnitten das Seil durch und sprangen zur Seite – man kann nie wissen: Undank ist ein häufiger Lohn!

Schwuppdiwupp: Er sprang auf die Läufe, die noch zitterten, schüttelte die Reste des Moorbades ab, eräugte (sah) unsere Wenigkeiten und stob wie der Blitz in den nahen Wald davon.

„Wenn der seinen Kollegen erzählen könnte“, sagte der Treckerführer versonnen – und damit war dieses Abenteuer zu Ende…

Bock und Fuchs. Nicht jedes Friedtier (Rehbock) ist friedlich und nicht jedes Raubtier (Fuchs) ist kämpferisch! Das konnte ich an einem Abend während eines Ansitzes am Fuchs- oder Dachsbau erleben. Es war einer jener stillen Abende im Revier, welche uns Menschen trügerisch suggerieren, es gäbe im Daseinskampf aller Lebewesen auch einmal Ruhe und Frieden. Und es waren auch jene Minuten, welche „alte Hasen" unter den Jägern ankündigten, „gleich müsse etwas passieren". Und so kam es auch: Aus dem links liegenden Moor erklang heiseres, dennoch wütendes Bellen, wie ich es noch nie gehört hatte und von Hunden hier auch nicht erwartete. Wilderte ein Hund? Ließ ein Jäger seinen Jagdhund so unverschämt aufgeregt bellen?

Keine von beiden Möglichkeiten war es. Denn von links stürmte ein keckernder Fuchs in hohen Fluchten heran, verfolgt von einem wohl bis zum Äußersten wütenden Rehbock. Der ihn auch in den nächsten paar Sekunden erwischt und vielleicht aufgespießt hätte, ja – wenn der Fuchs nicht i einem nahen Eingang des Baues verschwunden wäre! Beide Kontrahenten waren so nahe an mir vorbei geflüchtet, dass ich ihnen „Füßchen" hätte stellen können. Fotografieren war dabei nicht möglich. Der Bock hatte natürlich mitgekriegt, dass der Fuchs wie vom Erdboden verschluckt war, konnte aber keine logische Schlussforderung ziehen: So reagierte er sich ab, indem er erst eine Jungfichte mit seinem Gehörn zerfetzte und mir dann an den Wickel wollte – kann ja sein, dass ich in meiner Tarnjacke wie ein alter vermoderter Baumstamm aussah. Ich erhob mich und bekam noch mit, wie dem Bock in der Erkenntnis, Todfeind Mensch vor sich zu haben, die dunklen Seher (Augen) aus dem Kopf zu quellen schienen. Wohl noch nie ist er so rasch und mit so einem hohen Sprung geflüchtet.

Mein durch die Tierfotografie geschultes Gehirn arbeitete ebenso rasch: Ich wusste aus Erfahrung, dass „Bautiere“ wie Füchse aus dem Loch wieder herauskamen, in das sie geflüchtet waren. Also: In Zeit von fünf Minuten hatte ich meine Hasselblad so an diesem Loch, das jetzt ein Ausgang sein sollte, montiert, dass ich den Fuchs per Fernbedienung erwischen m u s s t e, wenn er den Bau verlassen wollte. Es dämmerte schon, meine Augen durfte ich vom Zielgebiet nicht abwenden, und als es dunkler wurde, nahm ich das Nachtglas vor die Augen. Da schob sich derselbe Fuchs ins runde Blickfeld, schien mich zu bemerken, aber ehe sein Gehirn Gefahr signalisierte und er reagieren konnte, „krachte“ ihm mein Blitzlicht mitten ins Gesicht. Er floh nicht in den Bau zurück, sondern mit Riesensätzen ins Moor und verbellte von der her mich, seinen Störenfried nächtlicher Natur...

Ein denkwürdiger Absturz. Ich weiß bis heute nicht, ob Jäger des Hochgebirges je den Absturz eines Gamsbocks beobachtet, gar beschrieben haben. Ich habe ihn gesehen und möchte ihn an dieser Stelle meines Manuskripts veröffentlichen. Ich saß bei Hindelang in einem großräumigen Kar hinter Latschenkiefern versteckt, um fotografisch auf Gämsen lauern, welche dort vor mir laut Aussage des Zollbeamten Georg Kaufinger pünktlich bei gutem Sonnenstand hier auftauchen würden. Als ich mich bequem eingerichtet hatte, suchte ich mit dem Fernglas die gegenüber liegenden Hänge von West noch Ost ab und entdeckte dort den von allen örtlichen Jägern gesuchten und verehrten Gamsbock „Kuno“. Nach den Darstellungen der Wirte unten im Ort musste er etwa 60 sein und zwei Zentner wiegen. Er höre, sehe und wittere alles, was Gefahr darstellen könnte, bekam jede Geiß (Weibchen), die er begehre und brächte Rivalen durch sein Erscheinungsbild zur Verzweiflung und zum Flüchten, über Allgäuer Stock und Stein.

Kuno ruhte nun, teils mit offenen, dann geschlossenen Augen, und hatte mich natürlich längst spitzgekriegt. Hier, über diesen herrlichen Alpentälern, Almen und Schluchten war bis dieses Jahr der Frieden der Natur sozusagen konserviert worden – solange die Winterstürme nicht tobten und Lawinen ausblieben. Aber seit drei Monaten gab es jene Zugvögel, deren Düsen lauter brausten und donnerten als jeder Schneesturm und jedes Gewitter, wenn sie auch schneller vorüberzogen als dieses: Nato-Düsenjäger! Nicht genug damit: Wenn sie schneller als der Schall flogen, - eine Vorstellung und ein Begriff hierzulande, den kaum jemand begriff -, und damit eine imaginäre Schallmauer durchbrachen, dröhnte ein Überschall-Knall (welch ein Unwort!) über Berg und Tal, der auch ein Druckwelle erzeugte.

An das Motorengeräusch hatten sich Kuno und seine zahlreichen Artgenossen längst gewöhnt, ich selbst aber nicht, und weil ich vom Naturell neugierig bin, nahm ich nun bei der Annäherung einer Staffel Düsenjäger Kuno ins Visier des Zehnmal-Fernglases. Dieser Umstand verschaffte mir ein Erlebnis, das ich nie vergessen werde und in seiner – wahrscheinlichen – Einmaligkeit nie vergessen werden kann. Ob alle drei Flugzeuge je einen Knall verursacht haben oder ob es ein simultaner Dreifachknall gewesen ist, kann ich nicht beurteilen: Jedenfalls brachte er mein Trommelfell sehr schmerzhaft zum Klingen und machte meine Ohren für Sekunden taub.

Desto besser sah ich das Unheil vor meinen Augen wie mit einer Lupe vergrößert abrollen: Der Felsvorsprung hob sich an, fiel auf seine Unterlage zurück und begann wie eine Mure oder Lawine zu rutschen. Der Gamsbock war sofort aufgesprungen, begriff aber natürlich die Gefahr nicht und statt sich mit wenigen Sprüngen rückwärts zu retten, stemmte er sich mit allen Vieren auf den abrutschenden Boden. Schon nach zehn Sekunden war er verloren, das Geröll, der Staub und brechende Äste der Bäume wickelten ihn ein und nahmen ihn mit nach unten auf die Talsohle. Wo sie ihn begruben...

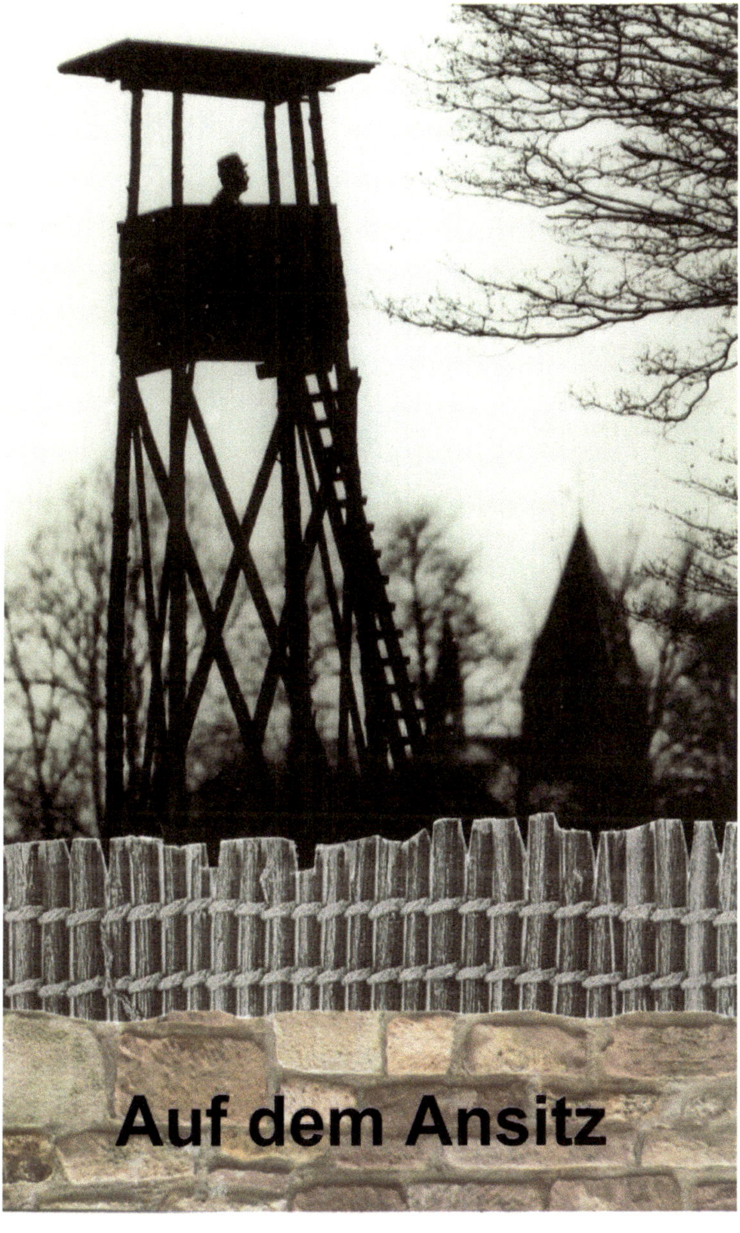
Auf dem Ansitz

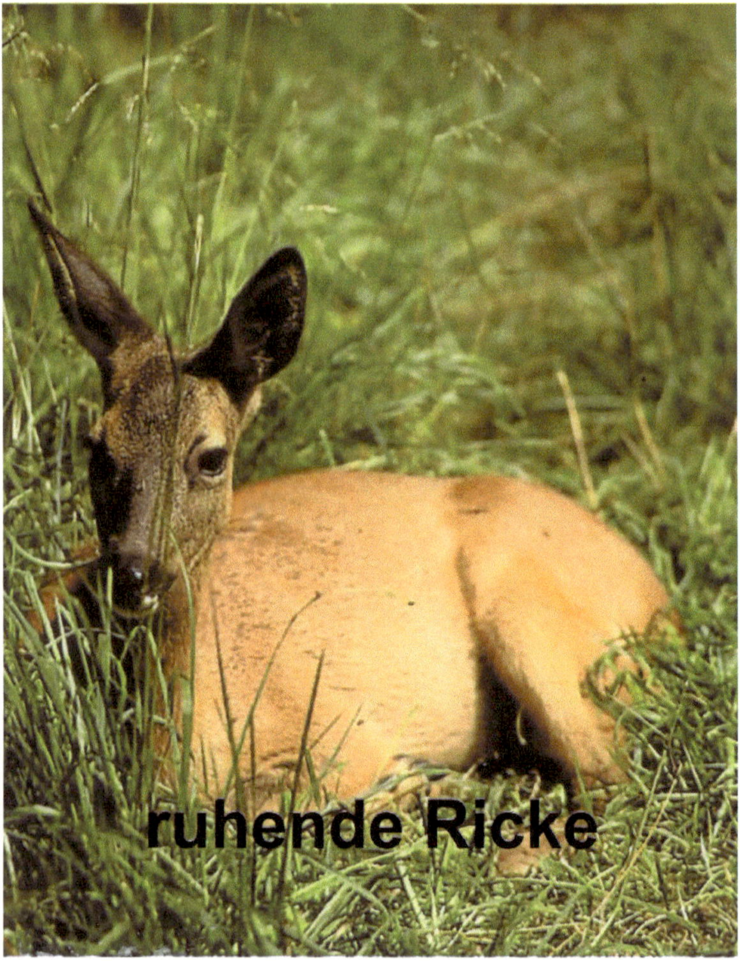
ruhende Ricke

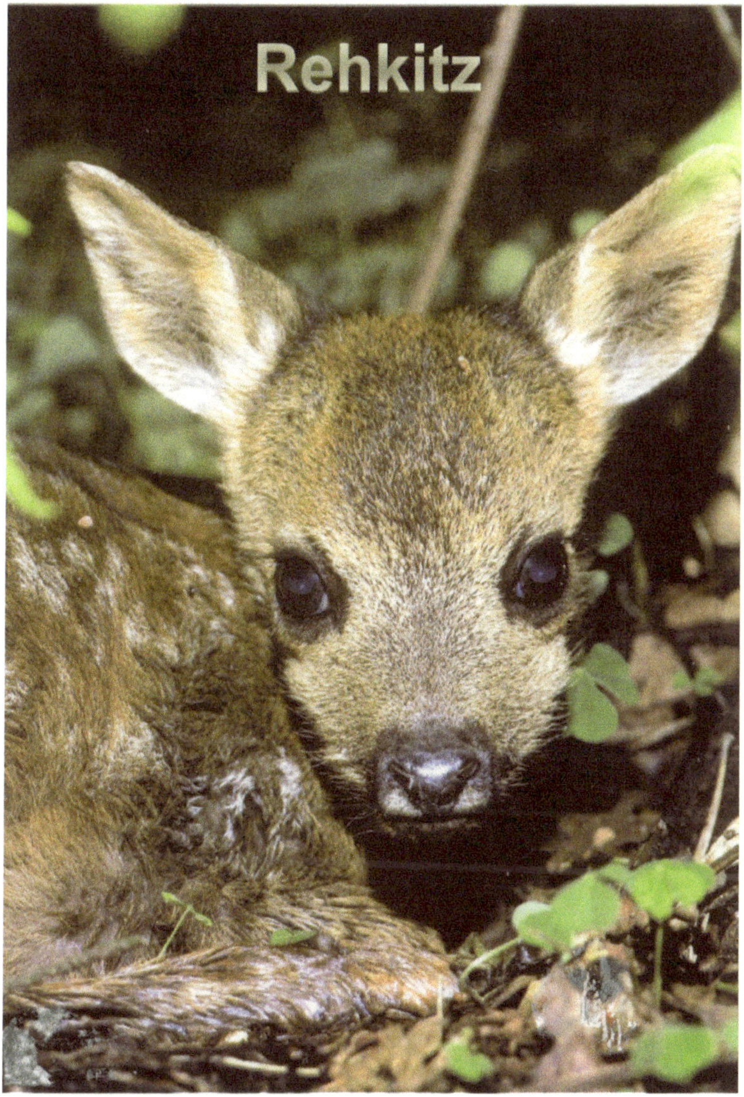
Rehkitz

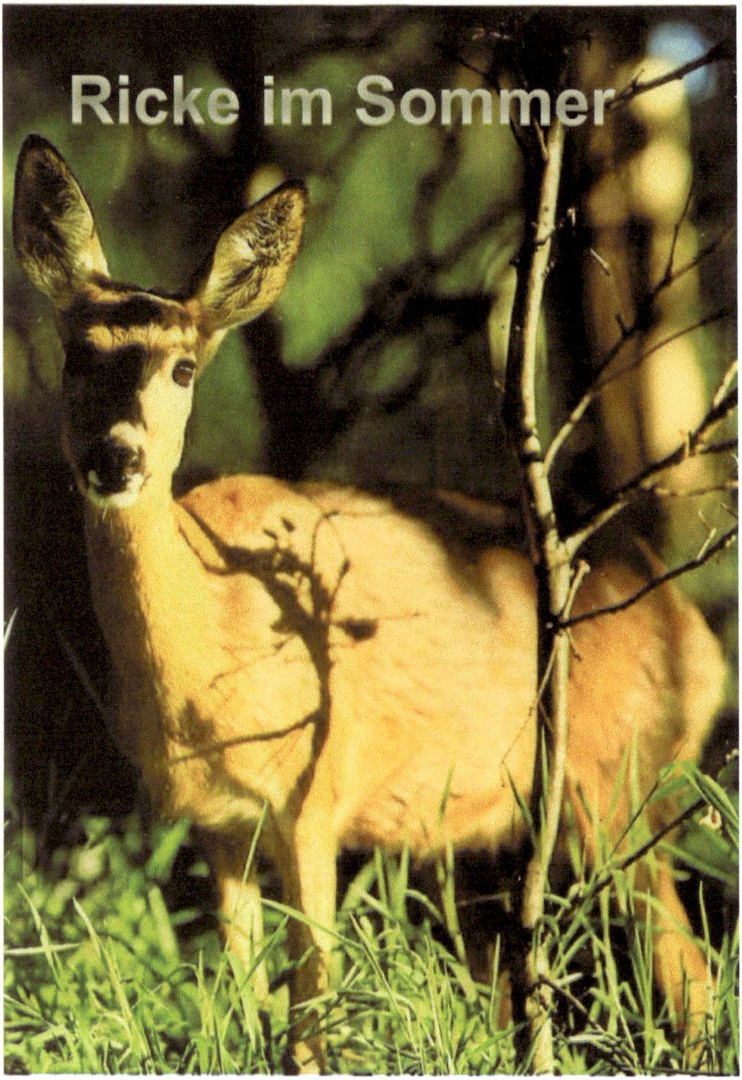
Ricke im Sommer

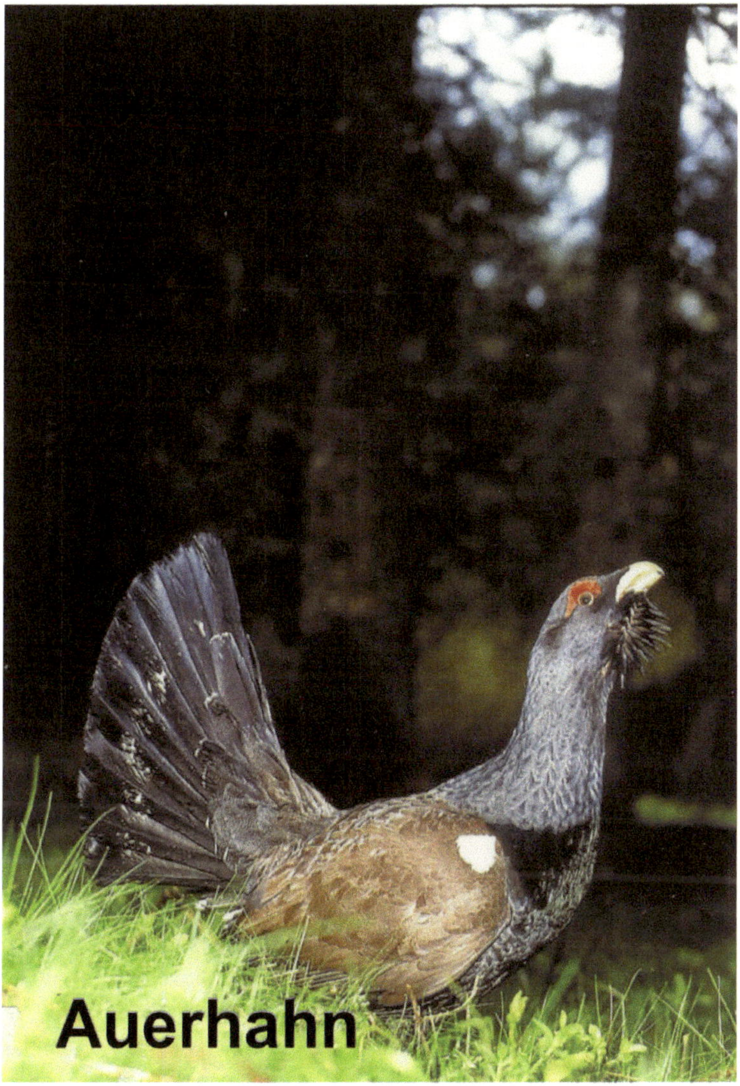
Auerhahn

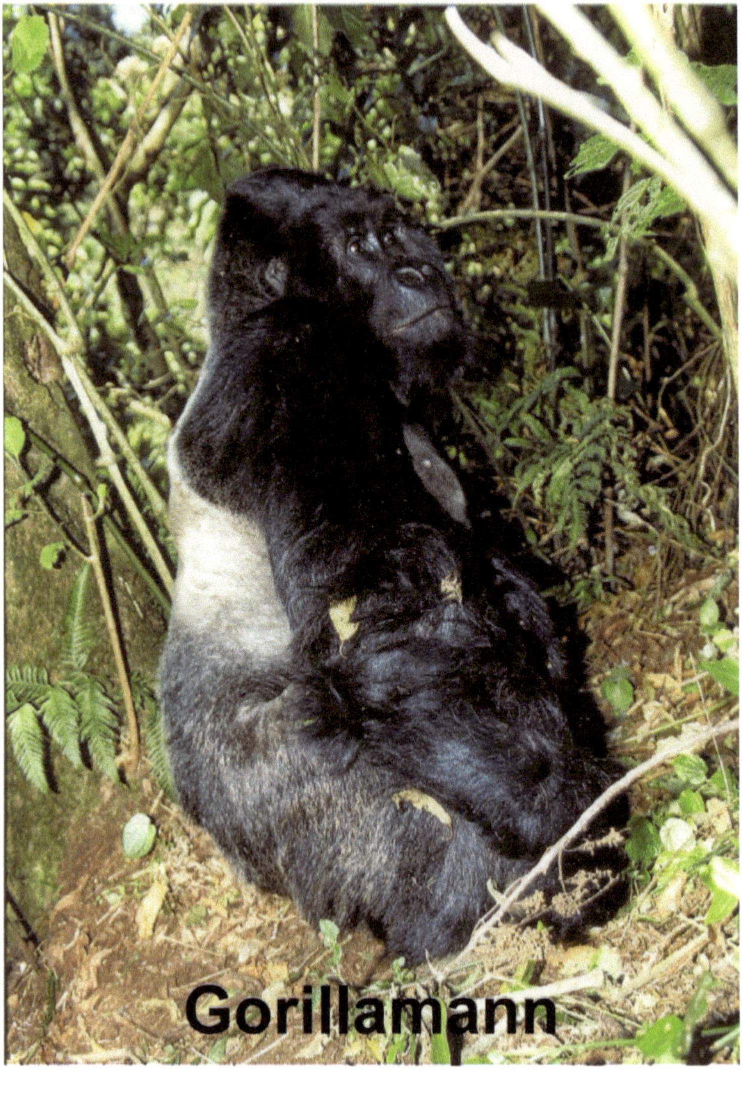

Gorillamann

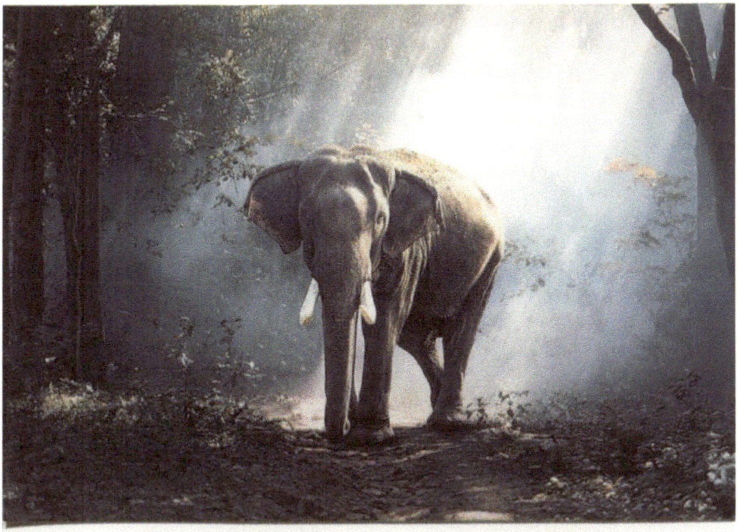

alter Elefant und alter Kaffernbüffel

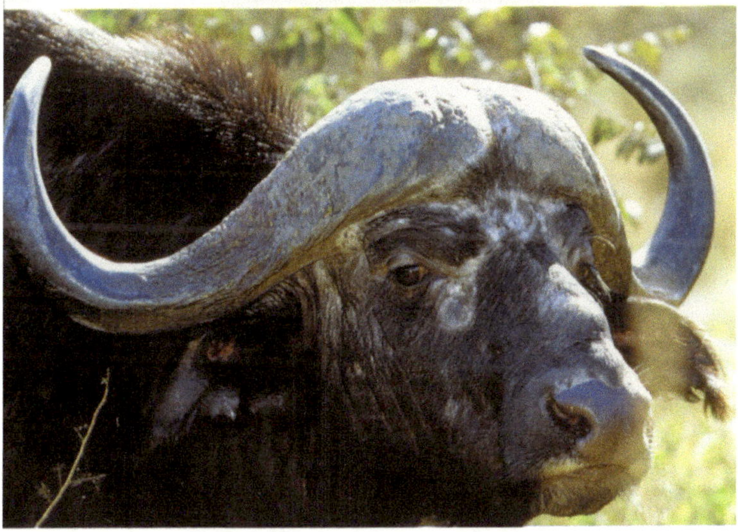

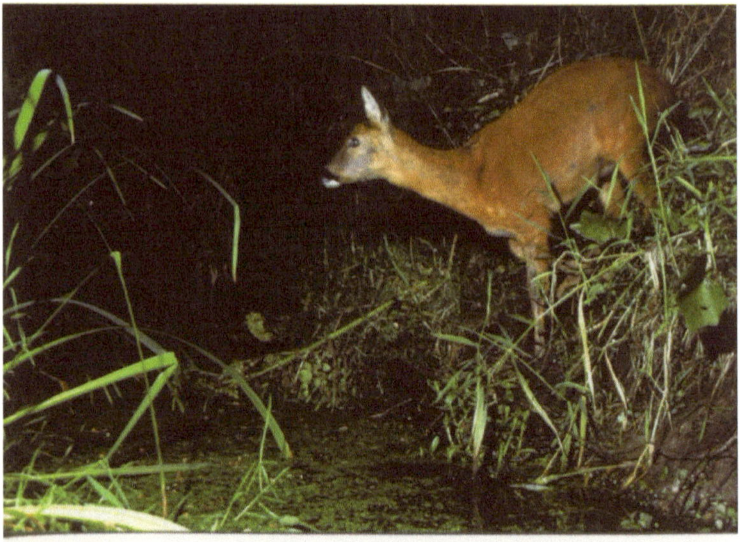

Ricke plant Sprung und Hase im Sprung

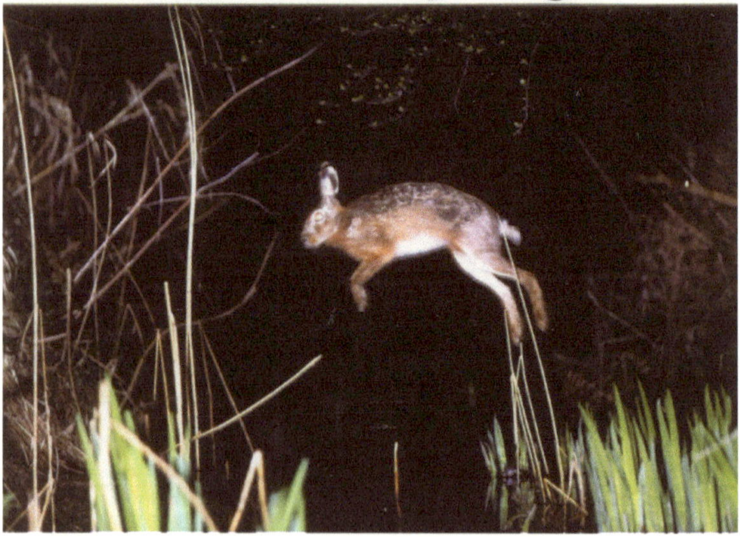

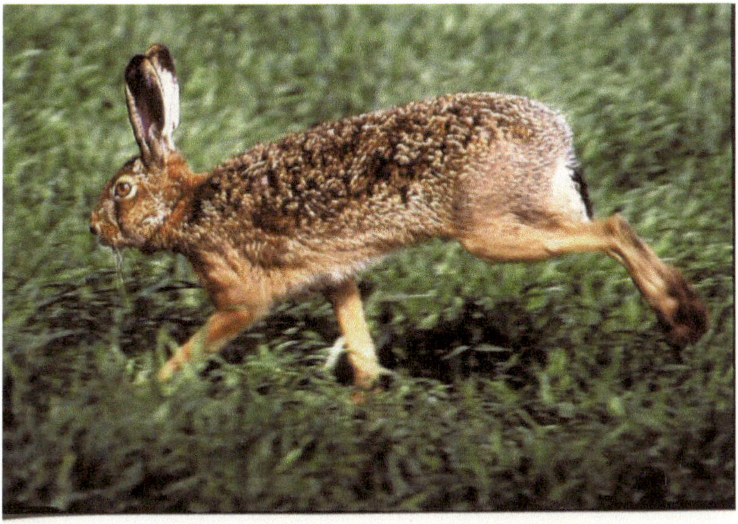

Hase und Rehbock

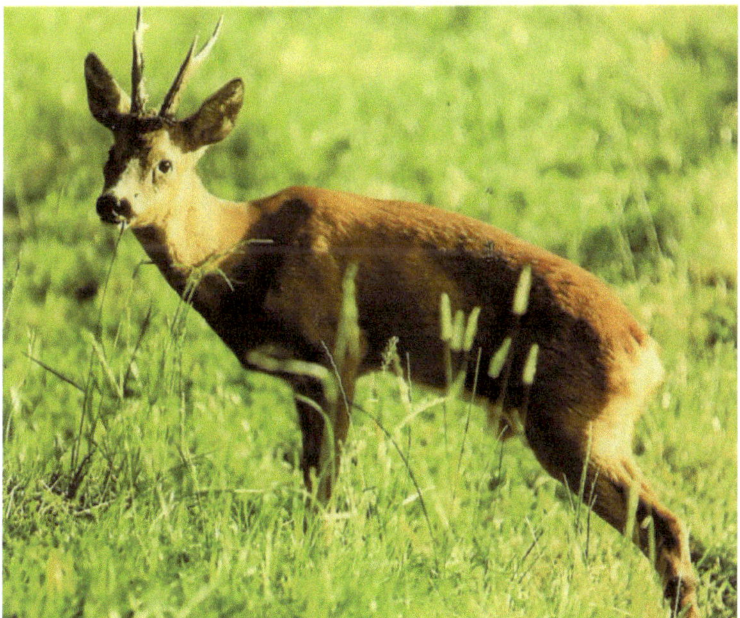

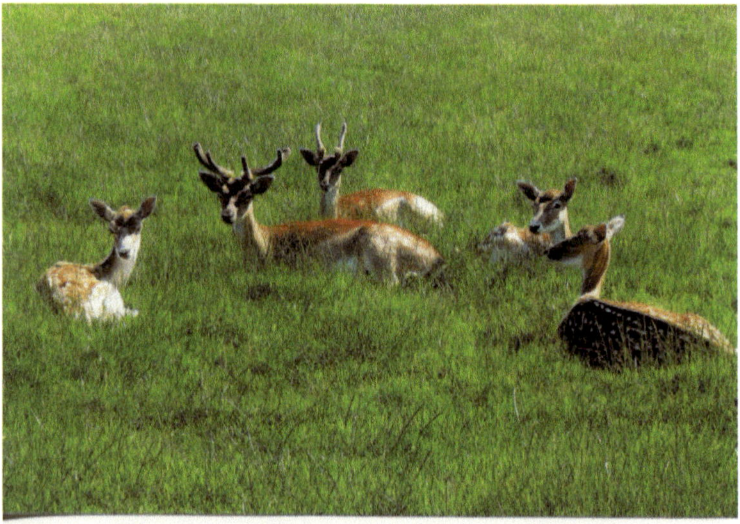

Damwild im Sommer
Damschaufler im Winter

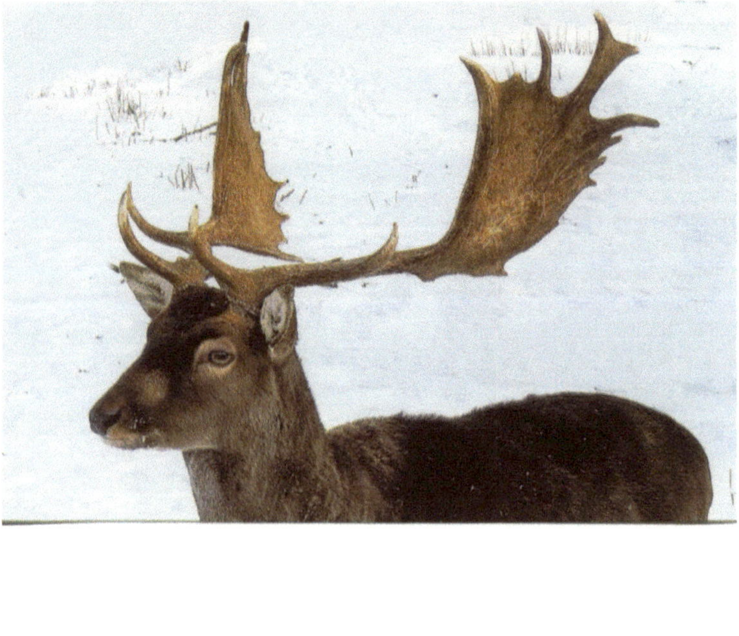

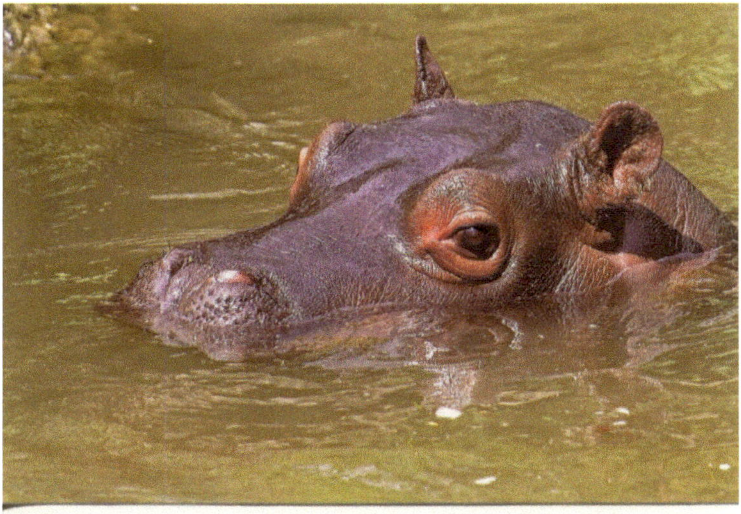

Portrait Flusspferd und Seehunde in der Ostsee

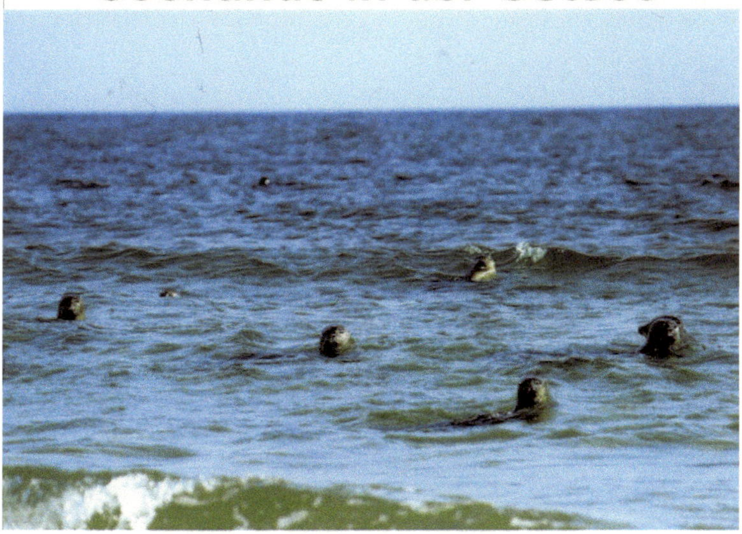

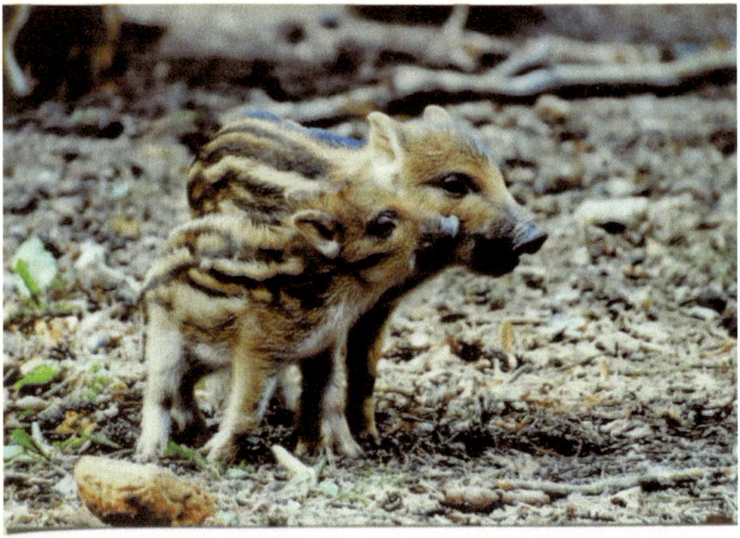

Frischlinge und Junghase

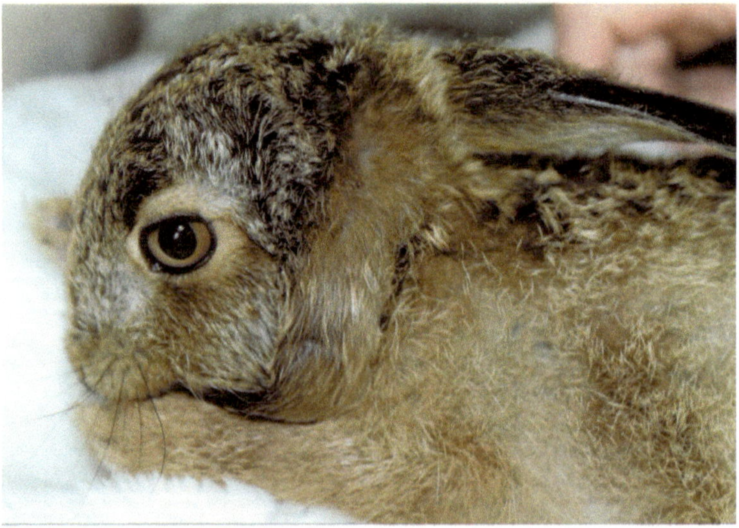

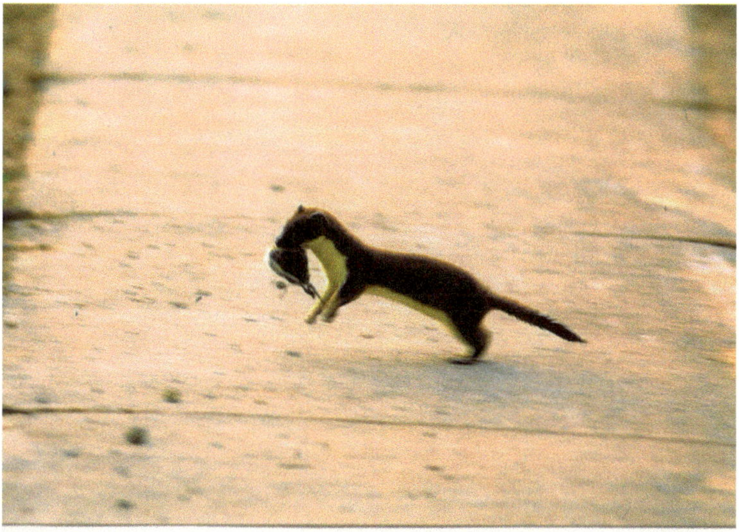

Wiesel mit Maus und am Auto

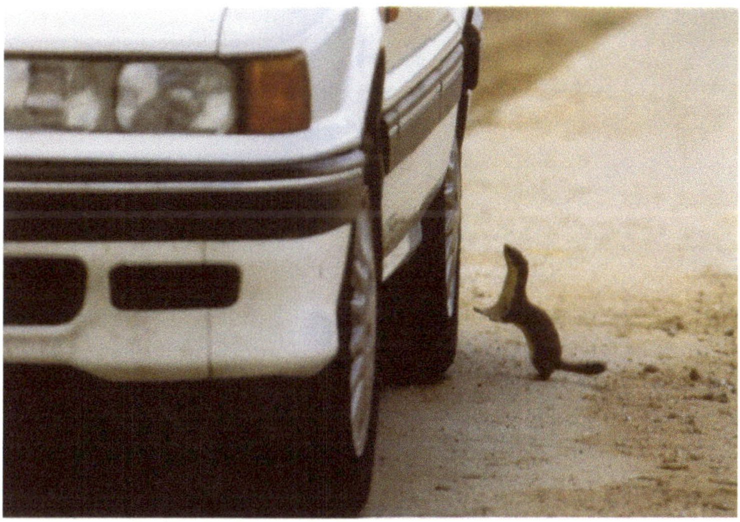

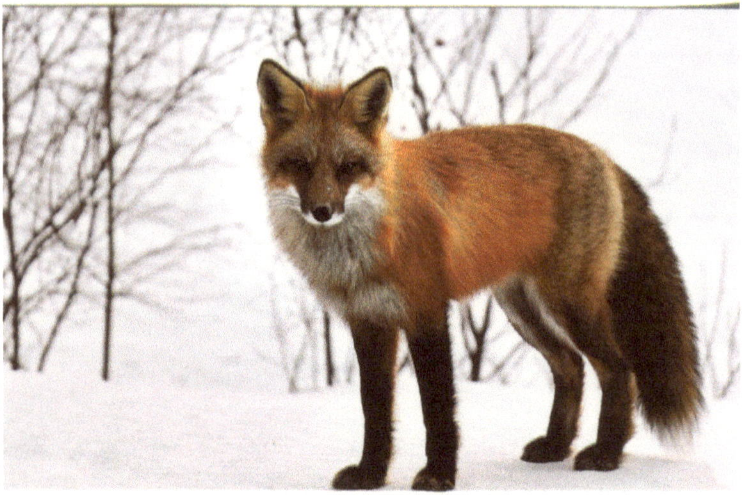

Fuchs und Auerhenne

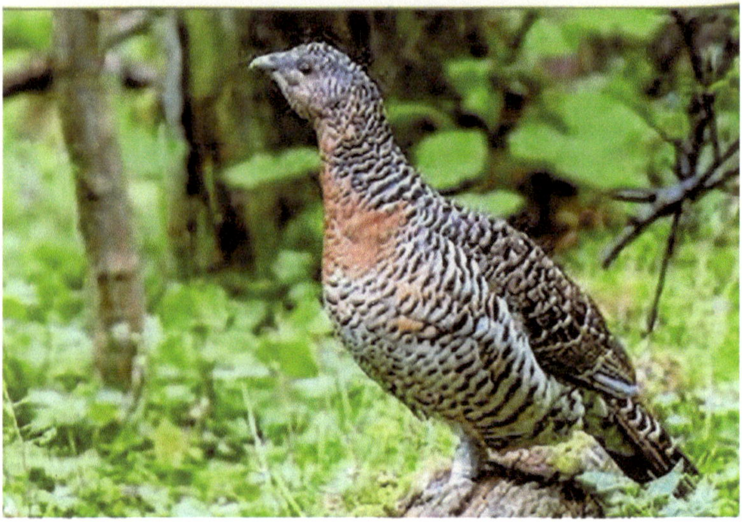

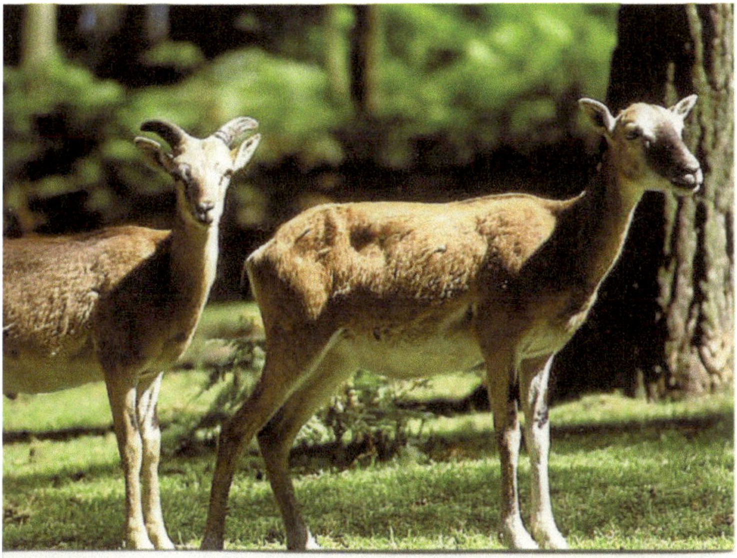

Muffelwild und gestelltes, aber erlebtes und nachgemachtes Foto

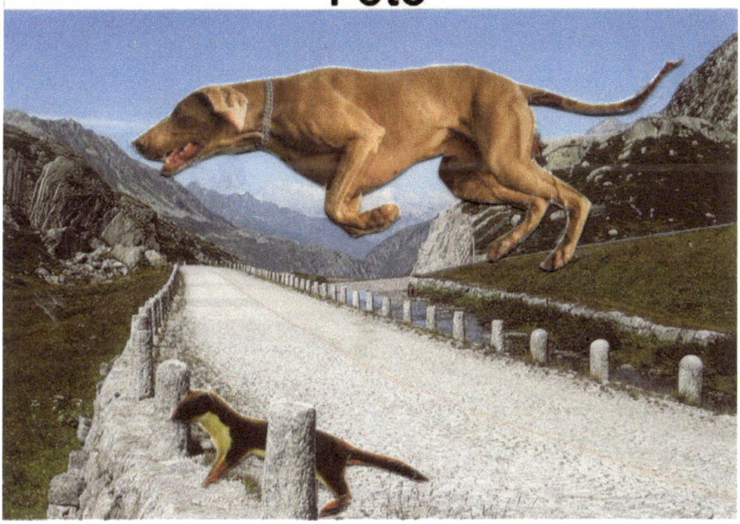

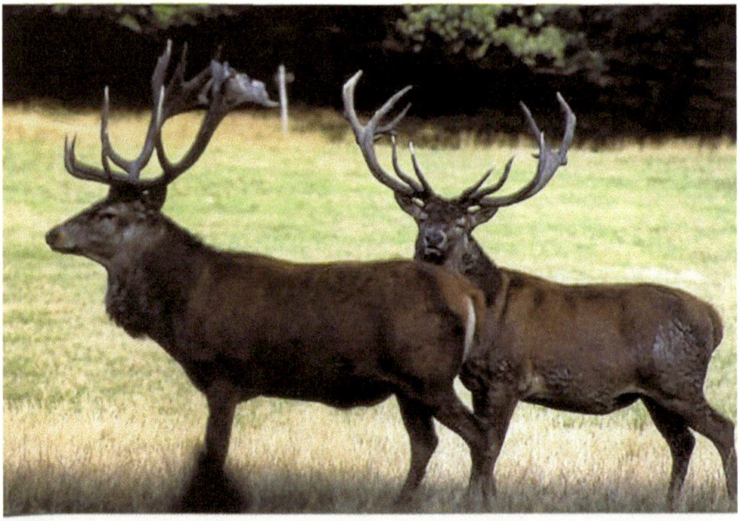

kapitale Hirsche und Szene an einer Tränke in Afrika

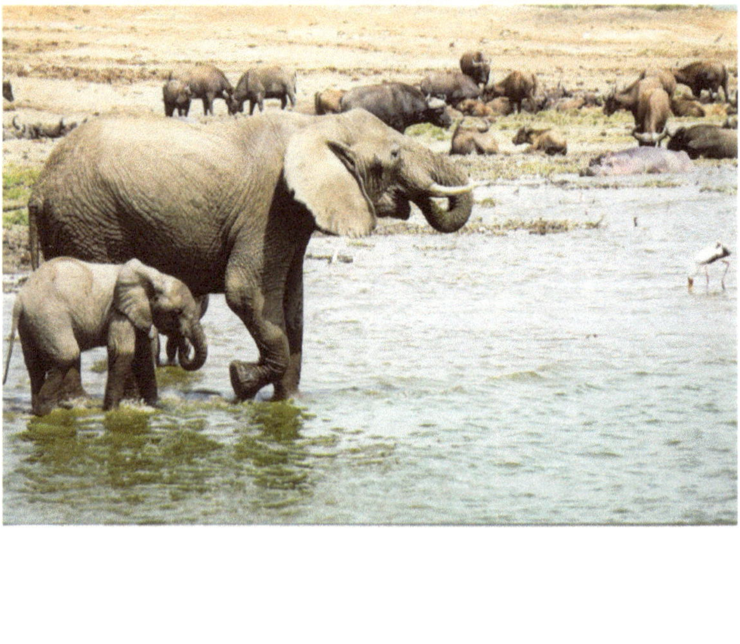

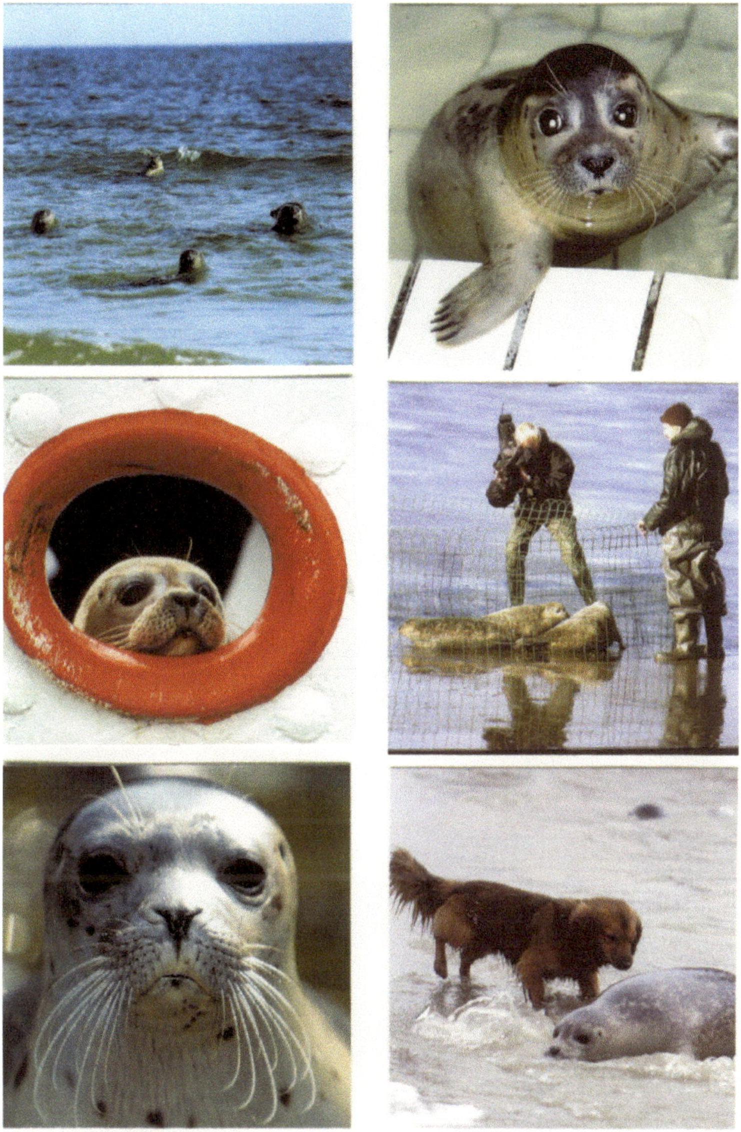

Seehunde in Variationen

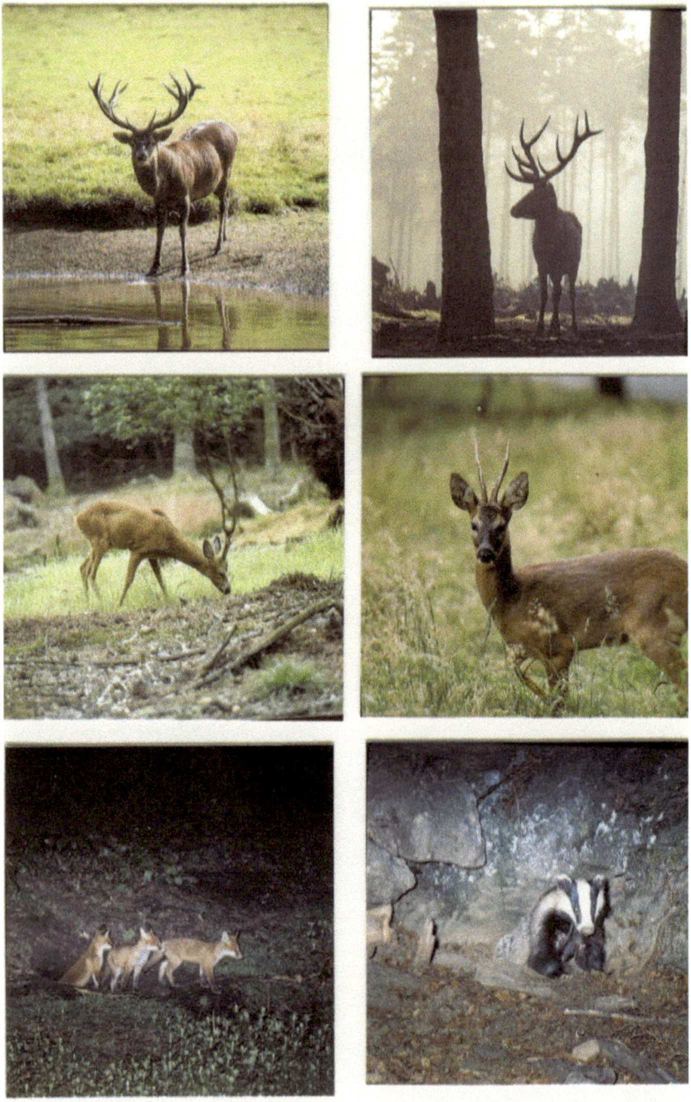

Rothirsche, Rehböcke, Jungfüchse und Dachs

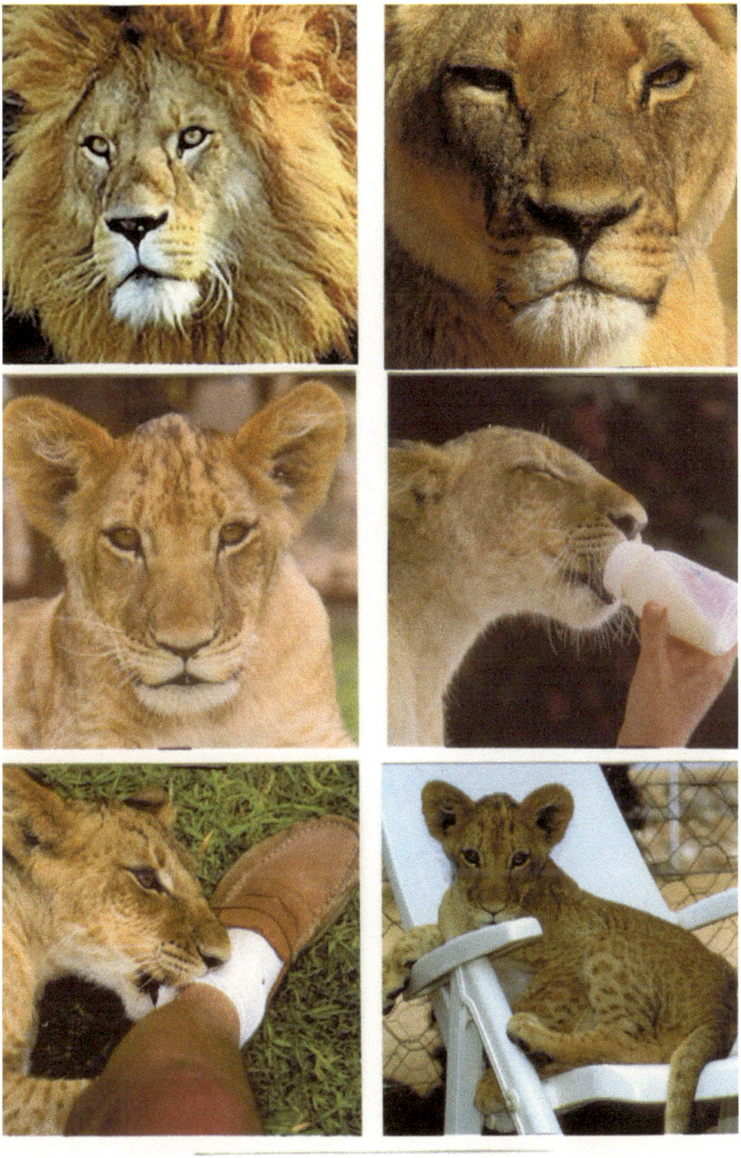

Löwen in Variationen

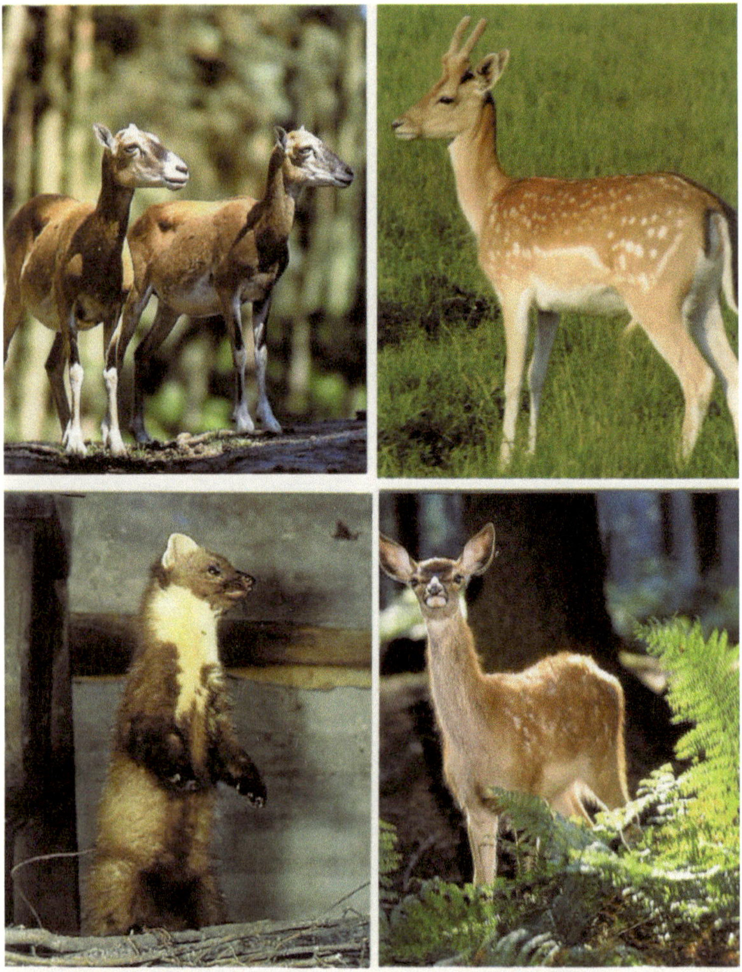

Muffelwild, Damspießer, Hausmarder und Rotwildkalb

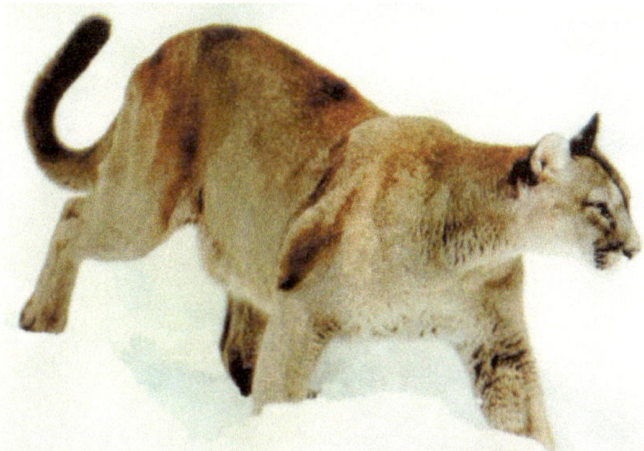

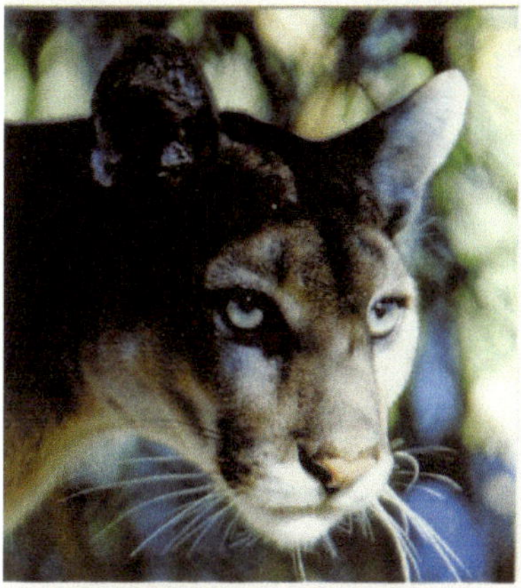

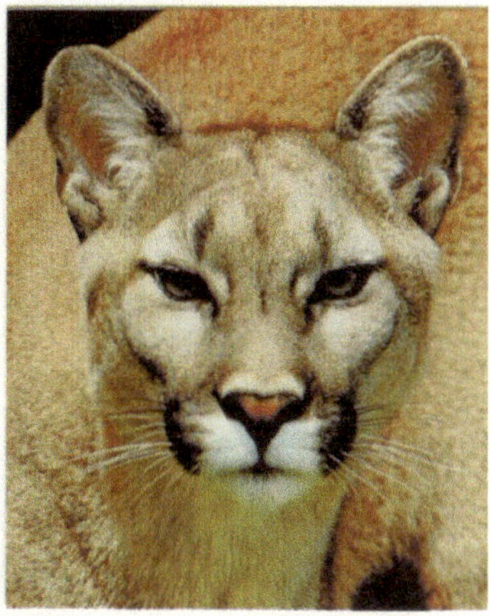

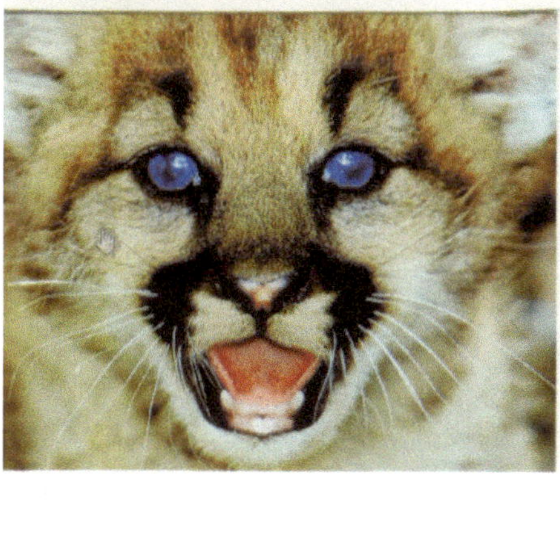

Pumas in Variationen

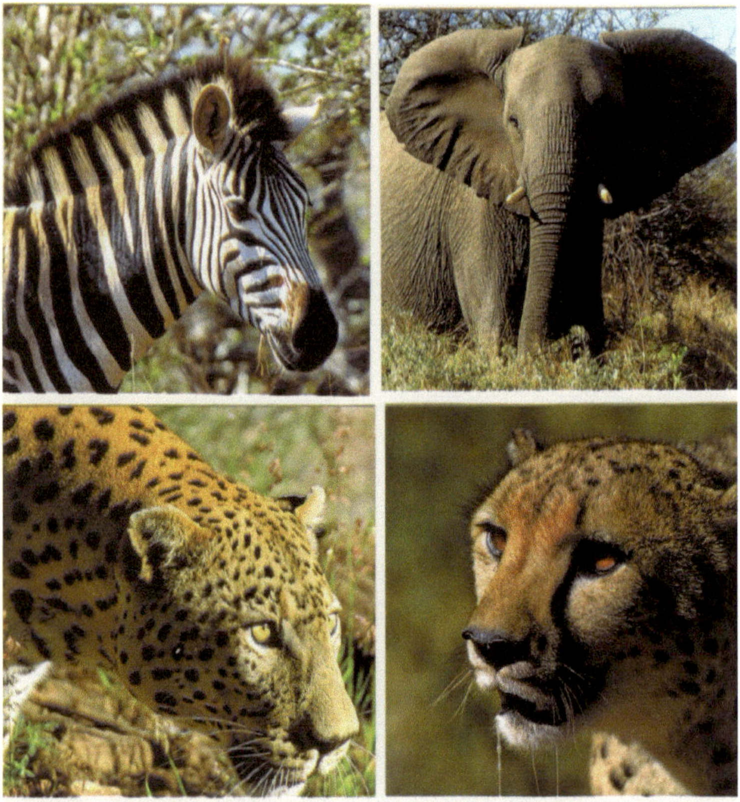

Tierportraits: Zebra, Elefant, Leopard und Gepard

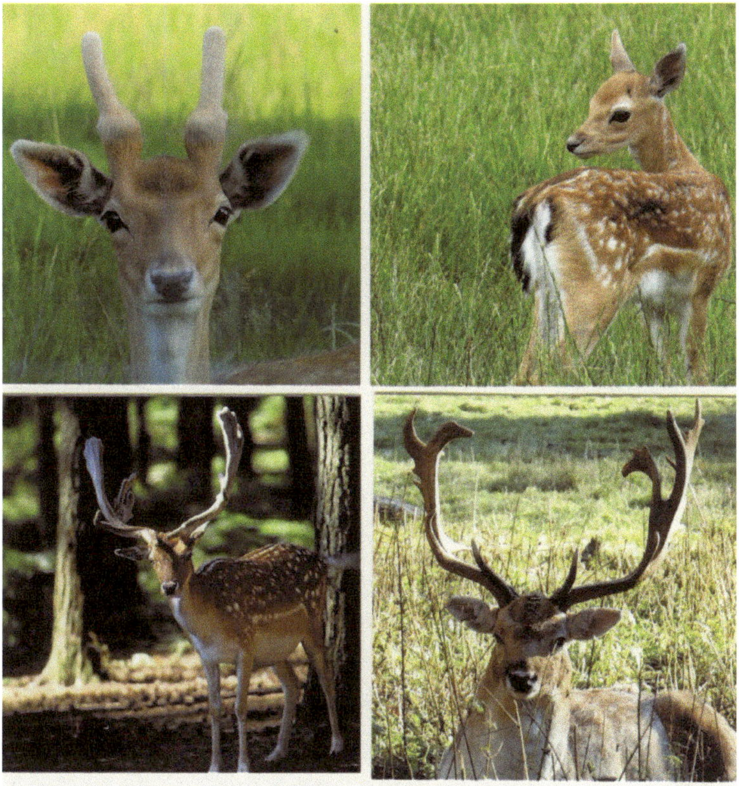

Viermal Damwild: Vom Kalb bis zum Schaufler

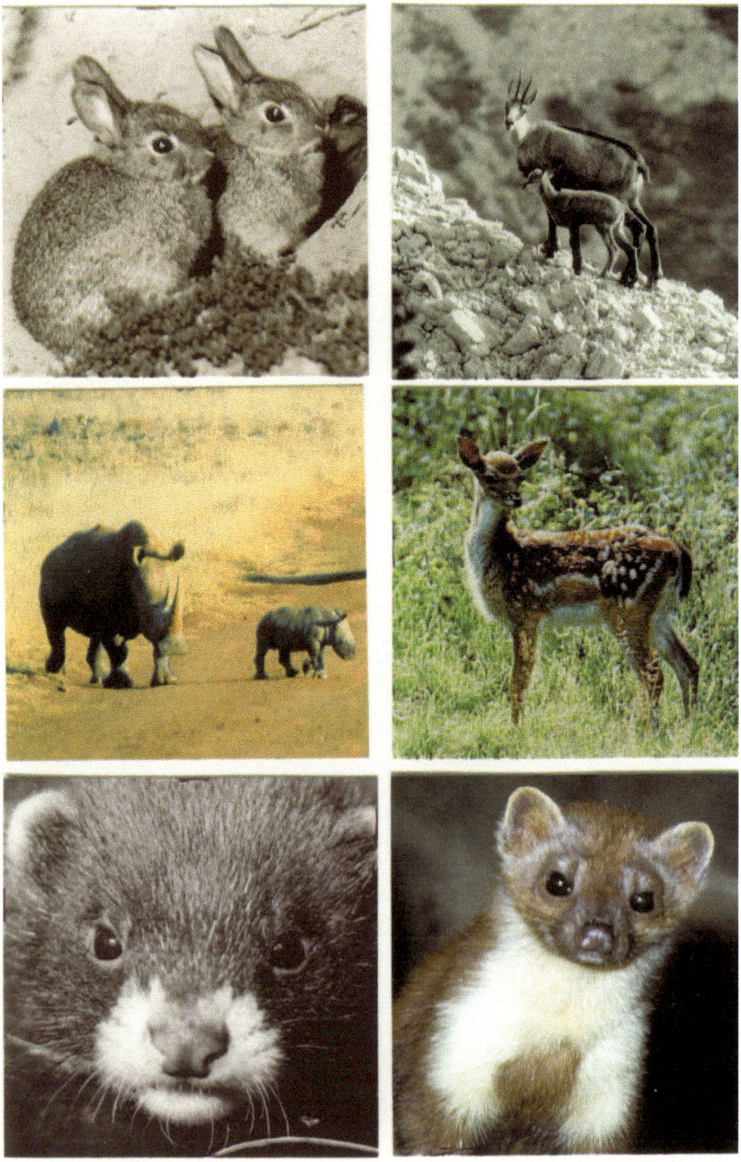

Jungtiere: Kanin, Gämse, Nashorn, Damwild, Iltis, Marder

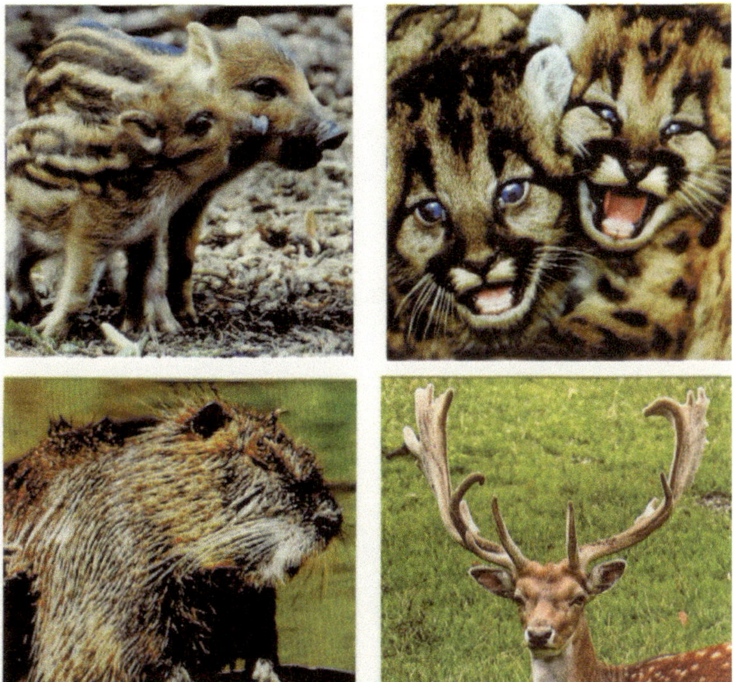

Frischlinge, Pumas, Nutria, Damhirsch, Elefant, Seehunde

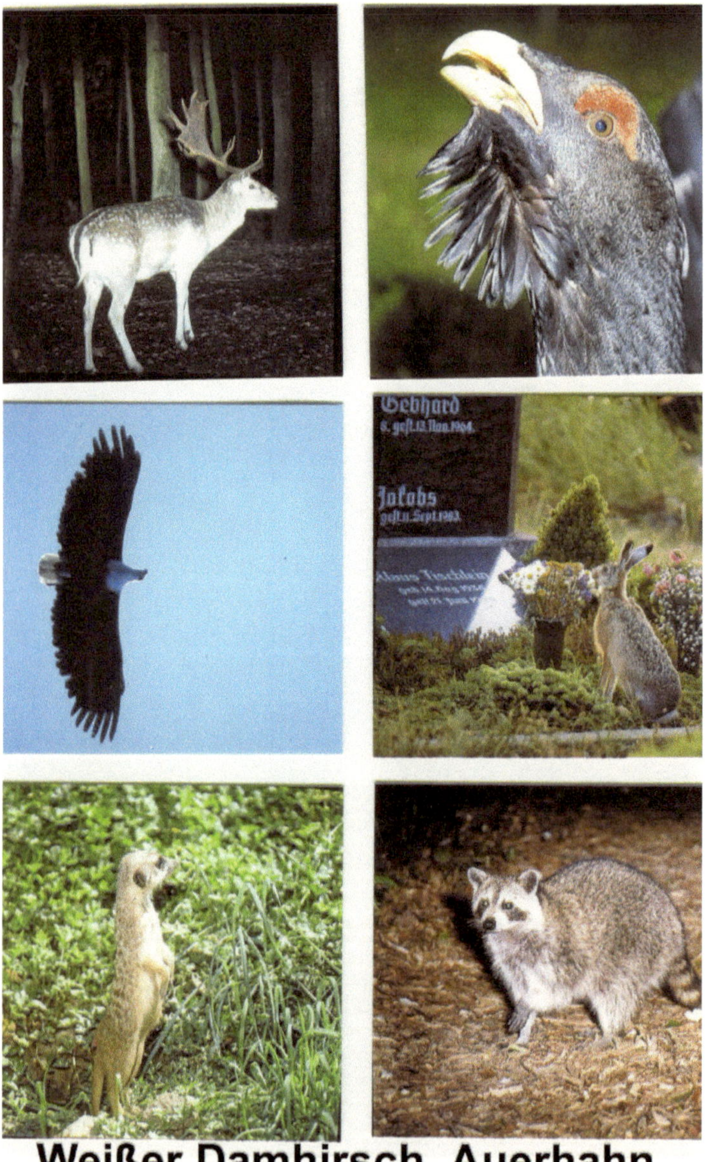

Weißer Damhirsch, Auerhahn, Schreiseeadler, Hase, Erdmännchen, Waschbär

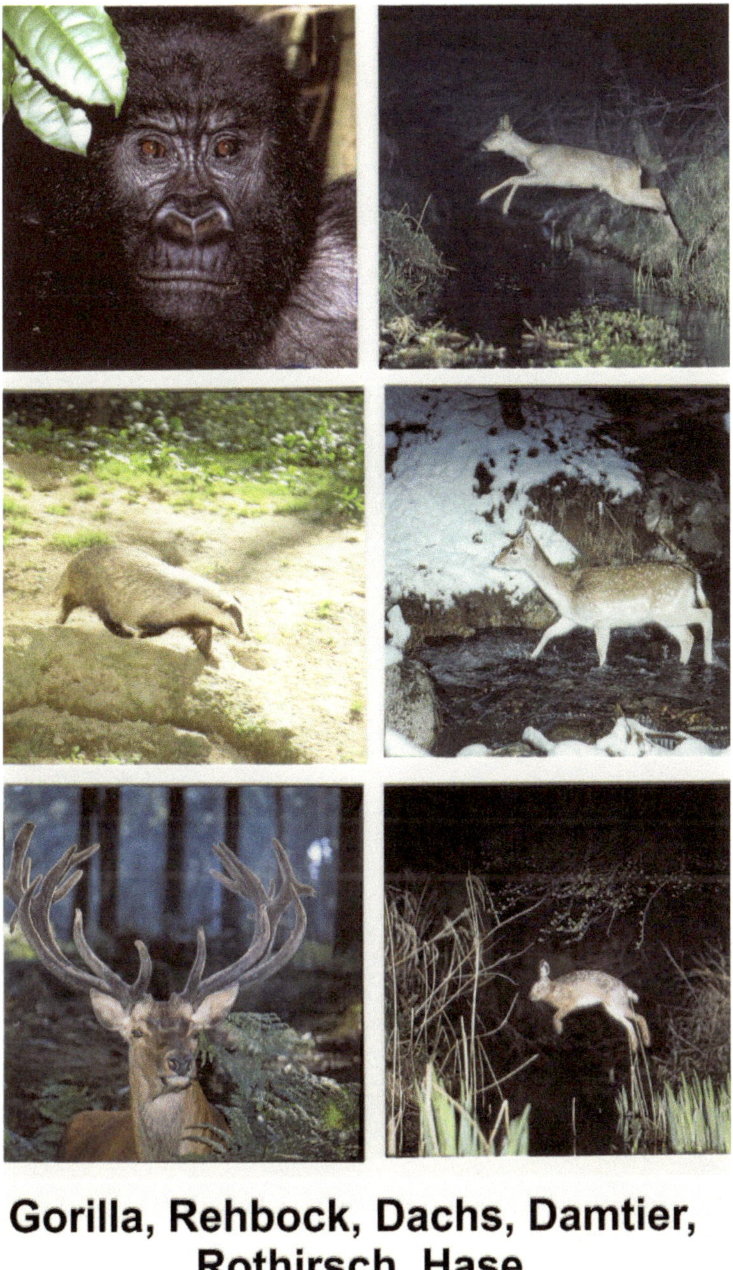

Gorilla, Rehbock, Dachs, Damtier, Rothirsch, Hase

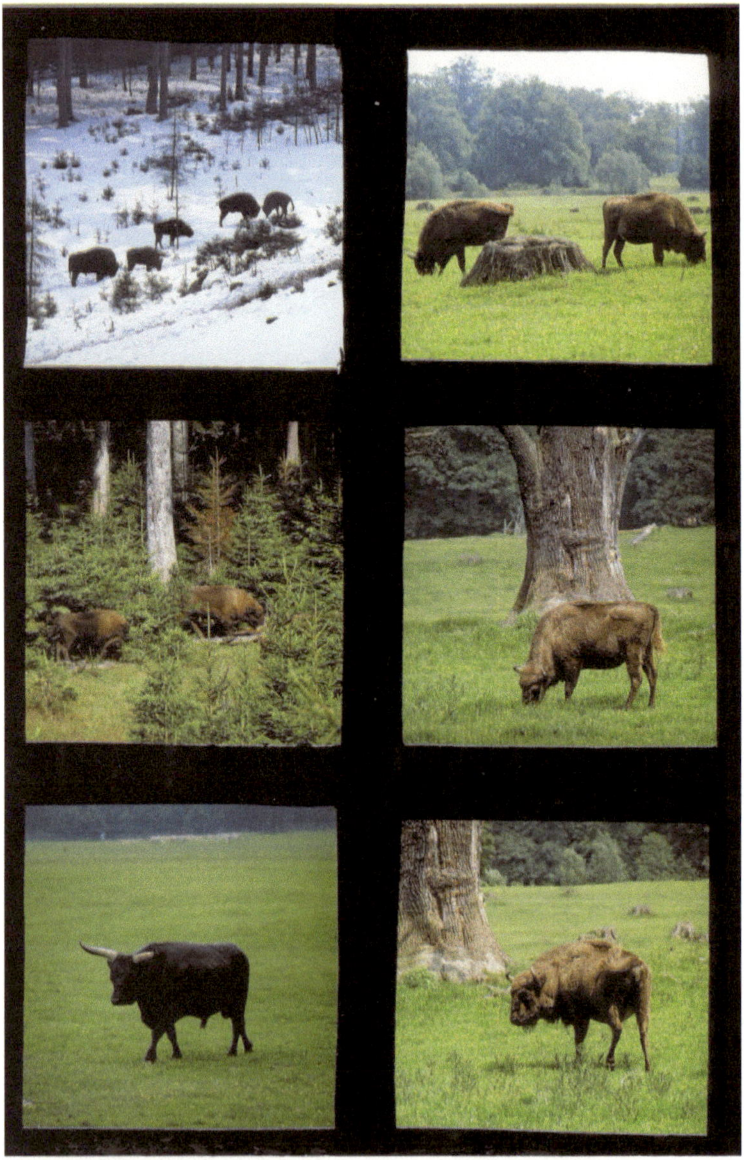

Rückgezüchtetes Großwild: Wisente und Auerochsen

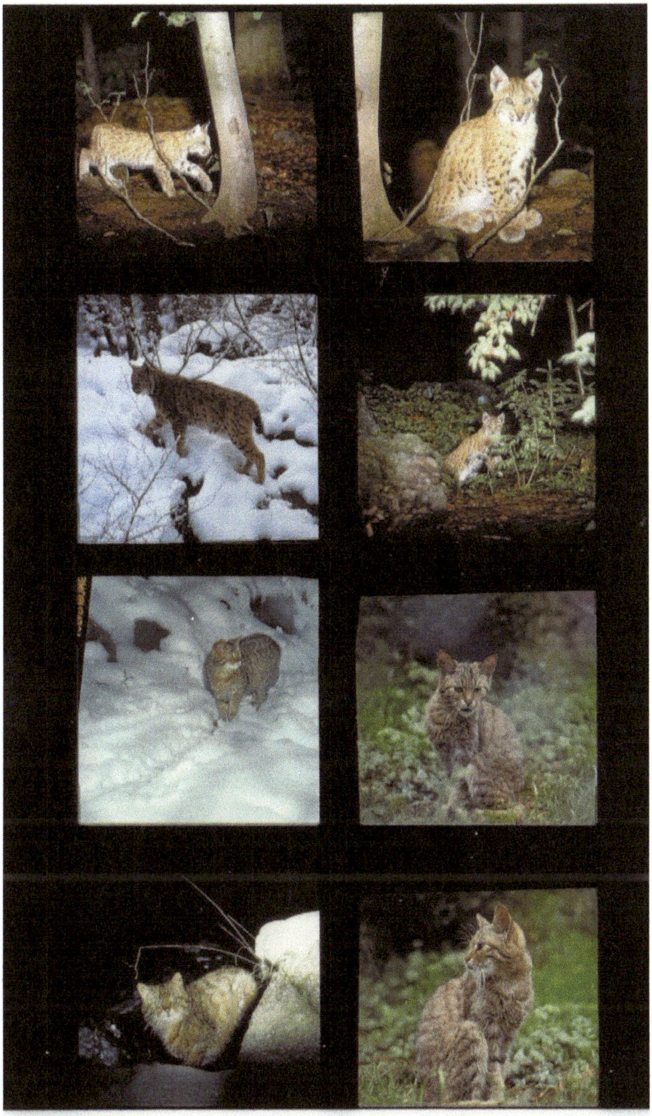

Luchse und Wildkatzen

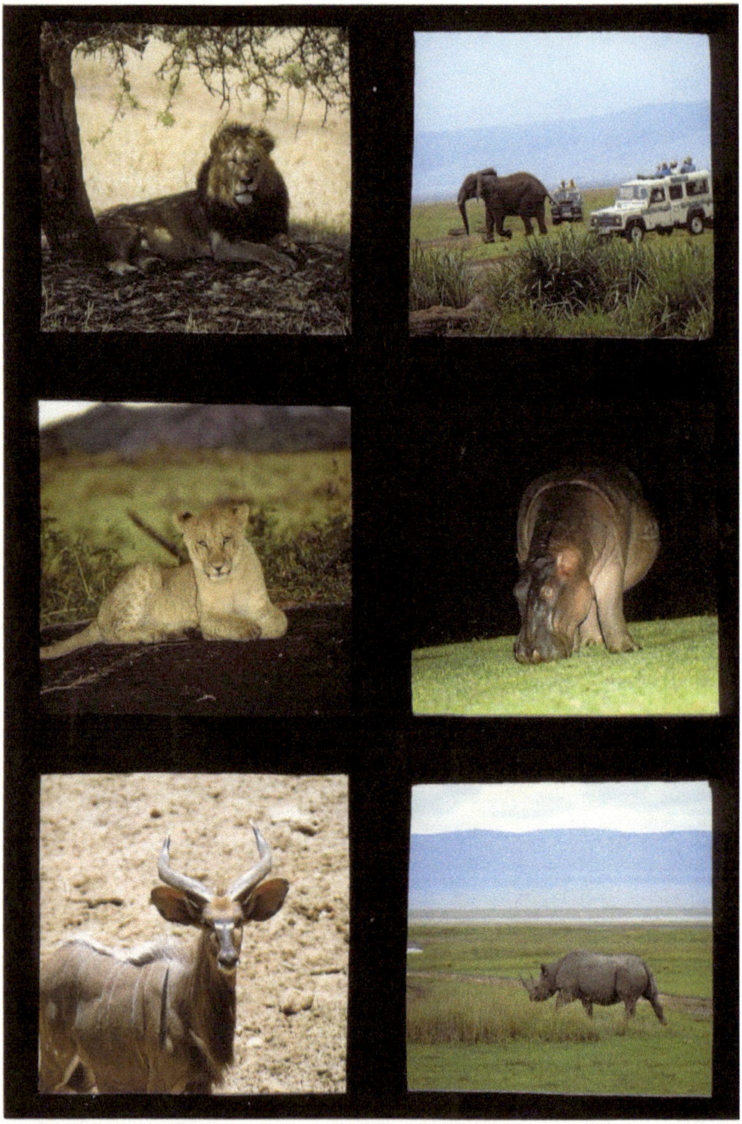

Tiere Ostafrikas

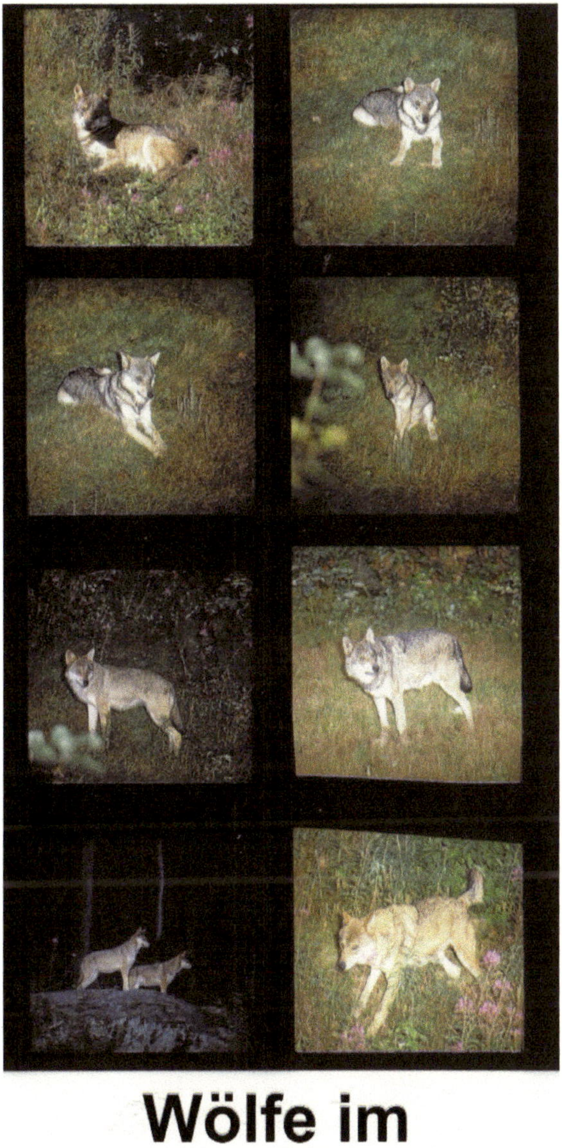

Wölfe im Freigehege Bayr. Wald

Aus dem Auto geschossen

So lauteten einige bebilderte Artikel in Jagd- und Naturzeitschriften, die ich in den 60er-Jahren veröffentlichte. Der PKW als Jagdansitz war noch unbekannt, bezogen natürlich auf die „unblutige Jagd“ und das meiste Wild sah ein parkendes Auto mitten im Revier nicht als bedrohend an. Der darin hockende Fotograf war von den Tieren kaum wahrzunehmen, wenn er sich beim Heraushalten des langen Teleobjektivs nicht zu sehr bewegte und keine verdächtigen Geräusche machte.

Der erste Kandidat, der meinen Tricks auf den Leim ging, war ein Meister Lampe, der Feldhase (*Lepus* europäus) also, der als besonders aufmerksam gilt, aber Neuigkeiten gegenüber aufgeschlossen ist. Ich sah ihn auf einem Feldweg in hundert Schritt Entfernung langsam heranhoppeln und beschloss, das Auto unter einem schattigen Baum anzuhalten und ihn mit bereits gerichtetem Teleobjektiv 500mm zu erwarten. Fünfzig Schritt, vierzig, dreißig – er hoppelte weiter und musste angehalten werden. Mein imitiertes „Katzen-Miau“ bannte ihn auf die Stelle, und zwar derart, wie es fotogener nicht sein konnte: als halbes Männchenmachen und den Kopf seitlich mir zugewandt, die Langohren aufgerichtet. Ich bemühte mich, ihn nicht das Verhältnis „Auto gleich Jäger“ zu lehren und verhielt mich mäuschenstill, bis er beruhigt seinen Weg fortsetzte.

Kein Waidmann (Jäger) hat bisher berichtet, dass ein Baummarder seinen Durst auf regennasser Straße löscht; es wird wohl nicht oft vorkommen. Ich wollte just aus dem Auto steigen und hatte die Kamera schon in Händen, als es zu Schütten anfing. Verärgert darüber blieb ich im Auto sitzen und hörte bei geöffnetem Fenster auf das Rauschen des Regens. Ein Schauer nur! Wie vom Himmel gefallen oder der Erde entwachsen querte plötzlich ein Marder den Asphalt und bekam Durst auf frisches Wasser. Marder können als heimliche und gern nächtliche Räuber exzellent gut hören – dieser aber kümmerte sich nicht um meine Kamerageräusche und leckte und schleckte, als sei die Straße mit Zuckerwasser oder Limonade übergossen. Als ich den Film wechseln musste, war er fort wie gekommen: als ein Spuk!

Im Schwarzwald gaben mir Jäger einen Tipp:

„Hier geht das Rotwild regelmäßig durch."

„Hier" war ein etwa drei Meter breiter und kaum zehn Zentimeter tiefer Bergbach, durch den das Wild gehen musste, wollte es auf einer anliegenden Weide äsen oder von dort zurück in die Einstände (Tagesverstecke) wandern. Bei diesem heimlichen Wild war Ruhe und Lautlosigkeit die erste Fotografenpflicht. Das bedeutete für mich, die Kamera mit dem Blitzlicht fest an die Autoscheibe zu montieren, natürlich auf den Bereich fixiert, den das Wild durchschreiten musste und die Kamera mit dem elektrischen Auslöser zu bedienen. Es mochte so nachtfinster werden wie möglich, gegen das andere Ufer des Baches würde ich jede Bewegung sehen können.

So kam es dann auch. Weil das vom Berg kommende Rotwild auf unebenem Weg Laufgeräusche machte, sich also ankündigte, konnte ich in tatsächlicher Mucksmäuschenstille den rechten Auslöse-Augenblick abwarten. Das Erschrecken beim Blitz und dem motorischen Kameralauf war freilich enorm. Doch weil dann Ruhe einkehrte und das Wild keinen anderen Weg gehen konnte, schritt ein ganzes Rudel Wild durch und kümmerte sich schließlich nicht mehr um meine Fotografiererei. Hier konnte wirklich von totaler Ausbeute die Rede sein.

* * * * * *

Besonders im Winter gefiel mir das Fotografieren aus dem Auto. Ich hatte mir einen damals gebräuchlichen Katalyth-Ofen angeschafft, der das Auto einigermaßen erwärmte – so konnte ich auch dann ansitzen, wenn es draußen im Freien nicht mehr möglich war. Zu Schuss kam ich, - siehe die Bilder -, nächtlich auf ein Reh, das soeben den Wald verlassen wollte; auf ein anderes, das einen Graben überspringen musste, wollte es auf dem Roggenfeld äsen. Viel Freude machte mir der Ansitz an einem Dachsbau, der so dicht am befestigten Waldweg lag, dass ich direkt heranfahren konnte.

Ein kapitaler Altdachs, wahrscheinlich mit allen Wassern des Erfahrenen benetzt, stellte sich beim Ausfahren (Verlassen des Baues) derart an, dass er seine Nase in alle Windrichtungen steckte, um verdächtige Gerüche wahrzunehmen. Nur das Auto beachtete er nicht. Beim ersten Blitz zuckte er zusammen und „verschwand wie der Blitz im Bau“. Um nach zwei Minuten wieder zu erscheinen und dann nur noch zusamenzuzucken. Danach ließ er ein Blitzgewitter von einer Minute über sich ergehen, ehe er sich in seinem gemütlichen Dachstrott auf den nächtlichen Beuteerwerb begab. Dachse sind nachts besonders gut und lange zu beobachten, weil ihre Weißzeichnung am Kopf stets sichtbar bleibt.

Ganz überraschend fand ich in Holstein auf einem Bauernweg eine achtköpfige Familie von Großen Wieseln, deren Junge auf dem Weg spielten und gefangene Mäuse jagten, welche die Eltern herantrugen. Es war kaum möglich, diesen flinken und sehr kleinen Tieren mit dem 500er zu folgen, aber ein paar Fotos gelangen doch.

Einen fotografischen Höhepunkt lieferte mir ein Tagesansitz in der bereits erwähnten Davert. Dort durfte ich mit dem Auto auf dem nichtöffentlichen Forstweg querstehen, womit die Bildperspektive sich verbesserte. Im kargen, leicht nebeligen Sonnenschein des Januar war um die Mittagszeit das Licht so bezaubernd und fotografisch wirksam, dass ich betete, „liebe Diana", (Göttin der Jagd), „lass den besten Damhirsch des Reviers jetzt vorbeikommen!" Es wurde erhört! Da stand er plötzlich mitten auf dem Weg, hatte schon die Hälfte seines Geweihs abgeworfen (verloren) und blieb für die Dauer einer Aufnahme (Blende 5,6, 125stel Sekunde) stehen. Er war jener kapitale „Schaufler", auf den der Jagdherr in den vergangenen Monaten zehnmal vergeblich angesessen hatte.

Tierkinder in Namibia

Ich habe nie begriffen, warum ich eine Anziehungskraft für Tierkinder besaß. Aber es war so. Selbst in fernen Ländern stellte sich das heraus. Kaum hatte ich die unter deutscher Leitung stehende Farm in Namibia betreten, da flitzte ein junges Erdmännchen heran und bat, unten an meine Safarihose geklammert, ums „auf den Arm nehmen!" Ein süßeres Tierkind kann es kaum geben, stellte ich fest und dachte an mein Kitz Bambi, das doch auch alle Herzen zum Schmelzen bringen konnte. Ich trug nun Katy, wie das Erdmännchen hieß, mit zur Anmeldung ins Farmhaus, wo natürlich, - was sonst? -, das Fernsehen lief und einen Tierfilm aus Südafrika zeigte. Die Gastgeber wollten sich nicht stören lassen und baten mich, Platz zu nehmen. Schwuppdiwupp sprang Katy auf meine Knie und verfolgte das Geschehen auf der Mattscheibe aufmerksamer als jeder europäischer Ferngucker.

„Katy weiß genau“, sagte die Gastgeberin, „was dort geschieht, entgegen der Ansicht vieler Zoologen.“

Ich bezweifelte das heimlich, wurde aber prompt eines Besseren belehrt: Denn am blauen Himmel der Mattscheibe zog nun ein Bussard oder ein anderer Greifvogel auf und schrie dabei. Wie reagierte Katy? Er machte das schönste Männchen, das ihm anstand und richtete seine aufgeregten Blicke nach oben – aber da war kein Himmel, da war die Zimmerdecke. Das höchst Bemerkenswerte in seinem Verhalten besteht darin, dass er 99 Prozent seines bisherigen Lebens im Haus verbracht und noch nie in natura einen Greifvogel gesehen hat!

„Das Erkennen von Gefahren“, kommentierte der Gastgeber, „ist den seit der Schöpfung verfolgten Tieren angeboren“.

Das stimmt wohl so! Dann gingen wir nach draußen unter einen großen Sonnenschirm, wo sich Leopard Leo in der komfortabelsten Liege flegelte und unverwandt mich und Katy auf meinem Arm mit seinen Katzenaugen fixierte. Da wurde es mir mulmig, zumal unterm Tisch der Junglöwe Felix lang ausgestreckt lag und zu knurren anfing.

„Die tun Ihnen alle nichts“, versicherte Hausherrin Rosa, „sie leben hier wie die ersten Tiere im Paradies.“

„Wissen die das auch?“, fragte ich besorgt.

„Sind allesamt von uns per Hand aufgezogen worden“, ergänzte Hausherr Theopold.

Rosa und Theopold machten sich hier ein faules Leben, eben paradiesisch, mussten einmal die Woche nach Windhoek zum Einkaufen fahren, Bungalows vermieten und ihre zahmen Tiere so oft wie möglich zahlenden und fotografierenden Touristen präsentieren. Zu diesen gehörte auch ich. So will ich berichten, was ich bei diesen seltsamen Leuten mit ihren vielen und wunderschönen bemerkenswerten Tieren erlebte. Hier schien tatsächlich eine kleine Arche Noah entstanden zu sein – doch war ganz klar, dass alles dem Lebenserwerb untertan gemacht worden war.

Erstens: Wenn Gastgeber und Tierfarmer Theopold mit seinen Gästen in die nahe Savanne ging, wo es fotogene Bäume, Höhlen, Wasser und Felsen jede Menge gab, trug er den ausgewachsenen Leo auf den Schultern quer um seinen Hals gelegt voran, denn Leo war ein Faulsack und ermüdete schnell. Am kleinen See warf er ihn in hohem Bogen ins Wasser, was natürlich viele Fotokameras klicken und Filmkameras surren ließ. Leo kletterte aus dem Wasser und schüttelte sich, wie Hunde es tun, und dabei gelangen Bilder, die ihn inmitten glitzernder Wassertropfen zeigten. Dann musste Leo einen Baum ersteigen und seine Gäste „blutgierig“ anstarren. Danach bekam er „Beute“ herausgereicht, sein lautes Schmatzen wird in den Filmen besonders gut zu hören sein. Zum Schluss der Vorstellung durfte Leo auf einem Felsen Platz nehmen und sich so postieren, - die Sonne war bereits im Untergehen -, dass diese Sonne mit ihm eine gute Bildkomposition ergab.

Zweitens: Am frühen Vormittag bei gutem Licht ging Theopold mit Katy und seinen Gästen zur nahen Erdmännchen-Kolonie, wo Katy und seine Genossen frohes Wiedersehen feierten und von Menschen keine Notiz nahmen. Hier kamen besonders die Filmer auf ihre Kosten, denn das Gewusel und Gewirr neugieriger, vom Futter erregter Erdmännchen jeden Geschlechts und Alters kann eine Fotokamera nur bedingt wiedergeben. Mit der Nachahmung von Greifvogelrufen brachte Theopold alle Baubewohner zum „Stillgestanden erster Klasse“ mit in den Himmel erhobenen Köpfen.

Drittens: Mit dem Junglöwen Felix konnte Theopold nicht soviel anstellen. Oder doch? Was ist davon zu halten, wenn eine zwei Meter lange Boa constrictor in die Wüste gelegt und von einem Junglöwen „scheinbar“ belästigt wird? Auf den Fotos kann man später nicht sehen, dass alles nur Spaß und Ulk war.

Viertens: Mit den beiden Protagonisten ging’s nun flott zum kleinen Wasser. Die Schlange war froh, sich abkühlen zu können und ließ es zu, dass Felix sie mit der rechten Vorderpranke ein wenig hin und herschubste. Dann schwamm sie schlängelnd zum anderen Ufer, was im 10-Uhr-Licht des Morgens „verdammt fotogen“ aussah.

Fünftens: Weil Löwen und Leoparden auch nächtliche Jäger sind, gab es eine Abendsafari, bei der Blitzlichter für die richtige Belichtung sorgten. Selbst hier, wo Katy, Leo und Felix ganz leicht hätten flüchten können, dachten sie nie daran und hielten sich enger an Menschen, als den Gästen und mir als Fotograf lieb sein konnte.

Sechstens: Am nächsten Tag gab es eine zweistündige Wanderung zu drei Gelegen von Vater Strauß. Bekanntlich bebrütet und bewacht bei Straußen das Männchen die Eier eines Geleges, das von verschiedenen Weibchen angelegt sein kann. Die drei Straußenherren kannten Besuchstermine und machten deswegen nur Scheinangriffe auf Gäste und Fotografen, die ihnen zu nahe kamen. Diesmal waren gerade Küken geschlüpft, trockneten sich und machten erste Gehversuche – fotografische Höhepunkte das!

Siebtens: Am dritten Nest stellte Theopold fest, dass erst in der Nacht ein paar Eier frisch gelegt worden waren. „Die nehmen wir mit und machen German Rührei aus ihnen“, verkündete er und wies den Einwand der Tierfreunde zurück, „das schadet dem Bestand nicht, denn die Weibchen meines Reviers hier legen prompt neue Eier.“

Und so gab es am Abend ein Dinner, das allen Teilnehmern nicht nur eine Gewichtszunahme sondern auch eine ewige gute Erinnerung an Afrika verschaffte. Zusätzlich durfte Katy gefüttert und Leo mit der Flasche gestillt werden. Zwei junge Chamäleons stakten über die Tische, Geckos huschten den Insekten nach, die von den Lampen angelockt wurden. Rosa und Theopold hatten ein paar schwarze Boys angeheuert, die für ein paar Rand ein Tierstimmenkonzert mit Löwengebrüll, Hyänengeheul und Blassuhurufen anstimmten.

Als es anderntags ans Abschiednehmen ging, wollte ich zu Katy und Leo besonders nett sein – doch sie widmeten sich bereits neuen Ankömmlingen…

Zet-Elefanten und wilde

Den Begriff „Zet-Elefanten“ muss ich wohl erklären, denn ihn gibt es in keinem Lexikon oder keiner Doktorarbeit über diese sympathischen Dickhäuter. Zet-Elefanten sind für mich Zirkus-, Zoo- und zahme Elefanten. Klar, dass ich diese drei eher erlebt habe als die immer ersehnten wilden Elefanten Ost- und Südafrikas. Auf sie werde ich nach meinen Erlebnissen mit Zet-Elefanten noch zurückkommen.

Da war zunächst Zirkuselefant August, 30, Werbeträger und sonstiger Mitarbeiter eines damals populären Zirkus.

Er ging unter Aufsicht seines vertrauten Führers Alfons die Straßen im Weichbild des Platzes auf und nieder, wo der Zirkus seine Zelte aufgeschlagen und seinen fahrenden Zoo aufgestellt hatte. Ich stand vor unserer Haustür und kaute an einer Stange Lakritz, als die beiden Herrschaften anmarschiert kamen, August aber blieb abrupt stehen und sah mich mit seinen im Verhältnis zum Körper kleinen Augen intensiv an.

„Hier haste ne freie Eintrittskarte", sagte Alfons, „gib August dafür nen schwarzen Lakritzen."

Das tat ich. Ich hatte bisher noch nie gesehen, dass mir jemand derart höflich und gesittet etwas aus der Hand nahm, so wie August es jetzt tat. Nachdem er das Lakritz in seinen Mund gesteckt hatte und nun verzückt lutschte, kratzte er mir mit dem Rüsselende hinterm Ohr, nahm mir die Mütze ab und setzte sie mir wieder auf. „Du hast sein großes Herz gewonnen", sagte Alfons begeistert, „er wird dich nie wieder vergessen und dich stets wiedererkennen, wo auch immer."

Dann zogen die beiden weiter. Erst nach einer Woche hatte ich Zeit, den Zirkus zu besuchen. Prinzipiell konnten mich damals schon solche Darbietungen nicht begeistern, zu unnatürlich wurden die tierischen Akteure hergenommen. Aber bei Elefanten war das anders: Nichts wirkte gekünstelt, alles sah aus wie „gern getan" – eben weil Elefanten Persönlichkeiten festen Charakters sind und nichts tun, das ihnen nicht zusagt.

So heute und jetzt August. Ich saß unten vorn an der Manege und fünf Dickhäuter verschiedenen Alters mussten erst einmal bei tragender Blasmusik ein paar Runden drehen. August als Senior vorneweg. Direkt vor mir hielt er an, seine Nachfolger mussten das auch tun, und kein Befehlen, Schwingen von Peitschen und Klappse auf Augusts fetten Hintern brachten ihn voran – er stand eisern und wieder fühlte ich seine Äuglein verheißungsvoll auf mir ruhen. Zum Gaudi der Zuschauer, die alles für eine abgekartete Sache hielten, nahm August mir wieder die Mütze ab, tat, als wollte er sie essen und setzte sie mir wieder auf – jetzt erst begriff ich! Und siehe da: Nie war ich ohne Lakritz unterwegs. August bekam zwei Rollen und trabte dann brav wieder los. Ich aber verließ die Manege und traf draußen Alfons bei den anderen Tieren, die heute keinen Auftritt hatten.

„Habe ich's dir nich jesagt", sagte er, „dass er dich wiedererkennt?"

Ist hier die Geschichte mit August zu Ende? Nein! Sie beginnt noch einmal zwei Jahre später, als ich August im Zoo besuchen wollte. Für ihn hatte ich auf dem Jahrmarkt die extra langen Lakritzstangen gekauft: Die konnte ich ihm gut in den Mund schieben, was er besonders gern hatte, statt sie ihm in den Rüssel zu geben. Vor einer Woche hatte die örtliche Presse gemeldet, „August ist in Rente gegangen und verbringt seinen Lebensabend im Zoo". Der Zooinspektor war inzwischen zu einem meiner Freunde aufgestiegen und gab mir den Tipp, „dass August jeden Nachmittag ab 16 Uhr von einem Wärter durch die Anlage geführt wird".

Nun, um 16 Uhr 10 sah ich ihn kommen: Etwas tatterig schon, mit Schritten, die auf Arthrose deuteten, aber hellwach und aufmerksam, wie ich augenblicklich erleben sollte! Zwanzig Elefantenschritte noch – da „verhoffte" (ein Jägerausdruck das!) August wie angenagelt stehenbleibend, reckte seinen Rüssel in die Luft und stieß einen Trompetenruf aus, wie ihn kein Hornist der noch jungen Bundeswehr „hingehauen“ hätte. Seine teppichgroßen Ohren klappten vor und August selbst wollte in einen Galopp verfallen – aber die Beine, die Füße und die Gelenke! So setzte ich mich in Galopp, war in drei Sekunden bei ihm und umarmte seinen Rüssel, der sich stückweise um meinen Leib zu ringeln versuchte. Augusts Aufseher störte uns nicht, einige Zuschauer schmunzelten und deren Kinder weinten. Nun trat ich zurück, kramte drei Lakritzstangen aus der Tasche und schob sie August in den Mund. Er versuchte zu kauen – aber die Zähne, die Zähne!

„Er hat kaum noch welche“, erklärte der Wärter namens August, „und überall Karies.“

Der vierbeinige August lutschte genüsslich, aus seinen immer feuchten Augen flossen Bächlein an ihm herunter, sein Rüssel griff meine Mütze, lüftete sich an, schob sie wieder zurecht, und August tat einen tiefen Seufzer und brach vorn zusammen – in die Knie gehen nannte man das, obwohl die Knie nicht in den Vorderbeinen stecken. Dann legte sich August auf die Seite und war tot!

* * * * * *

Elefanten gibt es überall in Afrika! Welchen Park man auch besucht, sie sind gegenwärtig und unübersehbar. Ich habe die meisten im Amboseli-Park und im Krüger-Park gesehen und fotografiert. Viele Touristen, die auf eigene Faust losfahren, wie man es zum Beispiel im Krüger-Park machen darf, unterschätzen die Gefahr, die von diesen Tieren ausgehen kann. Zu beachten sind einmal die führenden Mütter unter ihnen und jene männlichen Alleingänger, die sich aus unterschiedlichen Gründen von ihren Familien getrennt haben und stets übelster Laune sind.

Hier ein paar Elefanten-Abenteuer selbst erlebter Art und aus Berichten von Touristen, die, so ihre Aussagen, „noch einmal davongekommen sind.“ Im Krüger-Park waren wir gerade dabei, in aller Ruhe eine Herde beim Trinken und Baden zu fotografieren, waren also ziemlich abgelenkt, als ich beim Filmwechseln hochschaute und einen Koloss von Elefanten in gerader Linie auf uns zukommen sah. Nicht im gemächlichen Schaukelgang ging er einher, sondern schien es eilig zu haben. Platz war genug vorhanden, es konnte keine Rede davon sein, dass unser Auto seinen Weg versperrte. Ich sagte sofort dem Fahrer, dass er zurücksetzen solle, denn ein Ausweichen zur Seite war nicht möglich. Unser Glück war, dass der Fahrer des Wagens hinter uns die Situation rechtzeitig bemerkt hatte und nun im Zurücksetzen war. Wir folgten schnell, der Elefant „legte einen Zacken zu“, doch er hinkte ein wenig und so waren wir im Nu auf der Hauptstraße und konnten vorwärts Gas geben. Nun bestätigte sich, was wir vermutet hatten: Dieser Bulle von Elefant suchte Anschluss an die nahe Familie, wurde aber von deren Chef, ein noch stärkerer Bulle, sofort konsequent angegangen und musste weichen.

„Verständlich und durchaus menschlich“, meinten wir erleichtert, „dass er übelster Laune wird.“

Im Amboseli-Park kehrten wir von einer Fotosafari ins Kamp zurück und sahen auf dem Parkplatz ein Safari-Auto stehen, das an der linken Seite zwei kreisrunde Löcher am Abstand von einem Meter aufwies. Es war an der „Blechwunde“ deutlich zu sehen, dass die Löcher von außen her entstanden waren. Ja, unser Verdacht wurde Gewissheit, als wir beim Abendessen kein anderes Gesprächsthema hörten als „den Elefantenüberfall“. Als die Touristen in aller Ruhe und Gemütlichkeit eine Elefantenherde am Wasserloch beobachteten und ein Junges im Übermut ein paar Schritte auf den Wagen zu machte, stürmte der Bulle, wohl der Vater, ohne jede Warnung quer heran und rammte seine Stoßzähne durchs Blech hindurch ins Innere.

„Ich sah plötzlich vor meinen Beinen“, berichtete ein noch immer schockierter Tourist, „einen weißen Stoßzahn vorbeizischen, der sofort wieder verschwand. Dann erst vernahm ich das Krachen des Aufpralls und spürte, dass auch hinter meinem Sitz ein Stoßzahn hereingekommen sein musste...“ Eine leichte Verschiebung der Stoßrichtung nach links oder rechts – es ist besser, dies nicht auszumalen…

Eine andere Besuchergruppe von vier Personen hatte einen hölzernen, sehr stabilen Hochsitz hundert Meter von der Lodge entfernt erstiegen, wo es kühler als unten war und man den Tieren auf den Rücken schauen konnte. Wer hat schon die Möglichkeit, Elefanten direkt senkrecht aufs Kreuz zu schauen und zu fotografieren!

Und eine kleine Familie kam auch zügig heran und brachte erst einmal den Hochsitz ins Wanken und Schaukeln: Indem sich alle Mitglieder abwechselnd an den vier Stützen schrubbten und scheuerten, „dass die Heide wackelte“ und die Verfugungen knarrten und ächzten. Aus der Lodge schaute man interessiert zu, weil aber kein Parkwächter mit einigen Warnschüssen zur Verfügung stand, konnte nicht geholfen werden. So musste die Hochsitz-Besatzung oben hocken bleiben, bis es dunkel geworden war und die Elefanten abzogen.

Mein Fototraum auf einer anderen Reise war, Elefanten abends und nachts anzublitzen. Doch auch die starken normalen Blitzgeräte reichten nicht aus, diese grauen und vor Nässe manchmal schwarzen Körper aus einer Entfernung von fünfzig Metern einen Diafilm genügend zu belichten. Darum musste diesmal „der Teleblitz“ mit ins Reisegepäck. Den kennt heute niemand mehr! So funktioniert er: Ein rechteckiger Spiegel wird seitlich der Kamera angebracht und besitzt eine Vorrichtung, mit der ein aufgesetzter Flachblitzer, - die Firma Metz lieferte so einen -, in ihn „hineinblitzt“ und er das Licht in Fotorichtung zurück wirft. Da kann man, je nach Film und Helligkeit des Objektes, hundert Meter weit blitzen.

Bis auf fünfzig Meter wagte ich mich an die Elefanten heran, welche zwischen den Wohnhütten und Zelten der Anlage hin und herwanderten – aber nur, weil ich bei einer Verfolgung mich dort verstecken konnte. Ein anrennender Elefant ist im Nu da, wenn er tatsächlich verfolgen will, und dann geht's ums Ganze! Nach der ersten Blitzlichtaufnahme warf der Leitbulle sein mächtiges Haupt auf und richtete seine „Elfenbeine“ demonstrativ auf mich.

„Schon gut, Chef“, sprach ich ihn an und versteckte mich nicht, „ich gehe ja schon.“

Zwei Schritte zurück und er war's zufrieden. Denn er wollte sich paaren und hatte sein Geschütz schon ausgefahren. Ich sang ein bekanntes Kinderlied und ging dann die noch fehlenden acht Meter an die Szenerie heran. Touristen riefen warnende Bemerkungen, aber die Elefanten hatten mich akzeptiert und ließen mich herrliche Nachtaufnahmen machen.

In einer Lodge in Tansania war der Teufel los!

„Aber das kommt davon“, sagte ein Mitarbeiter von Bernhard Grzimek sarkastisch, „wenn man in Afrika, das eigentlich uns Menschen gar nicht benötigt und das wir räumen sollten, mitten in der Wildnis luxuriöse Abendessen und die beliebten Barbecues veranstaltet."

Ob eine Herde von sechs Elefanten, Leitkuh, Jungbulle, Jungmütter und ihre Kälber hier tatsächlich aufräumen wollten, bleibt dahingestellt. Jedenfalls waren bei ihrem Durchmarsch hier gefüllte Tische, Essenswagen, Stühle, Sessel und Bänke kein Hindernis – immer geradeaus ging's und kein Salat, kein Schüssel und keine Karaffe wurden angerührt; gingen aber meistenteils zu Bruch.

Der Hase von Wangerooge und seine Kollegen

„Irgendeiner klaut die Blumen von unseren Gräbern."

Lamentierte irgendeiner auf der Insel Wangerooge.

„Du hast doch immer eine Kamera bei dir", fuhr er fort, „setzt dich doch mal versteckt hin und fotografiere den Dieb!"

Das machte ich. Dieser Dieb war ein flinker, raffinierter und hungriger, welcher es wohl satt hatte, immer nur die harten und sperrigen Dünenpflanzen aufzuessen. Die richtigen Gärten, die von den Bewohnern der Insel gepflegt und gehegt wurden, waren so gut eingezäunt, dass kein Hase, der etwas auf sich hielt, ein Schlupfloch fand oder den Zaun überspringen konnte. Doch der gesamte Zaun des Friedhofs war löchrig und seine Besucher, oft mit Blumen und Gartengeräten beladen, ließen das Tor oft genug halb oder ganz offen.

Mir ging es genauso, als ich ankam und Stativ, Sitzhocker und Fototasche unter den Armen trug und das Tor mit dem rechten Fuß aufstieß. Schwupp, das huschte jemand zwischen meinen Beinen mit auf den Friedhof und hoppelte ins Gräberfeld hinein: allgemein Meister Lampe und von Herrn Linné *Lepus europäus* genannt. Da sah ich ja den Täter schon, ehe ich irgendwelche Ermittlungen angestellt hatte! Und staunen durfte ich auch noch: Entgegen meiner Erwartung, diesen Hasen nach allen Regeln der Jagd- und Fotokunst anpirschen zu müssen, sah ich ihn fünf Meter neben einer Friedhofbesucherin Rosen auf einem Grab essen und sich den Deubel um diese Frau bekümmern. Also wurde mir schlagartig klar: Er hatte seine Erfahrungen mit Menschen hier vor Ort gemacht, die ihn zwar verbal angingen aber keine Hunde bei sich führten und auch sonst nicht nach grünen Jägern aussahen.

Ich vermied nun aus taktischen Gründen, den Hasen einzuengen und ging unbefangen und normal redend zu der Frau hinüber. Diese sah meine Kamera und sagte:

„Wenn Sie hier in meiner Nähe bleiben und so tun, als machten Sie Grabarbeiten, wird der Hase nicht flüchten. Er kommt jeden Tag um diese Zeit durchs Tor auf den Friedhof und nascht frische Blumen."

Wie recht sie hatte. Für den klugen Hasen mochte mein Stativ wie eine Grabschaufel aussehen, meine gebückte Haltung glich einem Unkrautzupfer und das Klicken der Kamera hörte sich an wie das Berühren der Harke am Grabstein. Damals wurde auf der Insel noch gejagt, weil viele Hasen sich auf der Landepiste herumtrieben und nicht einmal den Flugzeugen ausweichen wollten – vielleicht ist dieser „mein Hase" der Treibjagd zum Opfer gefallen. Es gibt noch weitere Erlebnisse mit Hasen, die ich hier verewigen möchte.

Zum Beispiel die Hasenhochzeit auf Langeoog 1956. Da besaß ich noch kein gutes Teleobjektiv, außerdem regnete es, so dass die Fotos nichts geworden wären. Eine Häsin, welche bekanntlich von den Rammlern, - das sind ihre Bewerber zur Hochzeit -, unermüdlich paarungsreif getrieben werden muss, rannte über die Dünenwege und Radwege der Insel und wurde von elf Rammlern verfolgt. Wenn sie auf einer Dünne innehielt, sich zu erholen oder die Verfolger zu reizen, fochten diese ihre Rivalitäten in sehenswerten Einzel- und Mehrfachkämpfen aus, so dass die Haare ihres Fells stoben und die Ohrfeigen zu hören waren. Dabei kamen Zweimeter-Weitsprünge und Dreimeter-Hochsprünge vor, die kein Eiskunstläufer fertig gebracht hätte. Als Radfahrer auftauchten und anhielten, gab es eine Durcheinander- oder Gemeinschaftsflucht hinter eine nahe Düne. Dort hat dann ein zwölfter Rammler diese Häsin besprungen.

Aus meiner landwirtschaftlichen Zeit bis 1954 erinnere ich mich an ein Hochwasser von 1948 oder 1949, das dadurch entstanden war, dass der Dauerregen auf das gefrorene Land fiel. Innerhalb 24 Stunden schwoll jeder Bach an, die Straßengräben füllten sich und alle Saat und anderes Grünland standen dreißig Zentimeter unter Wasser. Alle Kleinsäuger von der Feldmaus bis zum Maulwurf ertranken damals, auch Kaninchen, die in ihre Baue geflüchtet waren. Jetzt erst erkannte man, wieviel Feldhasen in solchen Revieren lebten: Sie hockten alle auf den Wiesenpfählen. Landleute und Städter, die damals gern wilderten, weil Fleisch noch knapp war, zogen sich Gummistiefel oder Holzklotschen an und wollten sich die Hasen in den Sack stecken – gedacht und nicht getan! Sie flüchteten rechtzeitig und bewiesen den Menschen, dass sie nicht nur rennen sondern auch schwimmen konnten.

Manche Jäger trennen den Feld- vom Waldhasen, was natürlich falsch geurteilt ist. Der im lockeren Wald beheimatete Hase flüchtet jedoch lieber rechtzeitig vor Fressfeinden und Menschen, der das offene Feld bevorzugende „drückt“ sich oft bis zum letzten Moment, zum Beispiel vor mir in meiner Eigenschaft als Fotograf, um erst bei Annäherung von drei Metern aus seiner Sasse (Ruheplatz) aufzuspringen und in wilden Zickzack-Fluchten davonzustieben. Junghasen im Alter von einem Monat, die schon selbständig sind, müssen dieses Verhalten erst noch lernen. Einer, - ich beobachtete es durchs Fernglas -, schätzte die anmarschierende Bäuerin falsch ein: Sie trat ihn mit ihren Holzschuhen tot und merkte es gar nicht…

Hofhund Nepomuk, an einer Kette vegetierend, brauchte jede Woche einmal Auslauf und bellte dann solange, bis der Bauer ihn freiließ. Nachdem er alle erreichbaren Bäume bepinkelt und auch seine Häufchen gemacht und verscharrt hatte, trollte er sich ins Feld, um Hasen und Kaninchen zu hetzen und Fasane in die Luft zu treiben. Ein Männchen bauender Hase erregte seine Aufmerksamkeit: Nichts wie hin, ihn ordentlich durchschütteln und dann Herrchen zum Mittagessen servieren! Doch der couragierte Rammler versetzte ihm einen Hagel Maulschellen, Ohrfeigen und Backpfeifen, dass die Hundehaare flogen und Nepomuk ein Geheul anstimmte, welches die Landleute an die Tieffliegerangriffe anno 1945 erinnerte. Von Hasen wollte Nepomuk bis an sein Lebensende nichts mehr wissen!

Meine letzte hier geschilderte Hasengeschichte fand mitten im Hochwald des Sauerlandes statt und zeigte mir, welch feine Sinne solch ein stets gejagtes Stück Wild besitzt. Ich saß abwartend auf einem Hochsitz, der auf einen langen schnurgeraden Waldweg Hunderte von Metern Einblick gewährte. Hier kreuzte Rot- und Schwarzwild gerne auf. Auf dem Weg, wie erfahrene Hasen das bevorzugt tun, baute ein Waldhase seinen Kegel und äugte unentwegt, mit spielenden Ohren, auf einen bestimmten Punkt der Straße. Dort tauchte, fünfzig Meter von ihm entfernt, ein Fuchs auf und starrte ihn an. Auch der schnellste Fuchs ist nicht in der Lage, einen Hasen im Spurt einzuholen.

So mochte dieser Schlauberger an eine andere Strategie denken. Er begann nun in einem großen Bogen von 180 Grad den Hasen zu umgehen, um ihn dabei langsam aber sicher näherzukommen. Diese Umgehung fand im Forst statt und konnte weder vom Hasen noch von mir beobachtet werden. Aber der Hase drehte sich in diesem Halbkreis mit und siehe da, als der Fuchs die ersten 90 Grad hinter sich gebracht hatte, stand der Hase quer zum Weg. So ging es weiter: Der Hase drehte sich nun nach links mit, in meine Richtung, und als er hierhin sah, stand der Fuchs wieder auf dem Weg! Dieser trabte nun langsam auf den Hasen zu, als wollte er sowieso in diese Richtung, aber da ließ der Hase nichts anbrennen und stürmte in den Wald davon.

Treibjagden, auch wenn sie für die meisten Teilnehmer „normal“ ablaufen, haben immer ein Hauch Dramatik an sich – schließlich geht es bei den Getriebenen um Leben und Tod. Ich war eingeladen worden, bei einigen Treibjagden auf offenem Ackerland dabei zu sein. Klar, man kann dabei „dolle Fotos“ machen von Fasanen, die aus der Luft fallen, von Hasen, die sich im Schrot überschlagen und von Jagdhunden, die das Letzte aus ihren Lungen herausholen. Doch nur, wenn das Wetter mitspielt: Die Szenen verlangen kurze Verschlusszeiten von 1/500 und 1/1000 Sekunden, die ohne Sonnenlicht nie zustande kommen. Das Wetter spielte nicht mit, und so beschloss ich, nur ein Treiben zum Kennenlernen mitzumachen.

Ein von den Treibern aufgescheuchter Hase begann diesen entgegen zu laufen, schien aber von einem Schützen knapp ein Schrotkorn verpasst bekommen zu haben, und sofort setzte sich „Bello von Hagenau“, ein lauffester preisgekrönter Deutsch-Drahthaar, hinter ihn. Es war interessant, das Laufduell Hund-Hase oder umgekehrt zu beobachten: Immer holte Bello auf und wollte schon zuschnappen, da schlug der Hase seinen sprichwörtlichen Haken und Bello lief zwanzig Schritt ins Leere. Ehe er dann die Kurve wieder gekratzt hatte, war der Hase zehn oder fünfzehn Meter voraus. Kein Schütze mochte schießen. Aber es war klar und auch tatsächlich so, dass der stärkere Hund hier Sieger bleiben würde.

Ich wünschte dem tapferen Hasen alles Gute, und das half diesmal! Mit letzten Kräften und, hätte er eine Zunge gehabt mit hängender wie beim Verfolger, fetzte er zwischen zwei Schützen aus dem Treiben und warf sich unter den niedrigsten der geparkten Wagen; ein Mercedes außerdem. Dort blieb er und durfte erleben, dass Bello mit dem Kopf gegen die Karosserie prallte und benommen zu Boden ging. Alle Augenzeugen klatschten dem Meister Lampe Beifall und nachdem die Hunde angeleint waren, fuhr der Besitzer seinen Wagen vorsichtig vor: Da hockte der Hase überraschend im Freien und nahm das Angebot gebotener Flucht wahr – Applaus und nochmal Applaus begleiteten seine Wiedergeburt; bis zum nächsten Jahr!

Auf unblutiger Fallenjagd

Unter den 250.000 Naturaufnahmen, die ich gemacht habe, befinden sich etliche, die ohne meine direkte Anwesenheit am Tatort entstanden sind. Ich schlief derweil zu Hause im Bett – das nennt man moderne Fallenstellerei ohne Opfer!

Was verberge ich hinter diesem Begriff? Nichts Neues. Es geht einfach darum, das Wild fotografisch zu erwischen, wo es durch Ansitz oder Pirsch schwierig oder störend ist. Es gab schon in den 60er-Jahren Einrichtungen, die man „Lichtschranken" nennt, jeder Besucher des Supermarktes weiß um die Türen, die sich automatisch schließen und öffnen. In der Fotografie wirken sie, dass sich Wild selbst fotografiert, wenn es in den eingestellten Bereich gerät. Ab den 70er- und 80er-Jahren wurden sie erheblich verbessert.

Aber sie waren nicht geeignet, eine ganze Nacht draußen im Revier aktiv zu sein und außerdem zu empfindlich gegen Witterungseinflüsse. So ging ich einen anderen, recht archaisch wirkenden Weg, um zum Beispiel das Wild an Bach- und Grabenquerungen und auf seinen Wechseln nachts abzufangen: Ein etwa dreißig mal fünfzig Zentimeter großes Trittbrett baute ich so zusammen, dass es beim Betreten durch einen Fuß den Mikroschalter in Tätigkeit setzte, der wiederum die Hasselblad 500 EL auslöste und zur nächsten Aufnahme bereit machte. Diese war natürlich immer mit einem Blitzlichtgerät gekoppelt, das seine Energie über zwanzig Stunden halten konnte. Dieses Trittbrett baute ich vorsorglich Tage vor den Aufnahmen so in die Erde ein, dass es von zutretenden, ankommenden und abspringenden Rehen und anderem Hochwild nicht mehr gewittert werden konnte. Dann, als ich kontrollierte, dass es „benutzt" worden war, schloss ich eines Frühabends die

Kamera an und ließ sie bis zum anderen Morgen stehen. Fast in jeder der folgenden Nächte kamen Aufnahmen zustande, die alle Volltreffer waren. (Siehe die beigefügte Achterseite!)

Ich möchte allen Kollegen, die mit den heutigen perfekten Lichtschranken arbeiten, die Vorteile meines Systems darlegen:

1.) Es ist leichter und mit weniger Vergrämungen des Wildes einzubauen.

2.) Es ist absolut zuverlässig und arbeitet auch bei hohen Frostgraden und Regengüssen einwandfrei.

3.) Es braucht nicht wie eine Lichtschranke punktgenau justiert zu werden.

4.) Es arbeitet ohne eigene Stromquelle und verbraucht nur im Augenblick der Auslösung und des Filmtransports Strom der Kamera.

5.) Das robuste Trittbrett kann zur Eingewöhnung und Abwitterung tagelang vorher eingebaut werden und auch tagelang an Ort und Stelle verbleiben.

Das Risiko, weil die Kamera über Nacht „allein“ bleibt, kann man gering halten, wenn man bis zur Dunkelheit vor Ort bleibt und morgens vor Hellwerden zurückkommt.

Beim Zustandekommen einiger Aufnahmen war ich damit Augenzeuge. Das runde Sichtbild des Nachtglases zeigte mir eine Ricke, die sich dem Auslösepunkt näherte und die schräge Uferböschung hinabstieg, um von dort abzuspringen. Dabei trat sie wohl mit den Hinterläufen aufs Trittbrett, die Kamera mit Blitz löste aus und vor Schreck drehte sich die Ricke am anderen Ufer um sich selbst und sprang zurück. Sie landete dabei mit den Vorderläufen auf dem Trittbrett und fotografierte sich noch einmal! Empört rufend flüchtete sie durch den Wald davon.

Solche lauten Szenen pflegen anderes Wild vorsichtig bis scheu zu machen. Aber in den folgenden Stunden, wo ich schon im Bett von Fotoserien träumte, fotografierten sich noch ein Bock, ein Frischling, ein Hase und ein Fuchs.

Nicht immer gab es diese Erfolge. Sie hingen vom sorgfältigen Abwägen ab, ob der entdeckte Wechsel (Weg des Wildes) momentan belaufen war. Dazu bringe ich ein anderes Abenderlebnis. Wieder wartete ich im Auto die endgültige Dunkelheit ab, als ein Trupp Rehe zwanzig Meter neben meiner Ausrüstung über den Bach sprang und auf dem Roggenfeld zu äsen begann. Pech gehabt? Plötzlich warfen alle Rehe auf (hoben die Köpfe) und äugten (sahen) auf die Stelle, wo meine Kamera stand. Im Glas sah ich, dass ein Rehbock sich den anderen Rehen zugesellen wollte und meinen Wechsel annahm. Im Blitz sah ich ihn kurz mit aufleuchten. Er störte sich nicht daran und trat gemütlich zu seinen Genossinnen. Wildtiere sind Blitze von Gewittern her gewöhnt und im ersten Erschrecken bekommen sie meist das Kamerageräusch nicht mit.

Die Trappen der Extremadura

Die Großtrappe Europas (*Otis tarda*), wusste ich bereits vor meiner Reise nach Spanien, ist der scheueste Vogel der Welt. Ich hatte sie schon in den 60er-Jahren im Burgenland kennengelernt und wusste auch, dass alle Bemühungen, sie aufs Bild zu bannen, eine harte Sache sein würden. Will man sie während ihrer Balz im Frühjahr fotografieren, muss man früh aufstehen und spät zu Bett gehen. Ich möchte das für alle Laien hier kurz verständlich erklären.

Trappen leben grundsätzlich auf flachen und kilometerweit überschaubaren ebenen Flächen wie Wiesen und Weiden, Savannen, Prärien und Steppen mit möglichst karger

Bepflanzung von Bäumen und Sträuchern – so, wie unsere Erde einst im Großen und Ganzen ausgesehen haben mag. Weil diese Flächen in den letzten Jahrhunderten bis in unsere Tage hinein immer seltener geworden sind, hat auch die Zahl der Trappen in Europa stark und unaufhaltsam abgenommen.

„Der männliche Großtrappe", weiß Altmeister Alfred Edmund Brehm zu berichten, „ist ein stattliches Geschöpf, ebensowohl was den Leibesumfang als was die Haltung anlangt... in Spanien belebt er die weiten, fruchtbaren Ebenen beider Kastilien, der Mancha, Estremaduras und Niederandalusiens..."

Das hat der Meister vor über 150 Jahren berichtet. Ob es heute noch so ist – das zu erforschen und in Bildern festzuhalten, machte ich mich 2005 auf nach Spanien. Zwar hatte ich bereits in den 60er-Jahren im österreichischen Burgenland auf Trappen angesessen, was man nur zögerlich gestattete, und in Deutschland habe ich eine Verweigerung gar nicht erst riskiert. Die spanischen Naturschützer, dem Tourismus gegenüber wesentlich aufgeschlossener als ihre deutschen Kollegen, haben für einige Trappenreviere einen Kompromiss gefunden, der es engagierten Naturfotografen ermöglicht, den Trappen so hautnah zu kommen, sofern man das nötige Stehvermögen im Sitzen mitbringt. Paradox? Durchaus nicht!

Es gibt zwei Möglichkeiten: Entweder der Ansitz in den bevorzugten Balzrevieren im Frühjahr oder ein solcher im Sommer an einer Tränke, welche die großen Vögel in der Trockenzeit aufsuchen müssen. An den Tränken hat man Fotografierzelte aufgestellt, in denen man vor Durst umkommen kann, wenn man nicht genug Trinkbares mitgenommen hat. In den traditionellen Balzgebieten der Trappen hat man seit „Urzeiten“ feste Steinhütten stehen gelassen, welche den Schafhirten als Unterkünfte dienten. Heute werden diese zwei bis drei Quadratmeter kleinen aber wetterfesten Häuser an Fotografen vermietet. Weil sie, wie geschrieben, seit Urzeiten in der Landschaft stehen, sind sie für die überaus scheuen Vögel zu einem Teil eben dieser Landschaft geworden. Aus Schieß- oder Sehscharten heraus kann man fotografieren. Man muss dabei jedoch so behutsam sein, dass die Vögel, - oft stehen sie drei bis fünf Meter vor der Hütte -, nicht misstrauisch werden.

Wo liegt nun die angekündigte Mühsal und Schwierigkeit bei den Ansitzen? Man **muss** diese Ansitze in tiefer Dunkelheit, also etwa um 4 Uhr, beziehen und darf sie nur in tiefer Dunkelheit, etwa um 23 Uhr, erst wieder verlassen. Der Grund dieser drakonischen Maßnahme liegt im Verhalten der Trappen: Sie beobachten kilometerweit ihren Lebensraum und wenn sie sehen, dass ein Fotograf hellichten Tages die Hütte bezieht oder verlässt, kommen sie die restlichen Tage des Jahres hier nicht mehr vorbei – das haben Ornithologen präzise herausgefunden. Damit ist das fragliche Gebiet für die Trappen verloren. Also: Ein solcher Beobachtungs- oder Fototag scheint länger als 24 Stunden zu sein, den ungeübten Besuchern erlahmt das Sitzfleisch, Stunden, in denen nichts geschieht, zerren an den Nerven und wer nicht in Sachen Bedürfnis vorgesorgt hat, kommt in die Bedrouille.

* * * * * *

So möchte ich jetzt einmal einen Großtrappen-Ansitztag in der Extremadura schriftlich vorüberziehen lassen. Da hat man sich von einem Helfer um 4 Uhr in die Hütte bringen lassen und natürlich eine bequeme Sitzgelegenheit, genügend zum Trinken und Essen und Lesen mitgenommen. Bis 6 Uhr kann man noch dösen oder schlafen, dann wird es hell und man sieht aus den Sehschlitzen die ersten weißen Punkte in der Serena: das können nur Schafe oder balzende Trapphähne sein! Wenn man mit dem Fernglas festgestellt hat, dass es Trappenhähne sind, kann man hoffnungsvoll in einen langen Tag blicken, denn sowohl die alten wie jungen Hähne als auch die sich allmählich einstellenden Hennen wandern gern zu Fuß oder auch im Flug. Bis es soweit ist, vertreiben uns andere Steppenbewohner in der Nähe der Hütte die Zeit: Geckos krabbeln im sonnigen Fenster herum, eine starke Perleidechse (*Lacerta lepida*) sucht den Schatten der Hütte und auf einem leicht erhöhten Stein fußt ein Steinkauz auf – Abwechslung allenthalben, nur die Trappen kommen nicht näher.

Inzwischen ist es 11 Uhr geworden, in heißen Gegenden ist das bereits für Mensch und Tier eine Ruhepause wert. Auch der Fotograf duselt ein, nimmt einen Schluck aus der Flasche und macht sich über seine Wegzehrung oder über ein Buch her. Das dauernde Beobachten durch die zwei Sehschlitze, - es dürfen keine gegenüber liegen, weil die Vögel dann Bewegungen in der Hütte als Schattenrisse wahrnehmen würden -, ist sehr ermüdend. Außerdem ist das steile Sonnenlicht von 11 Uhr bis 15 wenig fotogen. Ab 16 Uhr heißt es aber aufzupassen.

Nachmittags fangen die Trappen an zu wandern, entweder in der Luft oder auf dem Boden, und ein Neuling mag sich wundern, in welchem fördernden Marschtritt ein Hahn ein paar Kilometer zurücklegt. Plötzlich Flügelrauschen: Ein Trupp Trappen hat sich drei Kilometer entfernt, nur im Fernglas sichtbar, synchron in die Luft erhoben und kreist nun mit schweren Flügelschlägen über der Hütte. Plötzlich ist diese mit dem Fotografen Mittelpunkt des Trappenlebens geworden. Nun heißt es äußerst behutsam beim Stellungswechsel von Sehschlitz zu Sehschlitz vorzugehen, wenn einige Tiere auf wenige Meter herangekommen sind. Das meist mit einer großen Frontlinse versehene Teleobjektiv kann bei Gegenlicht und nun tiefer stehender Sonne stark reflektieren. Man mache sich bewusst, dass es sonst nirgends auf der Erde ein Wildtier gibt, das so empfindlich gegen Störungen ist wie eine Trappe.

Schwindet nun das Licht und hat man ein paar Filme im Kasten, kann man sich gemütlich entspannen, bis bei völliger Dunkelheit der Helfer zum Abholen kommt. Niemand darf hier allein losgehen. Die Knochen sind steif geworden, Muskelkater des Nichtbewegens wird sich morgen einstellen – alles aber wird von Freude und Erfolgserlebnis überlagert und die größte Freude stellt sich zu Hause ein, wenn man die entwickelten Filme ansehen kann. (In digitaler heutiger Zeit kann man seine Ergebnisse allerdings sofort nach den Aufnahmen begutachten!)

Damwild-Impressionen

Jeder Jäger hat, heißt es, sein Lieblingswild, das er hegt, pflegt und schießt. Tierfotografen sind ebenfalls Jäger, heißt es auch, und mir jedenfalls geht es genauso. Das zur kurzen Einleitung dieses Kapitels. Unser „kleiner Hirsch“ (*Dama dama*) genießt in Jägerkreisen weniger Ansehen als das Rotwild, aber wer es einmal bejagt hat, weiß ein Jägerliedchen davon zu singen, dass es ihm ebenso ein Schnippchen zu schlagen in der Lage ist wie sein größerer Vetter. Wir haben hier nicht den Raum, über die Herkunft dieses Wildes in unseren Revieren viel Worte zu verlieren – ein

Fremdling ist das Damwild, ganz klar, aber wo es eingewildert wurde, ist es richtig heimisch geworden.

Ich habe das selbst erlebt und verfolgen können und berichte hier vom Aufbau und der Entwicklung eines Bestandes. Das weitläufige Revier, das vorgesehen wurde, beherbergte bisher an „hohem" Wild nur Rehe und Sauen und besaß viel ruhige Partien, die wegen ihrer Mückenplage und Unwegsamkeit wenig von Wanderern aufgesucht wurden. Es gab kaum gepflegten Mischwald aus Buchen und Eichen, dafür viel Unterholz und einige dichte Fichtenbestände. Rundum war der Forst von bäuerlichen Betrieben und ihren Äckern und Weiden umgeben, die Forstwege selbst waren so beschaffen, dass sie nur von Pferdegespannen in trockenen Perioden befahren werden konnten. Früher ausgerodete Lichtungen und Schneisen lagen gut versteckt im Revier, das erst nur vom Emmerbach und der Kreisstraße, später auch von der Autobahn durchschnitten wurde.

Hier wurden nun 50 Stück Damwild ausgesetzt: Weibliche Tiere mit ihren Kälbern, Hirsche vom ersten bis zehnten Kopf, die natürlich ziemlich zahm waren und Menschen nur als Futterspender kannten. Auch Straßenverkehr kannten diese Tiere nicht. Doch schon vier Wochen nach der Freilassung begannen die meisten weiblichen Tiere den Menschen auszuweichen, die Hirsche brauchten Monate länger, bildeten aber die bekannten Rudel und sonderten sich ab. Die umliegenden Landwirte wurden vom Jagdherrn angehalten, Gärten plündernde Hirsche zu vertreiben und bekamen etwaigen Wildschaden ersetzt. Im nächsten Sommer wurden 15 Kälber gezählt, die alle hochkamen. Schon im Herbst gedachte der Jagdherr zwei der ältesten Hirsche zu schießen. Der Fund einer Abwurfstange (des halben Geweihs) bestätigte, das ein paar kapitale Burschen sich im Revier aufhielten.

Bevor diese Jagd anging, machte ich mir mit Erlaubnis einige meiner speziellen Fotoansitze, meist an Schneisen und Waldwegen, wo Trittsiegel verrieten, dass sich Wild hier gern herumtrieb. Darüber lasse ich jetzt ein paar Abenteuer folgen, welche man nur vor Ort erleben kann, wenn man stundenlang von morgens bis abends ansitzt. Da konnte ich einmal den heißen Atem eines brunftigen Hirsches im Nacken spüren, der herangekommen war und mein Versteck inspizieren wollte. Meine Telekamera zeigte in die andere Richtung. Doch ich hatte, aus Schaden klug geworden, vorgesorgt und griff zur KB-Kamera Robot Royal. Ich führte sie langsam über meinen Kopf und löste die Serienschaltung aus, welche fünf Bilder in der Sekunde machen konnte. Diese hielt der Hirsch aus, ehe er sich schnaufend und mit einem Vorderlauf scharrend davonmachte. Die Fotos waren leider nicht sehenswert und wanderten zu Hause in den Rundordner (Papierkorb).

Einmal sah ich vom Auto aus über fünfzig Stück Damwild während der Mittagsruhe auf einem abgeernteten Kornfeld liegen, ruhen und wiederkäuen. Die Aussicht ergab, dass diese Tiere nicht vom Feld her anzugehen, aber durch den benachbarten Forst anzupirschen waren. Ich parkte das Auto und machte mich zu Fuß auf, um über eine Umgehung von einer Stunde das fertigzubringen. Eine Stunde! Wie schnell konnte es passieren, dass ein paar Wanderer, Waldarbeiter oder andere Störenfriede mir zuvorkamen und das Wild vertrieben!

Aber es klappte. Als ich in Gegenrichtung schon auf fünfzig Schritt heran war, spürte ich auch den für mich günstigen Gegenwind und musste nur an eine stämmige,

400 Jahre alte Eiche gelangen, um hinter ihr die Handkamera mit einem 350er-Objektiv hervorlugen zu lassen. Ein Alttier eräugte mich dabei und erhob sich. Nun konnte im Nu die ganze Chose verpfuscht werden! Also Kamera hochgerissen und „ab ging die Post!" Beim ersten Geräusch erhob sich diese ganze Familie und blieb eine halbe Minute wie gebannt stehen, wie ausgerichtet sogar, um dann wie auf ein Kommando gemeinsam und ohne Hast zu fliehen. Aber wie viel Aufnahmen macht eine moderne Kamera in einer Minute...

Im zweiten Frühjahr der geschilderten Ansiedlung fiel mir in einer demnächst zu mähenden Heuwiese etwas auf: dass einige Pflanzen zwischen den Gräsern standen und diese überragten – jetzt bewegten sie sich sogar! Also her mit dem Fernglas! Sie entpuppten sich als Enden (Spitzen) von Geweihen, die jetzt, im Frühjahr, noch mit einer Basthaut überzogen waren. (Diese Basthaut ist weich und schützt das wachsende Geweih oder Gehörn vor Beschädigungen.) Hier war also klar, dass sich ein Rudel Damhirsche „im Bast", wie die Jäger sagen, im hohen Gras niedergelassen hatte. Wie konnte ich sie anschleichen? Zunächst einmal gegen den Wind, und so musste ich einen Bogen über einen Acker schlagen, um ihnen von der richtigen Seite zu kommen. Ich hoffte nur, dass der Bauer mich nicht beobachten würde, denn er liebt es nicht, wenn hohes Gras niedergetreten wird.

Doch ich wählte schließlich eine andere Methode: hinsetzen und abwarten. Ruhendes Wild, wusste ich, erhebt sich hin und wieder, um seine Notdurft zu verrichten und gleichzeitig Ausschau zu halten – es würden gewiss keine sechzig Minuten vergehen, bis das geschah. Und es geschah! Sogar günstiger für mich, als ich es hatte hoffen dürfen. Ein Hirsch, schön sommermäßig mit hellbraunem Fell und weißen Punkten betupft, mit wenig Bastgehörn auf dem Kopf und gewiss einer, der spätestens bis September sehenswerte Schaufeln tragen würde, erhob sich, pupte, küttelte und pinkelte sich aus. Dabei drehte er mir den Rücken zu und überhörte ganz offensichtlich das ziemlich laute Geräusch der Motor-Hasselblad. Der Film wurde voll, rasch setzte ich das zweite Magazin an.

Ein Junghirsch mit ersten Spießen auf dem Kopf erhob sich ebenfalls und äugte in meine Richtung. Alle Wildarten, die der Bewirtschaftung durch den Menschen unterliegen, kennen diesen nur „als aufrechte" Erscheinung. Doch ich hockte wie ein Wurzelzwerg da und unterließ vorläufig jede Tätigkeit. Er beruhigte sich nicht, schnaufte irritiert und stampfte mit einem Lauf (Bein) den Boden. Ein Alarmzeichen war das! Und prompt bauten sich vor mir, in günstiger Aufnahmeentfernung von fünfzig Metern, sechs Damhirsche verschiedenen Alters auf und versuchten herauszubekommen, was oder wer da im hohen Gras hockte. Eine Minute nur – aber da hatte ich meine zwölf 6x6-Fotos im Kasten und konnte die Leichtigkeit bewundern, mit welcher das Wild flüchtete: Zwischen Autos die Straße querte, Wiesenzäune übersprang, dabei Kühe unruhig machte und schließlich mit Riesensätzen über ein hölzernes Hecktor im heimischen Wald abtauchte.

Ich habe festgestellt, dass Damwild besser sehen kann als Rotwild. Es ist allgemein lebhafter als dieses und wachsamer auch – vorausgesetzt, es hat sich endgültig eingebürgert und akklimatisiert. Aber es ist immer noch so, dass ein Jäger, will er renommieren, dieses mit einem Rothirschgeweih effektiver kann als mit einem Schaufelgeweih. Das trifft auch auf jägerische Laien zu, denen ich Fotos von beiden vorlege.

Allerlei Tierwelt vor der Kamera

„Was fotografieren Sie am liebsten?“, werde ich oft gefragt. Meine Antwort lautet immer: „Von der Blattlaus bis zum Elefanten.“ Dieses vorliegende erste Buch meiner tierfotografischen Erinnerungen trägt den Untertitel „Meine Wildtiere und ich“ und meint damit alle „wilden Tiere“, die noch bejagt werden oder früher, als sie noch häufig vorkamen, bejagt wurden. Das waren zum Beispiel Fischotter, Murmeltier und Biber, welche dem Fotografen alles abverlangen, wenn er gute Fotos machen will. Als „Kleinzeug“ möchte ich hier alle Marderartigen vom Dachs bis echte Marder, Iltis und alle Wiesel bezeichnen, auch Hamster, Eichhörnchen, Hasen und Kaninchen, Bisamratten und Nutrias. Wer meine Arbeit kennt weiß, dass ich mich jahrelang mit Mäusen beschäftigt habe, (siehe im gleichen Verlag „Ein Mäusekrieg von 1938 bis 1954“, ISBN 978-3-96103-219-8). Ich werde, sofern ich dazu komme, noch die Teile „Meine Reptilien und Amphibien und ich“, „Meine Vögel und ich“ und „Meine Haustiere und ich“ veröffentlichen.

Was ich so alles mit „dem Kleinzeug“ fotografisch und als echter Tierfreund erlebt habe, versuche ich hier interessant zu Papier zu bringen. Man beachte den außerordentlich langen Zeitraum, den mein Haupttitel vermittelt: „80 Jahre mit Tieren auf Du“.

Bei den Murmeltieren. Es war in meiner fotografischen Frühzeit, da fuhr ich von Dortmund aus mit Touropa nach Hindelang im Allgäu, um Gämsen, Murmeltiere und wirkliches Kleinzeug wie Alpensalamander und Wasseramseln zu fotografieren. Ich weiß nicht mehr, wie der Berg heißt, auf den mich ein Kenner der Murmeltiere schickte. Auf jeden Fall war es ein vierstündiger Anstieg zum Murmeltier-Revier, der mir einen kapitalen Muskelkater bescherte. Oben angekommen entdeckte ich sogleich ihre erste Kolonie, aber sie entdeckten auch mich und zogen es vor, in ihre unterirdischen Baue zu flüchten. Fotoverstecke gab es hier oben nicht, so baute ich meinen Rucksack vor mir auf und verkroch mich hinter ihm – wartend der Dinge, die kommen sollten. Nach einer Stunde schob der amtierende Wächter der Kolonie seinen stumpfen Kopf ins Freie und ließ mich hoffen, dass Nachfolgendes nicht lange auf sich warten lassen würde. So wurde es 12 Uhr mittags.

Fünf Minuten später brachen alle meine Hoffnungen auf Foto-Beute zusammen: Vom Tal her schallten Glocken, ihre Töne wurden lauter, zwischendurch ertönte das melodische Muhen zufriedener Kühe – da war ich mitten in den Almauftrieb gekommen: Verdammt und zugenäht! Schon sah ich die ersten Kühe sich ausbreiten und die besten Grasbüschel suchen, da durchzuckte mich ein Hochgebirgsblitz: Zehn Meter von mir entfernt kroch erst der Wächter aus dem Bau, dann kam seine zahlreiche Verwandtschaft hervor und bestaunte die ankommenden Rindviecher, zwischen denen auch Menschen liefen. Ich führte noch nur die Exakta Varex mit 135er- und 360er-Objektiv. Motorantrieb gab es noch nicht. Aber niemand meiner munteren Darsteller kümmerte sich um mein Hantieren beim Filmwechsel, beim Einlegen des Films und während der Objektivwechselei – ich arbeitete wie ein Hoffotograf in seinem Atelier: Zehn 36er-Filme in neunzig Minuten, da kann wohl von Handarbeit die Rede sein...

Zehn Jahre später stieg ich über 99 Kurven von Rohrmoos im Allgäu aus auf den Piesenkopf, den mir Revierförster Rupprechter als Murmeltierrevier genannt hatte. Das war zwar kein Krachseln, aber für einen ungeübten und untrainierten Städter doch eine Herausforderung, zumal ich den Weg von Tiefenbach nach Rohrmoos ebenfalls zu Fuß zurücklegen musste. Im Rucksack steckten neben flüssiger und fester Verpflegung die Kamera, ein 500er-, 250er- und ein Makroobjektiv, um auch Blumen und Pflanzen fotografieren zu können, außerdem ein Blitzgerät, um Schatten aufhellen zu können. Regensachen mussten ebenfalls mit dabei sein, denn es machte zwar nichts aus, wenn ich durchweichte, aber die teuren Geräte und nach der Belichtung wertvollen Filme sollten natürlich trocken bleiben. So schleppte ich 40 Pfund im Wert von 6.000 DM den Berg hinauf. Oben angekommen wäre ich beinahe in einen alten Brunnen gestürzt, den die Älpler, die hier ihre Rindviecher herauftrieben, nicht zugedeckt hatten. (Unten reklamierte ich das, aber niemand interessierte sich dort für Unfallverhütung.

Der Tag lohnte sich aber. Nachdem ich einen Platz auf der Alm gefunden hatte, dem an den Spuren „der Spielplatz für junge Murmeltiere“ anzusehen war, ließ ich mich dort dreist ungedeckt nieder und harrte nicht lange der Dinge, die sich tun sollten. Schon nach drei Minuten schob sich ein halbstarkes Murmeltier rückwärts aus dem Erdloch, weil es innen von einem Geschwister getrieben wurde. Dann waren beide draußen und balgten sich vehement und fast ernsthaft, dass sie mich auf fünf Meter Entfernung gar nicht wahrnahmen. Noch doller: Ein Tier, das einen derben Stoß bekommen hatte, purzelte mir unter die Kamera an meinen Rucksack – hier trat wieder einmal eine Szene ein, bei der ich bedauerte, stets allein zu arbeiten und nicht selbst fotografiert zu werden!

Im Lauf des Mittags, der echtes Fotowetter bescherte, wurde ich Mitglied der Familie *Mormota mormota* – so heißen Murmeltiere nach Linné. Auch Eltern und Großeltern scherten sich nicht um mich, so gut getarnt und der Landschaft angepasst wirkte ich. Wenn ich später „Kollegen" fragte, „haben Sie schon einmal zusammen mit Murmeltieren zu Mittag gegessen?", winkten sie ab und wollten solche Scherze nicht hören; und doch! Da saß ich nun inmitten einer Murmeltier-Kinderschar und musste mein Mittagessen mit ihr teilen: Drei bayerische Semmeln mit Leberwurst, Weißwurst oder Camembert, zwei „Schnakerli", das sind Schnecken vom Bäcker, einen Brocken Hartkäse, zwei Frankfurter, eine Banane, eine Apfelsine und zwei Äpfel. Nur meinen noch warmen Tee aus der Thermosflasche teilte ich nicht mit diesen Vielfraßen. Ich verstehe Murmeltiere ja: Zwar mag es aus der Sicht von Hausärzten und Apothekern gesund sein, knackige Alpengräser, blaue Enziane, Trollblumensalat mit Edelweißblättern zu essen – aber immerzu, Tag für Tag ohne Abwechslung: nein danke!

(Am Abend erzählten mir Bergsteiger, die bis oben gegangen waren, sie hätten mich mit ihren Ferngläsern beobachten können und dabei viel gelacht.) Nachdem alles Essbare verputzt war und sich über hundert Aufnahmen im Kasten befanden, zog ich mich wie unauffällig zurück, um bessere Übersichtsaufnahmen machen zu können. Einmal kam ein Trupp Gämsen vorbei, die mich nicht erkannten, aber in „meinen Wind" gerieten – hopplahopp, das wurde eine muntere Flucht über Stock und Stein ins Tal hinab! (Wir Menschen sind halt nicht überall gern gesehen oder gerochen!) Eine Stunde später sah ich einen Fuchs, der sich mit allen Anzeichen räuberischen Lebens den jungen Murmeltieren zu nähern versuchte. Der laute Klick meiner Hasselblad 500EL verdarb seine Absicht, er verdrückte sich unauffällig. Ich verabschiedete mich von „meinen" Murmeltieren und stieg zum Grat auf, um dann diese 99 Kehren abwärts nach Rohrmoos zu nehmen. Nur der Ordnung halber erwähne ich, dass ich in der Nacht vor beginnendem Muskelkater kaum geschlafen habe. Heute gibt es an vielen Stellen der Alpen, vor allem in der Nähe Gasthäusern und Herbergen, Kolonien von handzahmen aber frei lebenden Murmeltieren, die in einer Jahreszeit, in der ihresgleichen sich zum Winterschlaf zurückgezogen haben, noch munter sind und sich füttern und fotografieren lassen.

Die Biber von Torgau. Kaum dass die DDR im Sterben lag, und schon machten sich westdeutsche Fotografen auf die Socken, jenseits der Elbe zu fotografieren.

„In Torgau an der Schwarzen Elster, mitten in der Stadt, treiben sich Biber herum."

Ich machte soeben Familienurlaub in Bad Harzburg und nahm den Straßenatlas her, um einen Überblick zu gewinnen: „Kann ich das in einem Tag schaffen?"

Konnte ich. Frühmorgens um 6 Uhr los, um 9 Uhr war ich an Ort und Stelle und als ich das Auto parkte und mein Fernglas hervor nahm, trat ein Anlieger herbei und sagte:

„Hier an der Elster schwimmen sie hin und her, diese Biber, denen es an der Elbe nicht gut gefällt. Gibste mir nen paar Westknete, helfe ich dir."

Klar, was waren für unsereins damals 50 DM! Ich gab sie Heinrich Klein gern her.

Die mehr einem Bach als einem Fluss ähnliche Elster wird von zahlreichen Brücken gequert, welche Möglichkeiten bieten, schwimmende Biber von oben zu fotografieren. Biber lieben zwar Dämmerung und Nacht und sind sehr heimlich, wo sie den Menschen fürchten, aber wo sie in seiner Nähe siedeln, haben sie sich an ihn gewöhnt. Das konnte ich jetzt spüren. Mein Begleiter, der schon seit fünfzig Jahren Biber beobachtet, sagte, dass sie früher viel scheuer gewesen seien als heutzutage.

„Hier“, sagte er, „wo wir jetzt am Ufer stehen, sind sie früher sogar mit Obst und Gemüse gefüttert worden. Der Magistrat von Torgau meinte, sie damit vom Benagen und Fällen von Bäumen im Uferbereich abhalten zu können. Das könnte stimmen.“

Während wir debattierten beobachteten wir den Wasserlauf. Wo wenig Bewuchs ist, kann man die anrudernden Tiere an der Kiellinie gut erkennen. Häufig transportieren sie dabei zwischen den starken Kiefern frische Äste und Zweige, um diese am Ufer gemütlich und gemächlich beknabbern zu können. Frische Baumrinde gehört zu ihren Lieblingsspeisen.

„Da kommt einer angerudert.“

Ich schaute flussauf und richtete bereits die Hasselblad auf ihn. Sehr behilflich wäre bei solchen Bewegungsaufnahmen ein Autofokus, weil er die sich verändernde Entfernung automatisch korrigiert. Aber eine Hasselblad-Autofokus gab es noch nicht. Ich hatte auf einen bestimmten Punkt im Wasser, ein Seerosenblatt, scharfgestellt und löste die Kamera mit Blitzlicht in dem Moment aus, als der Biber ihn erreichte. Er zuckte zusammen, stoppte, klatschte einmal mit dem breiten Schwanz das Wasser und verhoffte – was in der Jägersprache „abwartend“ heißen kann. Gut so: Da konnte ich eine zweite, dann eine dritte Aufnahme folgen lassen, bis der Biber drehte und scheinbar davonschwimmen wollte.

„Sie haben ihn verjagt".

„Abwarten."

Und er kam zurück und konnte von mir formatfüllend abgelichtet werden.

Eine Stunde später an einer anderen Stelle der Elster. Dort hatte ein Anlieger einen Salatkopf ausgelegt, um den sich zwei Biber freundlich stritten. Sie aßen die Salatblätter äußerst manierlich mit den Händen und ließen sich von mir nicht stören, als ich mit Gummistiefeln ins Wasser stieg und mich dabei bückte – so erschien ich kleiner als sie es zu sehen gewohnt waren. Fast alle heute von Menschenhand angesiedelten und ausgesetzten Biber sind weniger scheu als „Alteingesessene", und leichter zu fotografieren.

* * * * * *

Bei den Waschbären. Ich kannte diese munteren Burschen nur von Zoos her, wo sie das Interesse der Besucher leicht auf sich zu ziehen wissen. Als ich die ersten wilden Exemplare in freier Natur sah, befand ich mich auf der ersten KLV, die 1941 noch freiwillig war und unsere Schulklasse nach Hessen geführt hatte. Dort hatte uns Volksschulklassenlehrer Thomas Winckelmann die Burgruine Steckelberg erklettern lassen, auf deren Innenhof er uns einen Vortrag über Ulrich von Hutten hielt bzw. halten wollte.

„Der muss hier 1488 geboren worden sein", sagte er gerade, denn er war ein Geschichtsfanatiker erster Garnitur, „und er sollte..."

Da bemerkten seine scharfen Augen, dass meine noch schärferen Augen an ihm vorbei den Hintergrund beobachteten.

„Walther“, rügte er, „du bist wieder einmal nicht bei der Sache! Interessieren dich Krähen und Dohlen hier mehr als meine Ausführungen?“

„Das nicht, Herr Lehrer“, antwortete ich, „es ist nur, dass hinter Ihnen sich ein paar Bären aufhalten.“

Er drehte sich entsetzt um und sah sich Auge in Auge mit Bären – Waschbären freilich! Es waren die unter Einheimischen bekannten „Max und Moritz“, welche sich schon auf Touristen spezialisiert hatten. Ihr Elend war nur, dass diese wegen des Krieges jetzt ausblieben. Und nun, zum ersten Mal seit Monaten, war eine Horde Kinder hier eingefallen. Solche mochten früher spendabler als heute gewesen sein, aber immerhin: Sowohl der Lehrer als auch seine Schüler ließen Geschichte Historie sein und spendierten von ihren Frühstücksbroten. Herr Winckelmann setzte eine Feststellung in die Welt, die es in sich hatte und Gültigkeit behielt:

„Wo Walther auftritt ist immer etwas los!“

Es war in den 70er-Jahren, als diese kecken und dreisten Burschen sich in deutschen Revieren bekanntzumachen begannen. So übermütig, wie diese Tiere sich benehmen können, so heimlich tun sie, wenn ein Jäger oder Fotograf hinter ihnen her ist. Ich wollte sie, ganz klar, nicht an städtischen Mülltonnen, vor Haustüren, auf Autobahnrastplätzen und in Schrebergärten fotografieren, sondern dort im Wald und auf der Heide, wo sie wild und natürlich wie echte Naturkinder leben und Baumhöhlen zur Aufzucht ihrer Jungen mit Beschlag belegen. Ein Förster bei Frankenberg nannte mir ein Geheck, an dem ich einen Tag lang arbeiten könnte, bis er es „erledigen“ müsste. Das gelang so befriedigend, dass ich bis in die Nacht dort mit Blitzlicht arbeitete und viel Freude mit den hübschen und klug aussehenden Kindern hatte. Auf der Rückfahrt hielt ich auf einem Autobahnparkplatz und erwischte, weil ich bei Fahrten eine Kamera immer schussbereit auf dem Nebensitz liegen hatte, zwei weitere Waschbären. Sie waren dabei, alle Mülltonnen auf Fressbares zu untersuchen. Und dort gab es ein besonders schlaues Exemplar von Waschbär, das nicht nur jede Scheu verloren hatte, sondern auch Menschen anging, die nicht sofort mit Leckereien herausrückten. Er kratzte dann an Hosenbeinen, versuchte Schuhe anzunagen und reagierte auf jeden Fußtritt mit empörten Gegenangriffen.

Auch eine Fotoexpedition **bei den Fischottern** gefiel mir sehr. Wo sie ungestört sind und gegenüber früher streng geschützt werden, halten sie regelmäßige Gewohnheiten ein und lassen sich durch automatische Einrichtungen gut fotografieren. Bei ihnen habe ich dann doch eine Lichtschranke benutzt, die ich an einem Ausstieg am Bachufer installiert hatte und die den Weg zu Köderfischen an Land wies. Fischotter scheinen schlauer als andere Wildtiere zu sein, aber das liegt wahrscheinlich daran, dass sie nicht mehr verfolgt werden und bei uns keine Fressfeinde haben. Mag sein, dass ein Fuchs sich ein Junges holen würde, wenn die Eltern nicht aufpassen würden. Aber seit ich gesehen habe, wie ein ausgewachsenes Ottermännchen einen Fuchs anfiel, der nur am Bach seinen Durst löschen wollte, weiß ich, dass Fischotter sehr wehrhaft und energisch sein können.

Oft ist die Neugier, besonders bei den Jungtieren, größer als ihre Furcht. Wie konnte sonst denn sein, dass sie mit der einzigen Kamera, die ich bei einem Ansitz aufs anderes

Wild neben mir liegen hatte, zu spielen gedachten. Es waren zwei halbwüchsige, Junge, die gerade begannen, selbständige Ausflüge zu machen. Sie interessierten sich dann für meine Gummistiefel und wollten sie unbedingt zerbeißen – das konnte ich nicht zulassen. Als ich am nächsten Tag, nun besser mit einer zweiten Kamera ausgerüstet, wieder an Ort und Stelle war, durfte ich acht Stunden lang vergeblich auf sie warten...

Die Nutrias der Rieselfelder. Sie heißen auch Biberratten, ein Name, der Programm ist. Erst waren es nur einige Exemplare, die man als Bereicherung der Anlage mit Wohlwollen betrachtete. Aber dann vermehrten sie sich wie die Ratten, schädigten Gräben, Wehre, Böschungen und Vorhaltebecken und hielten Mitbewohner der Rieselfelder in Schach. Ich sah einmal, wie ein Männchen der Höckerschwäne, das während der Aufzucht der Jungen ein mutiger unerschrockener Verteidiger ist, sich mit einem dicken Nutria anlegte, der am brütenden Schwanenweibchen vorbeischwimmen wollte. In dem kurzen Gefecht verlor der Schwan ein paar Federn, dann hatten beide Parteien genug von Kabbeleien und vertrugen sich fortan.

An einem Sommerabend, noch bei guter Sicht aber schlechtem Fotolicht, - der Akku meines Blitzlichtgerätes war sozusagen „fast“ leer -, sah ich eine Nutriamutter mit drei halbstarken Kindern auf einer Kuhweide äsen. Vorsichtig ging ich von vorn der Gruppe entgegen, um die Kinder mit der Mutter im Hintergrund aufzunehmen. Ich rechnete mit sofortiger Flucht nach der ersten Blitzlichtaufnahme. Ein Irrtum das! Die Mutter rückte nur näher an ihre Drillinge heran, wodurch das Familienfoto noch eindringlicher wurde. Eine dritte Aufnahme, dann gab das Blitzlicht seinen Geist auf. Aber Tage später, als ich ausgekundschaftet hatte, wo sie am liebsten eine öffentliche Straße querten, konnte ich sie dabei gut fotografieren. Sie hören offenbar besser als dass sie gut sehen können, und zuckten bei lauten Kamerageräuschen wie getroffen zusammen .

Das Muffelwild vom Osning. Mein Ansitzschirm, - ich habe seine Funktion schon erklärt -, stand unter einer mächtigen Tanne des Teutoburger Waldes, also im Schatten, während der Salzleckstein auf einem Baumstumpen platziert war, der fast den ganzen Tag von der Sonne beleuchtet wurde: Ideale Voraussetzungen für gute Fotos. Der „Salzleckstein" muss erklärt werden: Die meisten Vegetarier unter unserem Wild brauchen zur Verdauung ihres Grünzeugs nicht nur den Wiederkäuermagen, sondern auch die Zufuhr von Salz in irgendeiner Form; also auch Lakritz und Salmiakpastillen, mit denen ich ein Leben lang besonders Pferde kirre gemacht habe. Das gepresste Rohsalz wird in Steinform vom Jäger so ausgelegt, dass eine Anlockung des Wildes entsteht, wo es leicht angesprochen und auch geschossen werden kann; bei meinen speziellen Schüssen geht es ja stets unblutig zu.

Das Muffelwild, eine Art wilde Ziege, ist bei uns eingebürgert worden und gilt bereits als heimisches Standwild. Ihm wird von Jägern viel Aufmerksamkeit und Wachsamkeit nachgesagt, so dass es schwierig ist, es auf der Pirsch zu erlegen. Ich hatte nun freies Schussfeld auf eine mittelgroße Waldwiese, die nach hinten abfiel und mir nicht erlaubte, ankommendes Wild früh wahrzunehmen.

„Sie kommen immer von unten her", hatte mir der Jagdherr verkündet, „und irgendein Tier ist am Meckern wie Ziegen es in der Herde tun. Anführer ist hier ein alter Bock, doch ein weibliches Tier geht meist voran, wenn sie hier zum Leckstein kommen. Das geschieht regelmäßig zwischen 12 und 15 Uhr.“

Mein Schirm war so hergerichtet, dass er vorn höher als mein Kopf war, wenn ich auf der eingebauten Bank saß. So musste ich zwischen überhängenden Zweigen hindurchschauen, war aber von außen so gut wie unsichtbar. Die Kamera mit dem 500er-Tele stand auf dem Stativ und schaute durch ein Loch in der Stoffbahn nach draußen. Nun denn, so mögt ihr kommen! Es war 11 Uhr und weil ich seit 5 Uhr auf den Beinen war, erlaubte ich mir ein Nickerchen.

* * * * * *

Nur eine Stunde, bitte! Sie wurde nicht genehmigt. Ich weiß nicht, wer oder was mich weckte, entweder das Meckern junger Mufflons oder der Instinkt des Urmenschen in mir. Jedenfalls fuhr ich nicht hoch, sondern horchte erst herüber und suchte dann durch den Prismensucher der Kamera. Da geriet ich Auge in Auge (Seher beim Hochwild) mit dem Chefbock der Herde, den ganz offensichtlich die Frontlinse des Objektivs interessierte. Behutsam drehte ich das Bild scharf und löste per Drahtauslöser aus. Der Muffelwidder schnaufte und stieß – ärgerlich? – den rechten Lauf auf den Grasboden. Ich löste noch einmal aus. Da erhob er sich vorne in Mannshöhe, so wie die bekannten Steinböcke es tun, wenn sie ihr Gehörn einem potentiellen Gegner vor den Kopf oder in die Seite rammen wollen.

Blitzartig signalisierte mein Gehirn eine Szene aus dem heimischen Zoo und warnte mich damit. Dort gab es einen alten, hinter Maschendraht ergrauten Muffelbock, der immer dann, wenn ihn unter den Zuschauern einer reizte oder ihm sonst wie missfiel, einen Anlauf nahm und mit voller Kraft den Zaun rammte; dieser war extra verstärkt worden! Wie nun, wenn auch „mein“ Bock so eine Übeltat plante? Schnell nahm ich einen meiner Äpfel und warf ihn unters Volk. Damit lenkte ich ganze Bagage ab und konnte auch noch mit einer Übersichtsoptik im Schirm stehend, das ganze Rudel aufnehmen. Das verdrückte sich schweigend, nachdem alle Mitglieder sich satt geleckt hatten...

Die Birkhähne vom Spitzingsee. Niemand hatte mir mitgeteilt, wie so etwas abläuft: balzende Birkhähne zu fotografieren. Ich wusste nur, dass es nicht so ging wie bei den großen Raufußhühnern, dem Auerwild: Dieses balzt auch bei hellichtem Tag, wie ich ja im Kapitel „Der Auerhahn von Schramberg“ ausführlich geschildert habe. Dass unser Birkwild eine Vor-Sonnenaufgang-Balz hinlegt, wusste ich wohl – aber überhaupt nicht, dass ihr eine Nach-Sonnenaufgang-Balz zu folgen pflegt.

Der Jagdaufseher des Reviers am Spitzingsee war mit mir auf die Alm gegangen und hatte mir gezeigt, wo die Hähne balzen und die Hennen dann erscheinen. Das war eine eng begrenzte Fläche von etwa 100x20 Metern auf einem Hang, dessen Gras jetzt im April noch niedrig stand, nur ein Baum, gefallenes Holz und ein alter Stubben, auf den sich vielleicht ein Hahn stellen würde. Hier baute ich mir meinen Ansitzschirm aus mit auf den Berg gebrachten Weidenstöcken und Zeltplanen – der jedoch auch nach oben geschlossen sein musste.

„Sie müssen“, sagte Jagdaufseher Fred, „bei völliger Dunkelheit, so gegen 5 Uhr, schon im Schirm sitzen. Wenn dann die Vögel bereits da sein sollten, weil Sie sich verspätet haben, können Sie sofort wieder nach Hause gehen.“

Angeordnet – getan! Erst als ich im Schirm hockte und fror, bedachte ich, wie das denn gehen sollte ohne Blitzlicht? Zu spät: Um 6 Uhr plumpste der erste Hahn vom Himmel und begann sofort, seine Balzstrophen zu singen, die mehr ein Gehuste und Gerülpse sind, untermalt mit Kollern, Fauchen und ulkigen Hüpfern. Wenn ich einen Augenblick durch den Sehschlitz riskierte, sah ich nichts als nächtliche Schwärze. In den nächsten zehn Minuten fielen weitere Hähne ein, wodurch die Musik orchesterartig anschwoll und auch wohl die Handgreiflichkeiten, welche aber Schnabelkämpfe sind, gesteigert wurden.

„Da saß ich nun, ich armer Tor, und war so ratlos wie zuvor!"

Zwar auf einem akustischen Logenplatz, aber untätig. Dann sah ich im Osten einen dunkelroten Streifen aufleuchten und durfte auf einen frühen Sonnenaufgang hoffen. Der bahnte sich auch an, schon konnte ich im Sehschlitz die Vögel sehen und auf der Mattscheibe des Suchers erste Bewegungen wahrnehmen. Aber es würde wohl noch eine halbe Stunde vergehen, bis erste Strahlen der Sonne die Bühne erhellten. Da, ein großes Startgetöse mit Flügelschlagen und Federnlassen: Die ganze Sippschaft von Hähnen und Hennen war davongeflogen.

Ende der Veranstaltung, ich aß mein erstes Frühstück und lugte dabei aus der Öffnung über dem Objektiv in der Hoffnung, jetzt, wo die Sonne ihre Goldstrahlen ausbreitete, noch einen Nachzügler oder Bummler zu entdecken. Beim letzten Schluck aus der Teekanne ein Rauschen in der Luft, als wäre die Vogelzugzeit angebrochen, dann die zwölf Plumpser, mit denen zwölf Hähne auf dem bisherigen Kampfplatz landeten. Da ging auch für mich die bayerische Sonne auf! Vor mir, in verschiedenen Entfernungen

„ein Hahn neben dem anderen", und einer setzte sich fotogen aufs Holz und bot mir stolz sein dekoratives Hinterteil dar. Nach dreißig Minuten voller Balzkämpfe, erotischer Verrenkungen, einigen Paarungen und gekonnter Scheinkämpfe war ich wieder allein und zählte im „Schussbuch" genau 36 Aufnahmen! Später erfuhr ich von Jägern, dass es Brauch bei Birkwild ist, die erste Balz schon in der Dunkelheit zu veranstalten und die zweite nach dem Hellwerden auszuführen.

Bei Pumas und Bären in Montana. Ich konnte einmal der Versuchung nicht widerstehen, an einer Fotoexpedition teilzunehmen, bei der „wilde Tiere" vorgeführt werden, die handzahm sind. Ist das paradox? Nein, denn alle Tierexperten wissen, dass jede Tierart handzahm gemacht werden kann, wenn man ihr Vater oder Mutter aus Augen und Ohren schafft und selbst vor allem die Mutterrolle übernimmt.

„In Montana kannst du Pumas fotografieren, wie du sie in freier Wildbahn niemals, auch in hundert Jahren nicht, hinbekommen wirst."

Das war ein Wort! In Amerika sind Wildtierfarmen in den letzten Jahren aus dem Boden geschossen wie Pilze im Wald. Ursprünglich wollten die Besitzer die Filmindustrie bedienen, denn dort sitzen die Herrschaften, welche ihren Zuschauern in den Kinos Naturfilme servieren, wie sie unnatürlicher nicht sein können. Doch später waren die Farmbesitzer auch zufrieden, wenn Fotofreunde von Anfängern bis zu so genannten Berufsfotografen hereinkamen, um die Tierwelt Nordamerikas und die importierte Afrikas vor ihre Linsen zu bekommen. Da jagte der Dompteur seinen handzahmen Tiger am Strand entlang, kapitale afrikanische Löwen kletterten in den Rockys und Nilkrokodile, die freilich selten handzahm sind, lagen am Ufer des Mississippi.

Jetzt also Pumas, Silber- oder Berglöwen in den Wäldern und Bergen Montanas – wo sie ja auch heimisch sind. Der zuständige Dompteur führte sie wie einen Hund an der Leine, bis wir in einem Felsgestein angekommen waren. Nirgendwo gab es Zäune, auf die man der Fotos wegen hätte achten müssen, auch sonst kein störender Hintergrund wie Gebäude, Ställe oder Straßen. Die Tiere sind sauber und gepflegt und zeigen keine Körperstellen, an denen ein Geschirr oder Lederriemen gesessen haben könnte. Sie sind gehorsamer als jeder deutsche Hofhund und wissen genau, was von ihnen verlangt wird: nicht müde dreinschauen, aber wohl müde den Rachen aufreißen; den Kopf erhoben tragen und auf Zuruf ihres Herrn sich aufsetzen, auf einen kahlen Baum klettern, mit den Krallen die Baumrinde kratzen und sich am Stamm aufrichten.

Indessen klicken und surren die Kameras der „Kursteilnehmer“ ununterbrochen, denn während ich früher alle zwölf Aufnahmen den Film wechseln musste, kann man nun Hunderte Fotos auf einen Chip schießen. Ich versuchte durch verschiedene Perspektiven interessantere Fotos zu machen als die anderen. Und einmal solch einem mächtigen und starken Silberlöwen übers Fell streicheln, das musste auch sein.

Tierfarmer mit Pumakätzinnen, die Junge geworfen haben, müssen auch mit vor die Kamera, wenn die Jungen im niedlichsten Alter sind. So lernen diese Jungen den Menschen fast besser kennen als ihre Mutter und werden vor allem, was sehr wichtig ist, auf einen bestimmten Menschen geprägt. Neben den Pumas wurden uns nordamerikanische oder kanadische Luchse vorgeführt, die erheblich munterer und zu allen möglichen Streichen aufgelegt sind. Sie dürfen sogar frei in Baumhöhlen und Verstecken umherstrolchen, was ganz natürlich wirkende Bilder ergibt – aber auskneifen, was sie tatsächlich könnten? Nein, das mögen sie ihren geliebten Herrchen nicht antun.

Speziell in Montana gibt es Tierfarmen, die sozusagen „alles“ anbieten: Bären, Wölfe, Adler, Geier, Uhus und andere Nachtvögel, Bisons und Indianer. So kommt es, dass immer mehr Naturfotografen den Weg des geringeren Widerstandes gehen und fast nur noch „gestellte“ Naturkunden anzubieten haben. Die nordamerikanischen Braunbären, die ich recht mühsam im Gebirge kraxelnd fotografierte, wurden jedoch in riesigen Gehegen mit ausbruchsicheren Zäunen gehalten. Sie lebten tatsächlich frei, waren aber alle handaufgezogen und liebten ihre Herrchen über alle Maßen. Dennoch sind sie unberechenbar in Jähzorn und Wut, so dass sich alle Fotografen an den in körperlicher Nähe der für den Notfall bewaffneten Führer halten müssen. Ich glaubte solche Fotos verantworten zu können, weil es in Europa aus Zeitgründen und anderen Faktoren unmöglich scheint, zu guten und aussagekräftigen Bärenfotos zu gelangen.

Heuler und andere Seehunde

In den 60er-Jahren durfte man noch einen Insulaner anheuern, der mich mit seinem kleinen Motorboot an die Seehundsbänke so nah heranfahren konnte, dass ich mit dem 500er-Objektiv zur Hasselblad 1000F Nahaufnahmen machen konnte. Niemand, allen voran die neugierigen Tiere, fand etwas dabei. Aber es gibt Ersatz: Erstens die Seehundkolonie auf Helgoland, wo sich die Tiere, oft zu Hunderten beieinander am Strand liegend, an den Menschen gewöhnt haben; die früher übliche Jagd haben diese Tiere ja nicht mehr kennengelernt. Zweitens die Aufzuchtstationen für junge Seehunde, die Heuler heißen, an der Nordseeküste. Früher haben sich die Insulaner um allein gelassene, am Strand aufgefundene junge Seehunde nur insofern gekümmert, dass sie essbar waren und ein gutes Fell lieferten. Heute werden diese in den Aufzuchtstationen aufgepäppelt und im Sommer halberwachsen in die Freiheit entlassen.

An zwei solcher Fahrten habe ich teilgenommen. Die auszusetzenden Jungtiere wurden verladen oder nahmen einen abgesperrten Platz auf Deck ein. Diesmal fuhr auch das Fernsehen mit, um in der Abendschau berichten zu können. Das Touristenschiff fuhr auf die Nordsee hinaus bis zu einer Sandbank, wo es anlegen konnte und ich eilte als erster von Bord, in einen wasserdichten Hosenanzug gekrochen, weil man durchs noch meterhoch stehende Wasser auf die Sandbank waten musste. Das Fernsehen filmte die Tiere innerhalb eines Drahtgitters, dann zog man dieses fort und ließ die Tiere selbst entscheiden, wann und wo sie hinrobben wollten. Ihr Instinkt führte sie natürlich ins Wasser, ein echter Hund, der mit von der Partie war, beschnupperte sie noch einmal und dann rutschten sie gemächlich ins feuchte Element – eine Weile ragte ihre hübschen Köpfe noch aus dem Meer, dann tauchten sie ab und werden wohl bald bei ihren Kollegen wieder aufgetaucht sein.

Ganz zu Beginn der 60er-Jahre hatte ich mich auf eine „echte“ Kamerajagd auf Seehunde und Robben eingelassen. Die geschah folgendermaßen: Bei beginnender Ebbe brachte mich ein Boot auf eine Sandbank, die allmählich freikam. Ich legte mich auf den feuchten Sand und ließ mich vom Helfer so zudecken, dass ich wie ein ruhender Seehund aussah. Die Hasselblad 1000F lag vor mir fest auf einem Bodenstativ. Der Helfer sagte „bis dann“ und entfernte sich. Käme er nicht zu vereinbarter Zeit der Flut zurück, würde ich hier elendig ertrinken! Der Trick bestand darin, dass die Seehunde mich für ihresgleichen ansehen und alsbald in nächster Nähe auf den Sand kriechen würden. Das taten sie dann auch und gewährten mir einen unvergesslichen, aber anstrengenden Fototermin für Portraits und andere Nahaufnahmen. Die Dias sind im Lauf der Jahrzehnte verblasst und unbrauchbar geworden. Mein Helfer kam eher als die Flut – sonst hätte ich dieses Buch nicht schreiben können...

Fotosafaris in Afrika

In den 70er-Jahren wurden Fotosafaris nach Ostafrika erschwinglich. (Ich bin nie auf eigene Faust dorthin gereist!) Eine Gruppe Fotobegeisterter traf sich in Frankfurt, wurde vom Vertreter des Veranstalters Marco-Polo-Reisen empfangen und flog mit der Linienmaschine nach Nairobi. Von dort wurde eine Rundreise in Safaribussen gestartet, die bis Tansania ging und dann wieder in Nairobi endete. Ich war der einzige „ernsthafte“ Fotograf mit echten Teleobjektiven und erregte mit der zwar sehr bekannten und bewunderten aber wenig ihres Preises wenig gekauften Hasselblad allgemeines Aufsehen. Alle Reisenden waren scharf auf „die Großen Fünf“, die ich hier nicht namentlich nenne. Ich habe insgesamt fünf Fotosafaris nach Afrika mitgemacht und zahlreiche Artikel darüber geschrieben. Zwei davon möchte ich hier erwähnen.

„Wer hat Vorfahrt im Krüger-Nationalpark?“

Im Jahr 2006 bestand der Krüger-Nationalpark 80 Jahre - Grund genug, seiner zu gedenken. „Wenn es mir nicht gelingt, dieses kleine Stück des Lowveld unter Schutz zu stellen, werden unsere Enkelkinder nicht mehr wissen, wie ein Kudu, ein Löwe oder eine Antilope aussehen.“ Diese enorme und ganz unzeitgemäße Weitsicht formulierte Stephanus Paulus Krüger (1825 bis 1904) schon 1898. Doch erst 28 Jahre später, am 31. Mai 1926, folgten den Worten des Burenführers die Taten, und im Nordosten Südafrikas entstand ein Schutzgebiet, das noch heute nach seinem Begründer und Initiator benannt wird: Der Krüger-Nationalpark, der seit 1927 für die Öffentlichkeit zugänglich ist.

Ich kann hier nicht die weitere Geschichte des Parks darlegen, dafür gibt es separate Literatur und Nachschlagewerke. Doch ein paar Zahlen von 1997 sollen beweisen, dass die ganze Sache ein riesiger Erfolg wurde: Es lebten im Schutzgebiet 270.000 Impalas, 32.000 Zebras, 30.000 Büffel, 7.500 Elefanten, 7.500 Kudus, 4.900 Giraffen, 3.100 Wasserböcke, 2.600 Flusspferde, 2.000 Hyänen, 1.600 Löwen, 900 Leoparden und 200 Nashörner – die vielen anderen kleinen und großen Tiere wurden nicht gezählt.

Weil der Autoverkehr im Park immer mehr anwuchs, musste eine Regelung gefunden werden: „Wer hat Vorfahrt im Park?“ Da konnte es nur eine Antwort geben: die Tiere! Ob sie nun von links oder rechts kommen, queren oder längslaufen, stehenbleiben oder sich zum Ruhen niedertun – dem Autofahrer ist hier der zweite Rang zudiktiert.

Die Gorillas der Virunga-Berge – Verwandtenbesuch.“

Als unsere äffischen Vorfahren es einst satt hatten, immer nur im Urwald zu hausen und Vegetarier zu sein, traten sie einmal aus diesem Wald hinaus und sahen vor sich eine hügelige, freundlich wirkende Savanne mit hohen Gräsern, belebt mit klotzigen Tieren und solchen, welche die Spitzen der Bäume abäsen konnten. Am Fluss vor ihnen lagen Krokodile... Unsere Vorfahren begannen sich wegen der besseren Sicht immer wieder aufzurichten, so entkrümmte sich die Wirbelsäule, Homo erectus entstand, und nachdem auch seine ehemaligen Vorderbeine sich verkürzt hatten und damit fähig wurden, zu handeln, kam der Homo habilis zustande. Nun, ob es so oder ähnlich hier in Afrika gewesen ist, mochte den zwei Besuchern, - Vater und Tochter -, Millionen Generationen später ziemlich schnurz sein, Hauptsache: Man fand die habilitierten Gorillafamilien im Urwald wieder! Habilitiert bedeutet hier: an Menschen gewöhnt.

Das riesige Gebiet des Virunga-Nationalparks teilen sich die Staaten Republik Kongo, Ruanda und Uganda. Das fragliche Grenzgebiet steigt bis über 4.000 Meter Höhe an und beherbergte, als wir dort waren, ungefähr 600 Gorillas. Nur wenige der Familienverbände konnten an regelmäßige Besucher gewöhnt werden.

„Es ist durchaus möglich“, belehrt man uns, „dass einige Gorillas, vor allem junge, sich an Menschen heranmachen, um zu spielen, zu schäkern und in die Objektive der Kameras zu schauen. Sie müssen jeden Körperkontakt mit den Tieren vermeiden.“

Die Temperatur im Urwald ist gegen draußen moderat, Insekten belästigen uns hier nicht und die Steigung ist mäßig. Das von den Führern eingeschlagene Marschtempo ist für ungewohnte Bergwanderer mühsam bis kräftezehrend, und eine Stunde bergan ohne zu verschnaufen kommt uns sinnlos vor – doch da: Schnaufen, Rülpsen und Pupen, Zweige bewegen sich, werden zu Boden gezogen und zerknackt: Wir haben die Familie von Gorillamann Oskar erreicht! Dort hockt er am Baum, ein richtiges personifiziertes Oberhaupt, Erziehungsberechtigter und gemäßigter Diktator zugleich, öffnet den Rachen wie zur Begrüßung und schabt sich den fetten Wanst. Andere Mitglieder seiner Familie, Damen verschiedenen Alters, Jungmänner, Halbstarke und Kinder, tummeln sich in der Nähe – ehe wir es uns versehen, stehen wir mitten unter ihnen. Weil sich neben Boss Oskar noch ein ganzes Dutzend fotogener Familienglieder präsentieren, klicken die Foto- und laufen die Filmkameras auf Hochtouren. „Wie bei richtigen Stars", kommentiert jemand. Mit einem Quantum Fantasie stellen wir uns vor, hier in die Anfänge der Menschheit, die wir bereits erwähnten, zurückversetzt worden zu sein. Die Besuchszeit ist leider auf eine Stunde rationiert, schade drum, hier könnte man es 24 Stunden lang aushalten. Blitzlicht ist, auch leider, generell verboten, aber ich hatte die Genehmigung durchgetrotzt.

Afrika besitzt eine große Anziehungskraft, wenn man nur seine Natur besucht – auf andere Faktoren kann ich hier nicht eingehen. Wenn ich den Erfolg meiner mitgebrachten Bilder analysiere, komme ich zu dem Schluss, dass es nicht „die Großen Fünf" sind, - englisch Big Five -, die Rendite gebracht haben, sondern „die vielen Kleinen am Rande": Käfer, Insekten, Reptilien, Amphibien, Kleinsäuger wie Affen, Ginsterkatzen, Dik-Diks, Hyänen, Erdmännchen und dergleichen mehr. Wenn alle anderen Teilnehmer beim

Barbequ aßen und tranken, war ich mit der Taschenlampe unterwegs und fotografierte Eulen, Dachse, Lemuren, Stachelschweine und Leoparden mit Blitzlicht. Nachts wachte ich einmal auf, weil etwas an die Tür meines Bungalows bumste: es war ein Flusspferd, das nach dem Öffnen der Tür nicht zur Seite ging.

„Na warte, mein Freund!“ Kamera und Blitzlicht lagen stets bereit. Beim ersten Blitz schnaufte das Flusspferd so laut, dass ich rasch ins Zimmer zurücksprang. Beim zweiten und jedem anderen Blitz, die ich nun von allen Seiten auf das Tier richtete, rupfte es gelassen am satten Gras weiter. Am nächsten Tag alarmierte der Ruf „Ein junges Flusspferd hat sich in der Küche niedergelassen“ alle Touristen und leider zu spät auch mich. Ehe ich mit einer Kamera angetrabt kam, hatten vorlaute Leute das Tier vertrieben, das sich von der Mittagshitze draußen auf die kühlen Fliesen drinnen hatte zurückziehen wollen.

Am Abend wollte eine Hyäne mit mir zusammen den Speiseraum betreten. Ich gab ihr einen Klaps auf den Hintern und sie zog knurrend ab. Bei einer Lodge, ich habe den Namen vergessen, war der Speisesaal nur mit Glas verkleidet und es gab Glas-Doppeltüren – wegen der Paviane. Diese schlauen Kerle mussten nun mit ansehen, wie die schwarzen Kellner das Essen anrichteten und ein wahres Schlaraffenland an Würsten, Braten, Brötchen, Kuchen und Käse auf die Tische türmten, dass ihnen tatsächlich der Schnott aus den Lefzen lief – „eine Gemeinheit das“, wie wir meinten. Die Strafe blieb nicht aus: Ein Bedienter war nachlässig und ließ beide Türen nicht einschnappen – in Zeit von Nullkommanix waren zwei Dutzend Affen eingedrungen und hatten das ganze Abendessen ruiniert. Als sie der Gewalt in Form von Peitschenhieben und Schreckschüssen wichen, trugen die erwachsenen Tiere armeweise die Beute davon.

Von den „Großen Fünf“ habe ich besonders imposant natürlich Löwen und Elefanten angesehen. Auf einer Safari wohnten wir ein paar Tage und Nächte im bekannten Park Tarangire. Es gab nur große Wohnzelte unter einem Überdach, so dass diese nie von der Sonne aufgeheizt wurden. Die Heringe mit ihren Schnüren und Befestigungen nahmen um die Zelte herum viel Platz ein. Jeder Neuling dort glaubt, muss glauben, dass die nachts durchwandernden Elefanten solche Anlagen niedertrampeln müssten – falsch gedacht: Es sind trotz ihrer enormen Treter sachte auftretende Geschöpfe mit viel Taktgefühl, kann man eher sagen. Ich fotografierte sie nachts mit Teleobjektiv und dem neuen Teleblitz, der über fünfzig Meter weit ausleuchtete, so dass ich den mächtigen Tieren nicht nahe zu rücken brauchte. Dennoch machte ein erregter, sich um seine Dame bemühender Bulle einen plötzlichen Ausfall gegen mich und trompetete überlaut – da hieß es so schnell wie möglich den Hasen spielen.

Als wir in dieser Anlage nach stundenlanger Fahrt ankamen, fielen mir die zahlreichen kleinen normalen Zelte auf, die ins Gelände gestellt waren. Man erklärte uns, die hätten sich Preiswert-Touristen zum Übernachten mitgebracht. „Und wenn nachts hungrige Löwen kommen?“, fragte ich besorgt.

„Ach, die tun nichts.“

Ein Jahr später erfuhr die Weltöffentlichkeit, dass dort ein Löwe ein junges Mädchen, das im Schlaf ein Bein aus dem zu kurzen Zelt gestreckt haben muss, von einem Löwen herausgerissen, verschleppt und ohne Zweifel aufgefressen wurde...

* * * * * *

In der Tat machen satte und müde Löwen, die vor den Safariwagen nicht weichen und gar deren Schatten aufsuchen, einen harmlosen, unseren Hauskatzen ähnlichen Eindruck. Ich sah mächtige Löwen den Kühler besteigen und Fahrer und Beifahrer durch die Frontscheibe hindurch anstarren. Andere stiegen aufs Wagendach und fixierten die entsetzten Touristen durchs Schiebedach. Man muss wissen, dass diese Raubtiere uns Menschen mit einem Prankenschlag, - vom Gebiss mag ich gar nicht reden -, „erledigen" können. Gern hocken die Löwen in Bäumen, weil da ein kühlerer Wind weht und sie von dort aus ihre Beute anspringen möchten.

Ich habe gesehen aber leider nicht fotografieren können, dass zwei Löwen einen starken Büffel erst müde gekämpft haben, dann der eine das erstarrte aber noch stehende Tier am Kopf mit beiden Pranken umklammert hielt, während der andere hinten in aller Ruhe seine rechte Pranke in den After führte und den Büffel auszuräumen begann – alle Löwen fressen bevorzugt Gedärme; werden auch in Parks mit ihnen gefüttert.

„Afrika adieu!", hieß es leider bald, „wir kommen wieder, denn der Schreiseeadler hat gerufen!" (Dieser Ruf bedeutet der Sage nach, dass jeder Mensch, der ihn vernommen hat, wiederkommen wird).

Bambi II.

Heißt es eigentlich der, das oder die Bambi? Nun, lassen wir das dahingestellt sein! Bambi II. jedenfalls war die Ursache, dass Dr. med. vet. Heinrich Icks sich dran kriegen ließ, auf seinem umfangreichen Hofgelände ein Tierasyl anzulegen. Er hatte vor einem Jahr einen jener Bauernhöfe gekauft, die sich heutzutage finanziell nicht mehr halten lassen und deren Besitzer meist in einem Teil des Gebäudes weiterleben oder in einem Wohnhaus nebenan, das sie sich wohlweislich errichtet hatten. Dr. Icks hatte von zwei Möglichkeiten die bequemere gewählt: Entweder Tierarzt auf dem Land mit vollem Einsatz fürs bäuerliche Vieh oder Doktor für Klein- und Schmusetiere, wie sie in den Städten gehalten werden. Er blieb nebenher auch Waidmann, und dieser Umstand war es, dass ich ihm Bambi II. auf den Hof brachte.

Unter Umständen, die dramatischer nicht sein konnten, war sie in meinen Besitz geraten. Ich hielt auf der Landstraßenbrücke über den Rinnbach an, um den Bachverlauf mit dem Fernglas abzuleuchten; auf der Suche nach Eisvögeln, die hier brüten sollten und demnach hin und herfliegen müssten. Im Oberlauf rechts sah ich Ungewöhnliches: Ein Rehkitz, höchstens drei bis fünf Tage alt, stand mitten im Bach, der jetzt nur fußhohes Wasser führte. Allein und ziemlich kläglich aussehend – da stimmte etwas nicht.

Ich fuhr zur oberen Brücke, wo ich das Auto abstellen und am Ufer entlang gehen konnte. Als ich das Kitz sah, tat es sich mitten im Bach nieder und war nicht einmal bis ans Ufer gegangen. Wo war seine Mutter, die Ricke? Es kam natürlich in Gegenden mit viel Landwirtschaft und Tourismus vor, dass Mutter und Kind getrennt wurden, und so beschloss ich, hier ein paar Stunden abzuwarten, ob das Kitz verlassen war oder nicht. Nebenbei konnte ich ja meine Eisvögel beobachten.

Und in dieser Zeit geschah das Dramatische: Auf der Brücke, wo ich vorhin gestanden hatte, tauchte plötzlich ein Reh auf, das nach meiner Meinung die Ricke sein musste, denn sie wollte zum Bach hinabsteigen. Da erwischte sie ein Autofahrer mit 60 bis 70 „Sachen“ und schleuderte sie auf die Straße zurück. Im Nu von drei Minuten war ich auf diese Brücke zurückgefahren und traf den Unfallverursacher noch an, der Fahrerflucht machen wollte. Was mit dem geschah, ist hier Nebensache. Ich untersuchte das tote Reh und stellte fest, dass sein Euter voller Milch war – also musste sie die Mutter des Kitzes sein.

* * * * * *

„Doktor, ich hab Ihnen was mitgebracht.“

Wir gingen zum Auto und ich zeigte ihm das Rehkitz im Kofferraum, das sich eingemummelt hatte und schlief. Er fing sogleich mit den von mir erwarteten Vorwürfen an:

„Jungtiere nimmt man nicht aus ihrem Lebensraum, das ist erstens verboten und zweitens unsinnig, denn sie sind niemals allein und werden von ihren Müttern in den ersten Tagen nach der Geburt abgelegt, wie es so deutlich heißt. Sie haben auch gegen Naturschutz- und Jagdrecht verstoßen.“

„Nun mal langsam an, Herr Scharfrichter“, konterte ich, „jeder Beklagte hat das Recht der freien Meinungsäußerung.“

Und ich berichtete ausführlich, dass ich das Kitz erst berührt hätte, nachdem ich seine tote Mutter identifiziert hatte.

„Das haben Sie gutgemacht“, lenkte er ein, „ich werde den Revierförster informieren, damit er das Kitz abholt.“

„Nichts da“, sagte ich, „ich bin zu Ihnen gekommen, damit Sie einen ersten Pflegling haben, dem Sie auf Ihrem Hof hier eine Bleibe geben können. Stellen Sie hier eine moderne Arche Noah zusammen, Doktor. Aber erst müssen wir uns um Bambi II. kümmern.“

Ich nahm Bambi hoch, wobei sie sich an mich schmiegte und zu fiepen begann.

„Die muss jetzt Schmacht für drei haben“, konstatierte ich.

Dr. Icks Frau nahm die Sache in die Hand. Setzte eine Milchmahlzeit an, die „der Rickenmilch ähnlich sein wird“, füllte ein Mini-Babyfläschchen damit, gab es mir und sagte, ich sei die geborene Kitzmutter und müsse das arme Wesen, „so gefunden wie gebracht“, nun erstversorgen. Nichts lieber als das, ich besaß ja, – wie bekannt -, einige Übung. Bambi saugte und genoss, als wäre ich tatsächlich seine Mutter. Es war wirklich ergreifend und rührend anzusehen, wenn es saugte und ich ihm seinen Namen in die Öhrchen flüsterte. Dann setzten wir es in den Hofgarten, der ausbruchs- und hundesicher angelegt war, wo es mit seinen feinen Beinchen unter einen Brombeerstrauch stakste, sich niedertat, zusammenrollte und augenblicklich einschlief – genauso, wie Mutter Natur es vorgesehen hat!

Am Abend kam ich nochmals zurück, um Bambi zu stillen. Ich rief nur diese fünf Buchstaben: Hei, da kam es munter hüpfend herbei und stellte sich zwischen meine Beine, wo, nach seiner Ansicht, ein Euter sein musste. Im Ruckzuck-Verfahren stellte Frau Doktor die inzwischen besorgte Spezialmilch bereit und Bambi bekam ihre Gutenachtration. Klar, dass ich nicht jeden Tag ein paarmal vorbeikommen konnte, um Bambi zu versorgen, und so gab ich logischerweise meine Vater- beziehungsweise Mutterrolle ab. Klar ist auch, dass ich Bambis fotogenen Werdegang im vielen Fotos festgehalten habe – die leider nicht mehr brauchbar sind. Bambi war ein weibliches Kitz, was wir sehr begrüßten, denn aus männlichen Kitzen werden über kurz oder lang Frechdachse ersten Grades, die sich schlimmer gebärden als Ziegenböcke.

Bambi blieb bis zu Herbst bei den Tierdoktores. Sie sollte natürlich ausgewildert werden, und um sie für später unter Kontrolle zu haben, versah der Doktor sie mit einer Ohrmarke; ich verrate jetzt schon, dass wir sie nie wiedergesehen haben. Einen Sonntag im Oktober erbot ich mich, Bambi ins Revier zu entlassen – mit einem nicht ganz astreinen Trick: Ich nahm sie mit zu einem Fotoansitz auf ihre Kollegen und Kolleginnen, welche sich einen Roggenschlag zum nachmittaglichen Äsen ausgewählt hatten. Als ich in meinem Ansitz hockte und Bambi sich neben mir niedergelassen hatte, traten vier Rehe auf den Schlag. Ich nahm mir Bambi zwischen die Knie und drehte ihren niedlichen Kopf in diese Richtung. Es dauerte eine Minute, bis sie begriff und zu zappeln begann. Und was ich nicht zu hoffen gewagt hat, das geschah nun: Bambi erkannte ihre Verwandtschaft! Und von diesem Augenblick an hatte sie alles Bisherige von ihrer Babyzeit bis jetzt vergessen oder „warf es über Bord“ und stürmte den jetzt aufblickenden Rehen entgegen – noch ein paar Fotos von der neuen Familie, da gewahrten die Rehe mich und flüchteten, - Bambi am Schluss -, in den lockeren Eichenwald zurück.

Ein nächtliches Stelldichein mit Erinacea. Ich war zwar schon lange volljährig, wie man damals sagte, fragte aber dennoch den Grundstücks- und Jagdbesitzer Peter Kirchdorf, ob ich in seinem Forst oder Moor ein nächtliches Techtelmechtel mit Erinacea abziehen dürfe oder nicht.

„Es kommt eine Taschenlampe zum Einsatz“, warnte ich ihn, „bitte eröffnen Sie nicht sofort das Feuer, in der Meinung, einen Wilddieb zur Strecke bringen zu können.“

„Nur zu“, antwortete er, „achten Sie nur auf den Alten vom Klosterholz, damit er Sie nicht ins ewige Unterholz zieht.“

Erinacea ist eine Schönheit eigener Art, nur ein wenig zu stachelig zum In-den-Arm-Nehmen. Wenn man sie ärgert oder belästigt, rollt sie sich zu einer Kugel zusammen und verlässt sich auf tausend Nadelstiche. Voriges Jahr hatte ich sie, - sie ist natürlich der bei uns allkannte (*Erinaceus europäus*) aus der Familie der Igel -, von einem Städter zwecks Auswilderung geschenkt bekommen, und es schien, dass sie mir sehr anhänglich zu werden wünschte. Wie merkte ich, dass sie mich erkannte? Nun, ganz einfach: Sie zuckte nicht zusammen, wenn ich mich ihr näherte oder sie ansprach. Igel hören sehr gut, ein gutes Gehör brauchen sie, wenn sie sich selbst fast lautlos durch ihr nächtliches Revier bewegen und die Nester voll junger wispernder Mäuse lokalisieren wollen.

Ich traf Erinacea am fraglichen Abend zum ersten Mal in ihrer Rolle als Mutter an: fünf kleine aber voll ausgebildete stachelige Igelkinder wuselten um sie herum, und man schien gerade dabei zu sein, die nächtliche Wanderung zu beginnen. Es ging zu meiner Freude auf jene Holzbrücke zu, die ich zu Zwecken des „automatischen Fotografierens“ über einen schmalen Wassergraben errichtet hatte. Natürlich hatte ich die „leichte“ Hasselblad dabei. Während sich die Familie mit vielen Stopps langsam auf die Querung der

Brücke zubewegte, ging ich in Stellung und machte mit Blitzlicht die entsprechenden Fotos.

Dann ging es weiter in den Forst hinein. Erinacea schien ihrem Nachwuchs beibringen zu wollen, wie man sich im Leben einer freien Natur durchzuschlagen und Nahrung zu beschaffen hat. Zu meiner nicht unbeträchtlichen Sorge bewegte sich die schnüffelnde Gesellschaft auf einen Punkt zu, den ich sie nicht finden lassen durfte: das Gelege einer Waldschnepfe. Ich konnte es einfach nicht zulassen, dass dies geplündert und aufgegessen wurde! Jedem Jäger ist bekannt, dass die brütende Waldschnepfe ein überdurchschnittlich starkes Sitzfleisch hat, wenn es darum geht, einen Stör- oder Fressfeind zu täuschen: Als ich mich ihr zum ersten Mal näherte, konnte ich bis auf zwei Meter herankommen und das extrem gut getarnte Weibchen fotografieren.

Mutter Igel bog rechtzeitig nach links ab und fand ein Paar Weinbergschnecken, die für Fortpflanzung sorgen wollten – sie wurden sofort „gepackt“ und schmatzend verzehrt. Danach kamen einige schwarze Laufkäfer an die Reihe, flinke Burschen zwar, aber von Erinacea angebissen und ihren Kindern überlassen – sie krachten hörbar zwischen spitzen Gebissen. Das Zermampfen von Roten Wegeschnecken sah wenig appetitlich aus, gehört aber zum Alltag von Igelfamilien, die nachts hungrig unterwegs sind. Meine Begleitung der Familie musste ich leider abbrechen, denn sie wandte sich jetzt sumpfigen Stellen im Moor zu, wo ich ihnen nicht folgen mochte. Mein Spaziergang mit Erinacea und ihren braven Kindern hat mir viel Freude gemacht, jedoch auch einige Mücken- und Zeckenstiche eingebracht.

Abgesang und Ende

Es ist noch nachzutragen, dass der von mir dem Tierarzt unterbreitete Vorschlag, eine Arche Noah einzurichten, ein voller Erfolg wurde. Mit der Schilderung dieses Erfolges werde ich mein erstes Buch „80 Jahre mit Tieren auf Du" abschließen. Ich verweise darauf, das nach „Meine Wildtiere und ich" folgen werden: „Meine Reptilien und Amphibien und ich", „Meine Vögel und ich", und „Meine „Haustiere und ich" – wenigstens ist das so geplant!

Nachdem ich des vielen Reisens müde und Rentner geworden war, fand ich auf dem „Hof Dr. Icks" noch viele Motive, die sich lohnten, fotografiert zu werden. Inzwischen hatte ich das veraltete Hasselblad-System verkauft und gegen neue Digital- und Autofokuskameras ersetzt. (Moderne Hasselblads sind unerschwinglich geworden; siehe Internetangebote!) Die Hoffnung, mein Dia-Archiv bis zum Lebensende nutzen zu können, hat sich zerschlagen: Niemand will mehr analoge Bilder haben, auch wenn sie gescannt sind nicht! Ich habe den Abbildungen dieses Buches ein Blatt beigefügt, dass alle Hasselblad-Objektive zeigt, die von mir benutzt worden sind. Ich lasse nun eine Tabelle folgen, die alle meine Kameras aufzeigt, die ich ab 1952 gekauft und gebraucht habe:

Agfa Isolette V 6x6
Bilora Radix 24x24mm
Alte 9x12-Plattenkamera
Exakta Varex 24x36mm, zweimal
Hasselblad 1000F
Hasselblad 500C
Hasselblad 500EL
Hasselblad Superwide
Zenca Bronica 6x6

Robot Royal 24x36mm
Linhof Technika 9x12cm
Mamiya 6x9cm
Canon analog 24x36cm
Canon digital zweimal.

Den Wert einer alten Hasselblad kann man danach messen, wie viel sie beim Wiederverkauf nach 10, 15 oder 20 Jahren einbringt: Alle meine Hasselblads konnte ich zu einem deutlich höheren Preis wieder verkaufen, als ich beim Neukauf bezahlt hatte!

E N D E

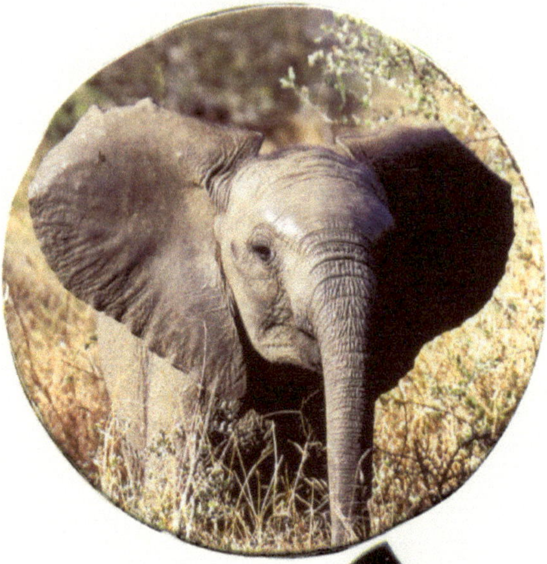

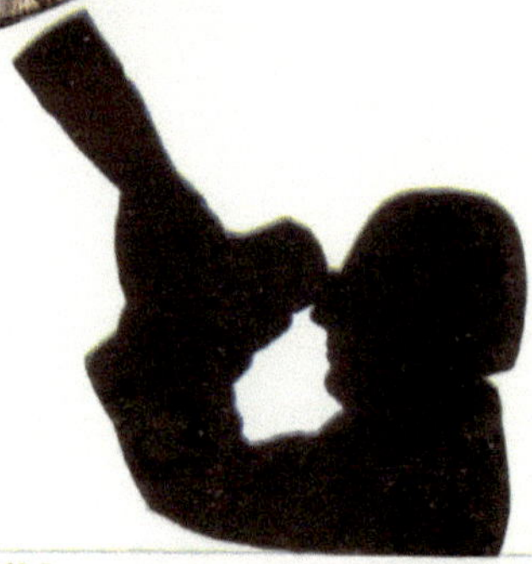

Die Abbildungen:

Nicht alle dargebotenen Bilder entstammen dem großen Archiv des Autors. Das hat zwei wichtige Gründe. Erstens: Jene Diapositive, welche zwischen 1958 und 1980 entstanden, sind schon den Weg des Zeitlichen gegangen, also vergilbt oder verblasst. Zweitens: Der Autor hat trotz seines intensiven Fotografierens doch nicht immer alle Motive ausreichend gut ablichten können. So hat er auf den Internet-Bildanbieter „Pixabay" zurückgegriffen, dem hiermit vom Verlag und Autor herzlich gedankt sei!

Ich verweise meine Leserschaft auf die nächste Neuerscheinung, die sozusagen eine Fortsetzung darstellt:

„80 Jahre mit Tieren auf Du“ – Meine Reptilien und Amphibien und ich